探源廉政文化

于成龙在罗城

罗城仫佬族自治县于成龙
廉政文化研究课题组 著

执笔人 - 何成学＼张弓＼尹红英

人民东方出版传媒
People's Oriental Publishing & Media
东方出版社
The Oriental Press

图书在版编目（CIP）数据

探源廉政文化：于成龙在罗城 / 罗城仫佬族自治县
于成龙廉政文化研究课题组著. -- 北京：东方出版社，
2024. 11. -- ISBN 978-7-5207-4081-4

Ⅰ. D630. 9

中国国家版本馆CIP数据核字第2024YN5836号

探源廉政文化：于成龙在罗城
（TANYUAN LIANZHENG WENHUA：YU CHENGLONG ZAI LUOCHENG）

作　　者：罗城仫佬族自治县于成龙廉政文化研究课题组
策划编辑：鲁艳芳
责任编辑：杨朝霞　王晶晶　金　琪
出　　版：东方出版社
发　　行：人民东方出版传媒有限公司
地　　址：北京市东城区朝阳门内大街 166 号
邮政编码：100010
印　　刷：北京联兴盛业印刷股份有限公司
版　　次：2024 年 11 月第 1 版
印　　次：2024 年 11 月北京第 1 次印刷
开　　本：710 毫米 ×1000 毫米　1/16
印　　张：16.75
字　　数：231 千字
书　　号：ISBN 978-7-5207-4081-4
定　　价：59.80 元
发行电话：（010）85924663　85924644　85924641

前　言

习近平总书记在中共十八届中央政治局第五次集体学习时强调："研究我国反腐倡廉历史，了解我国古代廉政文化，考察我国历史上反腐倡廉的成败得失，可以给人以深刻启迪，有利于我们运用历史智慧推进反腐倡廉建设。"在党的二十大报告中，习近平总书记进一步指出，要加强新时代廉洁文化建设，教育引导广大党员、干部明大德、守公德、严私德，清清白白做人、干干净净做事，永葆清正廉洁的政治本色。习近平总书记的重要论述，既强调了要以我国古代廉政文化推进反腐倡廉建设，又提出了要加强新时代廉洁文化建设的新要求，从而丰富和拓展了廉政文化的内涵，使廉洁文化具有强烈的时代气息。从文化层面来讲，"廉政文化"和"廉洁文化"的核心内容都是"廉"，但廉政文化针对的重点主要是掌握公权力的党员干部和公职人员，廉洁文化则面向全社会，其关注重点更加全面。中国共产党人的"廉洁文化"体现了党的先进性和纯洁性，蕴含着对党员信仰信念的更高要求，而这也是拒腐防变的根本。可以说，我们倡导和弘扬廉政文化，就是要积极营造风清气正的廉洁社会氛围。如何把古代的廉政文化资源挖掘充分，进而推动当前的廉政文化建设是一件十分有意义的工程。广西罗城仫佬族自治县作为著名廉吏于成龙的初仕之地，有着丰富而典型的廉政文化资源，如何挖掘好和整理研究好于成龙在罗城的廉政文化史料，总结提炼好于成龙罗城廉政文化的特点、启示与当代价值，是新时代党建工作者、文史工作者的担当使命，更是贯彻落实党的二十大加强新时代廉洁文化建设要求的一个具体举措。

同时，对于成龙在罗城的任职经历进行挖掘，能够很好地提炼廉政文化的深刻内涵和具体要求，对于今天的廉政文化建设有着很好的借鉴意义。

本书从史料出发，考察于成龙性格的形成、在罗城的为官经历、他的思想转变过程、他的为官经历对廉政文化的具体诠释，进而推广到他在其他地方的为官经历，进一步论述廉政文化的深刻意义和具体要求。在此基础上，我们还积极探索廉政文化的当代价值以及推动廉政文化建设的具体措施。崇德教化是廉政文化建设的前提和基础。在写作思路上，本书避免了单纯的文字转译，努力在历史文献的基础上去挖掘于成龙作为普通人的真实思想境界，挖掘一个普通人如何克服种种困难，最后做出杰出成就，从而被康熙皇帝誉为"天下廉吏第一"。因此，本书首先挖掘了明代士大夫的共同思想性格、晋商的思想境界、于成龙生活的明末清初时期山西、广西的相关社会背景，目的是尝试考察于成龙性格形成的脉络，正是有了这样的性格才使他能在艰难的环境中坚持下去。其次，本书还专门挖掘作为普通人的于成龙在面对寸步难行的境地时的真实思想情感。这一方面拉近了高高在上的道德楷模同普通大众的距离，另一方面也树立起当代廉洁文化建设最终胜利的信心。再次，本书继续对于成龙的任职经历进行考察，主要是论述于成龙在罗城任职经历的重要性，从而以翔实的史料论证了习近平总书记关于"扣好第一粒扣子"这个重要论断的重要性。可以看出于成龙在后来的任职经历中，处处都有他在罗城任职的影子。此外，本书在理论上积极探索了廉政文化的时代价值，进而对廉政文化建设，包括廉政文化园、廉政文化基地等具体廉政文化载体建设的具体措施提出了一些建设性的建议，为新时代推动廉政廉洁文化建设提供了一个重要的参考样本。

　　最后还要说明的是，本书是罗城仫佬族自治县成立 40 周年的献礼之作，写作本书得到了中共罗城仫佬族自治县委员会、罗城仫佬族自治县人民政府和全县各族干部群众的大力支持与帮助。本书的出版发行对于罗城打造廉政文化基地、推动廉政文化建设具有一定的指导意义，同时，对扩大罗城仫佬族自治县的知名度，也有一定的帮助。我们相信，一个廉政廉洁文化盛行的地方，经济一定会腾飞，人民生活一定会幸福。这也是本书编著者的最终期待。至于书中的错漏，限于水平，一定难以避免，欢迎热心的读者予以批评指正，这既是对我们的帮助，也是对罗城仫佬族自治县各族人民早日实现共同富裕，迈向中国式现代化新征程的助力。

罗城仫佬族自治县成立 40 周年庆典"罗城于成龙廉政文化项目"写作组

2024 年 7 月于南宁

目 录

第一章

于成龙南下万里
徒步至广西罗城

　　清代康熙年间，于成龙被称为"天下廉吏第一"，其仕途起点就在广西罗城县。但是当时的罗城县刚刚纳入清朝版图，在一般士大夫眼中，它是一个极其偏远的烟瘴之地，又是一个蛮夷杂处的险恶之地。去那里做官与发配充军无异。于成龙如何克服重重困难，毅然地下定决心南下赴任，值得予以仔细考察。

第一节　于成龙生活的时代背景

　　于成龙，字北溟，号于山，山西永宁州（今山西省吕梁市方山县）人。清朝初年著名廉吏。他生于明朝万历四十五年八月二十七日（1617 年 9 月 26 日）丑时，卒于清朝康熙二十三年四月十八日（1684 年 5 月 31 日）两江总督任上，终年六十八岁。于成龙是中国历史上著名廉吏的代表人物，其清廉人格、卓越政绩的形成肯定与其生活、成长的环境密不可分，因此，我们有必要先对相关背景予以考察。

于成龙画像

一、明末清初于成龙居山西期间形势

明末一般指明朝天启、崇祯时期（1621—1644），但天启元年（1621年）于成龙尚为四岁幼童，即使识事亦多遗忘，恐难以对当时社会有一个深刻的认识，因此这里考察的"明末"只限定于崇祯时期。崇祯元年（1628年），于成龙七岁，揆诸今日常理，社会、家庭多能对其产生相关影响，特别是对其人格的形成尤为关键。清初一般指崇德至雍正时期，但皇太极崇德年间，清尚未入主中原，不在考察范围之列；世祖顺治元年（1644年）迁都北京，是年十月，清军克太原，进入山西，正式与于成龙发生交集。至此到于成龙病逝于两江总督任上的康熙二十三年（1684年）皆在考察之列。此外，还要考虑到于成龙于顺治十八年（1661年）离开山西，前往广西罗城就任罗城知县，此后他同山西再无交集，山西当地的诸多环境已难再对其性格、事功的形成继续产生影响。因此为便于叙述，明末清初持续的时期此处仅指1628—1661年这三十四年，这一时期山西形势均在考察之列。

1628年为明思宗崇祯元年，此时明朝已经到了无可挽救、全面崩溃的地步。首先，朝政混乱，吏治败坏。事实上，明朝自崇祯皇帝祖父万历皇帝后期，朝政即已混乱不堪。万历皇帝本人近30年不上朝，不理政事，乃至有些官位空缺了竟然长期得不到补位。万历皇帝死后，儿子泰昌帝本想大展拳脚，革除弊政，哪知在位仅一个月就暴病身亡。皇位由其长子朱由校继承，朱由校就是明熹宗天启帝。明熹宗的荒唐和他的祖父神宗万历帝半斤八两，祖父嗜钱如命，长期荒政，不见大臣，他则酷爱木工活儿，天天躲在深宫内苑做木工，朝政全部扔给大太监魏忠贤。到天启七年（1627年）明思宗继位，农民起义的烈火已以燎原之势在全国各地燃烧，东北的后金势力迅速壮大，步步进逼。继位的明思宗为人刚愎自用、猜忌多疑，在位17年，共诛杀总督7人、[①]巡抚11人、[②]内阁大学士2人。[③]官员的更替十分频繁，如蓟镇总督半年之内就更换5人。[④]整个崇祯朝，兵部尚书换了14人，[⑤]刑部尚书换了17人。[⑥]内阁大学士（相当于宰相）在17年之间任命了50多人，[⑦]其中先后充当首辅者即有十余人。可见崇祯时期朝政混乱的程度，行政效率极其低下。因此后人多评价明思宗虽有中兴之志，却无中兴之才，决策一再失误、举措屡屡失当，反而使朝政变得更加混乱与黑暗。

其次，国家财政破产。崇祯初年，农民和地主之间的阶级矛盾十分尖锐，是当时社会的主要矛盾。只有抓住这个主要矛盾并设法缓解，才有可

---

① 《明史·郑崇俭传》："帝自即位以来，诛总督七人，崇俭及袁崇焕、刘策、杨一鹏、熊文灿、范志完、赵光抃也。"见（清）张廷玉等：《明史》卷二六十，中华书局2010年版，第6744页。

② 《明史·颜继祖传》："终崇祯世，巡抚被戮者十有一人：蓟镇王应豸，山西耿如杞，宣府李养冲，登莱孙元化，大同张翼明，顺天陈祖苞，保定张其平，山东颜继祖，四川邵捷春，永平马成名，顺天潘永图，而河南李仙风被逮自缢，不与焉。"见（清）张廷玉等：《明史》卷二四八，中华书局2010年版，第6425页。

③ 崇祯一共杀了两个辅臣，一个是奸臣周延儒，死有余辜。《明史·奸臣传》："冬十二月，昌时弃市，命勒延儒自尽，籍其家。"见（清）张廷玉等：《明史》卷三百八，中华书局2010年版，第7931页。另一个为薛国观。据《明史·薛国观传》载："八月初八日夕，监刑者至门，犹鼾睡。及闻诏使皆绯衣，蹶然曰：'吾死矣！'仓皇觅小帽不得，取苍头帽覆之。宣诏毕，顿首不能出声，但言'吴昌时杀我'，乃就缢。明日，使者还奏。又明日许收敛，悬梁者两日矣。辅臣戮死，自世庙夏言后，此再见云。"堂堂宰相，赐死后尸体竟被吊两昼夜才准许收殓，可见崇祯帝性格的酷烈刻薄。见（清）张廷玉等：《明史》卷二五三，中华书局2010年版，第6541页。

④ 《明史·蒋德璟传》："入对，言边臣须久任，蓟督半载更五人，事将益废弛。帝曰：'不称当更。'对曰：'与其更于后，曷若慎于初。'"见（清）张廷玉等：《明史》卷二五一，中华书局2010年版，第6500页。

⑤ 《明史·张凤翼传》："帝在位十七年间，易中枢十四人，皆不久获罪。"见（清）张廷玉等：《明史》卷二五七，中华书局2010年版，第6636页。

⑥ 《明史·乔允升传》："帝在位十七年，刑部易尚书十七人。"见（清）张廷玉等：《明史》卷二五四，中华书局2010年版，第6555页。

⑦ 《明史》卷二五一："庄烈帝在位仅十七年，辅相至五十余人。"见（清）张廷玉等：《明史》卷二五一，中华书局2010年版，第6506页。

能使刚刚爆发的农民起义得以平息，解除后顾之忧，进而集中力量对付后金的进攻。但明中期以后诸帝大兴土木，加以倭寇、蒙古贵族交相进犯，军费开支急剧增长，国库早就入不敷出了。虽然经过张居正的改革，危机得到了缓解，但明神宗亲政后，又大肆挥霍浪费。万历三大征致使国家背负庞大的军费开支，国家财政再次入不敷出，只得动用累年的积蓄，进而使国家财政状况日益恶化。同时明朝末年，西方殖民者发现美洲银矿，全球的白银源源不断地流入中国，中国的白银价值也大幅度跌落，崇祯年间，金银价比曾为1∶15。结果银贱物贵，市场一片萧条，这又进一步加重了明朝的财政危机。

为解决财政危机，明神宗派矿监、税使四处搜刮，皇帝的私人府库倒是金银堆积如山了，但国家财政状况没有得到丝毫改善，反而让市场进一步萧条。更讽刺的是明末的几个皇帝一个比一个吝啬，让他们从府库拿钱出来，就像要了他们的命根子一样！明神宗死后，明光宗在位仅一个月，明熹宗在位七年，短短几年的时间，内府的储积不可能全部花光。面对捉襟见肘的财政状况，当有人建议调拨皇帝府库的银两时，明思宗立刻哭穷，就是不肯往外拿钱。结果，李自成占领北京时，内库还存有三千余万两白银、一百五十万两黄金的巨额财富。崇祯帝守着这么大一笔财富舍不得用，一到大臣伸手要钱，就下令向早已一贫如洗的广大农民实行加派。本来，万历末年，三次加征辽饷，每亩加征九厘，计征银520余万两，广大农民的负担已经十分沉重了。结果到了崇祯四年（1631年），又在这个基础上再加派三厘，使该年的田赋总额达到660余万两，当年辽饷总数高达一千多万两。为镇压各地农民起义，明思宗又于崇祯十年（1637年）下令加派剿饷280万两。要镇压农民武装力量，就得练兵，于是崇祯十二年（1639年）再加派练饷730万两。三饷加派，加征田赋的银两总计多达1670多万两，超过往年田赋收入的一倍多。不断地加派，只能使广大农民进一步陷于破产，不断逃亡，流离失所，最终加入农民起义军阵营。

最后，军制的败坏。明末随着卫所制度破坏，部队数量和质量也大幅度下降。广西官军原额 121289 名，万历初年仅有武官旗军 3097 名。[①] 京师诸营操练质量也非常差，士兵们甚至不知道战鼓、旌旗的意义，更别说骑射战术。由于军饷拖欠越来越严重，官吏克扣军饷现象又普遍存在，加之物价飞涨，军兵的生活极其困苦，兵变事件不时发生。军队士兵生活无着，上级武官也只好放任他们打家劫舍，这又败坏了军纪。这样的士兵甚至比农民军军纪更差，怎么能依靠他们平定农民起义，抵御后金入侵？加上天灾频发，最终导致各种社会矛盾彻底激化。这些因素终于酿成了明末农民大起义，明朝的灭亡只是时间问题了。

山西的形势比全国其他地方的形势好不了多少，因此到崇祯年间农民起义也是此起彼伏。特别是崇祯四年（1631 年），在明军的进剿下，王嘉胤、张献忠、李自成、罗汝才等相继率部进入山西，农民起义的重心由陕西转移到山西。明廷于是调集兵力，加紧围剿山西起义军。崇祯六年（1633 年）冬，山西起义军又兵分三路，南渡黄河，突入河南渑池，进入中原地区。在不到一个月的时间里，起义军的足迹已遍及河南西部各县，接着又冲向邻境的湖广和四川，明末农民大起义开始进入一个新的阶段。

从崇祯十七年（1644 年）明亡到清兵入关进入山西，山西一直饱受战火摧残。清军所到之处，强迫居民剃头蓄辫，不服从者就要被杀害，没有变通余地。因此顺治元年（1644 年）、二年（1645 年）许多山西人因反抗剃发而被杀害。加上清贵族的疯狂掠夺，导致境内人烟稀少，田地荒芜。社会经济进一步遭到破坏，城乡间瓦砾遍地，满目疮痍。但是清政府在基本肃清反抗势力后，即开始革除明朝弊政，如惩治贪官、废除明末的横征暴敛，与民休息。这些措施很快获得了老百姓的称颂。这些背景的描述看似与主旨无关，实质上由此可以看出于成龙人格养成的一些端倪。

---

① 见万历《大明会典·兵部·广西》卷一三一。

首先，从背景的描述可以看出，自于成龙记事起，山西即生民倒悬，生存异常艰难，更别说过上太平生活。可以想见于成龙和他的家族不可能在时代的旋涡中幸免于难，至少于成龙成长在苦难中。这种艰难的环境养成了他个性坚韧又能吃苦耐劳的特征。

其次，要在动荡的局势中安身立命，不可能一直沉溺于明代后期王学末流那种虚无缥缈、只知空谈的性理之学中，必须学会如何面对苦难、如何在动乱的时局中将清头绪并迅速安定局势的本领。于成龙的生活背景促使他崇尚实学，这不仅与王学末流大相径庭，也为他在罗城的"卓异"①事功打下了很好的基础。同时这也解释了于成龙在担任罗城县令之前毫无处理行政事务经验，为何一到罗城，面对罗城动荡的局面能迅速使社会各行各业正常运转起来。那么，清初广西以及于成龙即将走马上任的罗城当时又是一个怎样的局面，便是接下来要考察的对象了。

二、清初于成龙赴任广西前夕形势

1644 年明朝灭亡后，明朝残余势力拥立崇祯皇帝堂弟桂王朱由榔为监国。1646 年 12 月，朱由榔在广东肇庆称帝，成立永历政权。随后清军南下进攻两广地区，朱由榔逃往广西，并在清军的紧逼下，先后逃往梧州、平乐、桂林。南明永历政权势力控制区域仅限于广西和湖南南部一带。

此时，张献忠领导的农民起义军在张献忠战死后，也在李定国、孙可望等人率领下投靠永历政权，共同抗击清军。有了农民起义军的帮助，永历政权一时声威大震，一度占领云南、贵州、两广、江西、湖南、四川大

---

① "卓异"是清朝对官员的一种荣誉称号，用来表彰在政务处理、民德教化等方面取得突出成就的官员。——编辑注

部分地区。但永历政权很快在内讧中丧失了对清作战优势，朝廷缺乏中流砥柱，永历帝为人庸碌，好不容易大西军余部来投靠，又心怀猜忌，不能与大西军余部通力合作。大西军李定国和孙可望又互相攻伐，最后以孙可望争斗失败投降清军告终，但永历政权也元气大伤，再也组织不起有规模的反攻了。

1650 年（南明永历四年，清顺治七年）11 月，清廷定南王孔有德部占领桂林，永历帝朱由榔逃往南宁。撤退时人心溃散，无力约束士兵，明军乘机劫掠，给沿途老百姓生产生活带来极大破坏，严重损害了抗清事业的群众基础。

次年二月，清军由柳州南下，南宁岌岌可危，永历君臣又仓皇经新宁州（今广西扶绥）乘船溯左江逃至濑湍（在今广西崇左市东），后流窜至桂滇交界偏僻处躲藏起来，才算勉强立住了脚。至此，永历小朝廷已经基本上丧失了实际控制的区域。

就在清廷认为残明势力即将肃清之时，事情又有了转机。李定国率军由贵州进入湖南，并在湖南进展顺利，打了清军一个措手不及。1651年 7 月，李定国率军又由湖南南下攻克省城桂林，清定南王孔有德将柳州、梧州等地守军全部调往桂林解围仍然不能抵御李定国的攻势。最终桂林城破，孔有德绝望自杀。这是清军自入关以来遭受到的最大挫折，孔有德也是清军入关以来阵亡最高级别官员。接着，明军南下平乐，杀清府江道周令绪，擒平乐知府尹明廷等；收复柳州，俘清右江道金汉蕙。八月十五日，明军收复梧州，广西全省又落到永历朝廷手中。此后，清军派洪承畴、吴三桂重点对付永历朝廷，两年后，广西桂林、柳州一带又为清军占领。短短数年间，政权几度易手，清军破城后对不从满俗的军民大肆屠戮，明军收复失地后，又对降清者施以惩处，一些军纪败坏的明军还公开劫掠老百姓。这期间各军阀争地盘内讧、兵痞抢劫财物、土匪骚乱。如，永历帝在得知清军攻占桂林、广州后急忙从梧州逃往南宁，永历君臣撤走之后，又没有做出善后安排。一座梧州城整整三个月时间都处于无政府状态，盗贼横行、杀人越货的惨剧举目皆是。可见当时广西社会环境恶劣到了什么程度。这就很好地解释了为什么等到于成龙进入罗城县时，堂堂一县的衙署都坍塌了，县城几乎没有什么居民了。

考察明末清初山西和广西的基本状况对于认识于成龙有着重要的意义。民生维艰、民被兵燹，促使生活在如此残酷环境下的士人不得不适应苦难，又不得不寻找应对的办法以图保全性命。这些应对苦难于危局、苟全性命于乱世的智慧，都是于成龙能够徒步跋涉千里，在久遭兵燹、疮痍呻吟、元气未复的罗城立足，并迅速拿出应对良策的必备人生课程。孟子说："天将降大任于是人也，必先苦其心志，劳其筋骨，饿其体肤，空乏其身，行拂乱其所为，所以动心忍性，曾益其所不能。"观于成龙早年生活背景，信然！

三、明末清初士人心态

作为士人群体的一分子，于成龙不可避免地具备明末清初士人群体的共性心态。之所以用"心态"而不用"特质"，一是由于明末清初士人思想界比较复杂，且许多思想派系间相互杂糅，以心态描绘士人的所思所想、对事物的看法，似乎较为妥帖。二是于成龙并非以思想见称，这里也不对大思想家做过多讨论，只就一般士人的思想状态做一描摹，因此用心态来概括比较合适。事实上这个问题是对上述背景的进一步补充，因为身处乱世、饱受艰辛的人不在少数，为什么于成龙的个性如此独特，支撑他获得"天下廉吏第一"的美誉？他究竟在想什么？他的世界观的形成有没有可以窥视的痕迹？

明自弘治（1488—1505）以后，商品经济得到迅速发展，苏州、扬州、潮州、泉州等一大批南北大宗货物集散地随之形成，而商贾也成为社会上一个显著的群体。明代归有光对商贾群体有一个形象的描绘："今新安多大族，而其地在山谷之间，无平原旷野可为耕田。故虽士大夫之家，皆以畜贾游于四方。猗顿之盐，乌倮之畜，竹木之饶，珠玑、犀象、玳瑁、果布之珍，下至卖浆、贩脂之业，天下都会所在，连屋列肆，乘坚策肥，被绮縠，拥赵女，鸣琴跕屣，多新安之人也。"①归有光描绘的虽然是徽商的盛况，但山西作为晋商的大本营，也是商贾云集之地。清雍正二年（1724 年），山西学政刘于义奏称："山右积习，重利之念甚于重名。子弟俊秀者多入贸易一途，其次宁为胥吏，至中材以下，方使之读书应试，故以士风卑靡。"②既然是积习，自然由来已久，可见商业文化对山西的影响已达到足以撼动传统耕读文化的程度。这也可以解释为何与徽商齐名的晋商诞生于此。商人群体的活跃、商业活动的发达，无疑对社会风气起到一定的形塑作用。商人地位的提高，士商关系的密切，使得士人不再以言利为耻。只要取之有道，利就是应得的。因此，士人对于财富也不再讳言，由重视财富进而重视治生，即世俗生活的谋生。明代陆楫《蒹葭堂稿》说："沈周，号石田，吴中名士也。博学工诗画，放浪山水间，隐居不求仕进。晚年尝有诗戒其子云：银灯剔尽谩咨嗟，富贵荣华有几家？白日难消头上雪，黄金都是眼前花。时来一似风行草，运退真如浪卷沙。说与吾儿须努力，大家寻个好生涯。"③可见士人追求的首先是好的生活。因此重实利的社会取向已经十分普遍。尽管入仕当官是首选，但是士人心态已经有所转变。特别是一些仕途不利的士人，普遍存在这种逐利重生的心态。于成龙的早期仕途并不顺利。崇祯十二年（1639 年）他参加乡试只中了一个"副榜贡生"。虽然成绩不差，但在科举盛行的时代，中举的人才有仕途。所谓副榜就是没中，还要继续努力，只是随着科举录取的比率

---

①　（明）归有光：《白庵程翁八十寿序》，《震川集》卷十三，《四部丛刊》本。

②　《宫中档雍正朝奏折》第二辑，台北"故宫博物院"1978 年版，第 650 页。

③　见（明）陆楫：《蒹葭堂稿》卷六《杂著》。

逐渐降低，才施舍性地让一些成绩较好的考生归入副榜，可以进入国子监继续深造，如果考试合格也能做官。但于成龙去北京办理相关手续后并没有留在国子监，而是回到了故乡，可见他这个时候对于入仕之路并不十分热衷。于成龙也曾针对这个现象作出如下言论："族人不知读书之乐，侥幸博一青衫，自以为万事皆足。至于科第一节，皆诿之于阖郡风水。不知发过先达，尽系读书之人。岂风水之说，独不应于我辈乎？愿我家子弟破除积习，做童生；下一番苦功，望进学，做秀才；下一番苦功，望中举。"从于成龙的言论可以看出，于氏一族科举成绩普遍不理想，考不上就推诿于风水不好。在这样的风气下怎么可能在科举上有进一步斩获呢？这种不重视科举、不重视入仕的想法也是士人心态变化的一个表现，而这在士人群体中也不是个案。明后期徘徊在入仕与世俗之间的士人不胜枚举，如沈周、祝允明、唐寅等。这些人才华横溢，但大部分都没有做官。可见当时士人心态已经在商业化的影响下发生了重大变化，只要能很好地活下去，快意诗酒，亦未尝不可。

明代士大夫形象

总之，商业文化和商人群体的兴盛，使士人心态上发生了重生重利的转变。首先，重生重利消解了传统儒家文化的愚忠思想。因此，当其他地方一些士子纷纷投入抗清斗争中时，于成龙又在顺治八年（1651 年）参加了清政府举行的乡试考试，但还是榜上无名。其次，长期生活在一个商业文化浓厚的地区，对于商业活动即使没有亲身参与，也耳闻目睹，至少不会陌生。因此，从于成龙在罗城实施的一系列稳定社会的措施中出现的重视商业、重利倾向，就可以看出他的生活环境给他带来的巨大影响。另外，晋商爱国济民、谦和礼让、严禁陋习的行为准则也在一定程度上影响了于成龙清廉品行的进一步成形。

第二节　于成龙的早年求学经历及其性格的养成

一个人的成长除了与整个社会背景、社会阶层密不可分之外，还与其家庭、学习密切相关。特别是在传统中国这样一个宗法社会中，家庭在社会中扮演重要角色，家庭伦理甚至在很多时候可以代替国家律法维系秩序。因此，于成龙成长为一代廉吏必然可以在其家庭和受教育经历中找到痕迹。

一、于成龙的家族构成

于成龙家族世代务农，现存史料记载其最早先祖于伯达就是一位没有参加科举的普通百姓。但是由于其毕竟读过书，不能等同于一般农民，然而也不能直接归入读书人的行列。在中国科举史上，如果没考中秀才，哪怕读书到八十岁，也不算读书人。这一点，于氏先祖比曾国藩家族要强得多。曾国藩家族从明代到曾国藩的父亲这一辈两百多年内，均无人读书。

于伯达是石州白霜里（今属山西柳林县）人，其子名于建中、其孙名于仕贤，史料均无考中功名的记录。于氏发迹是从于仕贤之子于渊开始的。于渊，字德深，后来成了贡生。科举时代，挑选府、州、县生员（秀才）中成绩或资格优异者，到京师的国子监读书，称为贡生。贡生就有做官的资格。于渊后来入仕成为知县，而且为官颇有政绩，深受百姓爱戴。于渊的第四个儿子于坦在明代景泰年间考中了举人，四年后又考中进士，最终官至巡抚，是名正言顺的正三品大员。因此，于坦是使于成龙家族兴旺发达的一个重要人物。

于成龙这一支脉的始祖是于素。于素和于坦的关系史料上没有具体说明。考察《卢氏县令于君墓表》，于渊的孙辈不见于素，可能是于渊的曾孙辈。于素是于成龙的高祖父。于素第四个儿子叫于恩。于恩第三子于采，于采的长子就是于时煌，即于成龙的父亲。于素将家族迁徙至北武当山下的来堡村（位于今山西省吕梁市方山县境内）。在科举时代的中国，耕读传家一直是社会的主要价值取向。于氏家族和千万家庭一样，一直有读书出仕的传统。

但考察整个于氏家族的科举经历，却发现其最终成绩并不理想。除了于坦，就数于成龙科举成绩最好了。但于成龙和同辈名臣相比，他的科举成绩简直拿不出手。如李光地是康熙九年（1670 年）进士，庶吉士，授翰林院编修。陈廷敬是顺治十五年（1658 年）进士，庶吉士，翰林院侍讲学士，充日讲起居注官。王鸿绪是康熙十二年（1673 年）进士，翰林院编修、侍讲。熊赐履是顺治十五年进士，庶吉士，授翰林院检讨，历任国子监司业、弘文院侍读、秘书院侍读学士，翰林院掌院学士。这里有必要对上述头衔做一个简单的介绍。清代科举考试，考中举人后会参加会试，考中后再参加皇帝亲自举行的殿试，这次考中的才是进士。进士一甲直接授予翰林院修撰、编修。另外从二甲、三甲中，选择年轻而才华出众者入翰林院任庶吉士继续学习，三年后进行考试，成绩优异者留任翰林，授予翰林院检讨。其他则被派往六部任主事、御史，或被派到各地方任官。而在科举时代，进翰林院是当宰相的重要途径。于成龙别说不是进士，他连举人都没考中，更别说进入翰林院学习，成为翰林院学士之后留在朝廷，最后位极人臣，拜相封侯了。

但是即便没有在朝廷任职的经历，他也在地方做出了辉煌的成绩。而且于成龙考不上举人、进士和其个人才学、智慧、能力关系都不大。因为在明清时期，科举考试中的进士科一般三年考一次，一次大概录取三四百人，平均下来全国每年才一百多个人能幸运地成为进士，也就是说在古代考中进士几乎是万中无一，录取比率极低。至于进士中的第一名状元，就更是凤毛麟角了，整个中国古代科举时代持续了一千三百多年，有史可查的状元仅有六百余名。同时，考进士并不仅靠文采学识，很多时候运气在其中扮演着重要角色。中国古代很多高官、大学者都没考中进士，如同曾国藩并称为晚清中兴名臣的左宗棠、著名文学家蒲松龄、大学问家戴震等，都一辈子没能考中进士。

除此之外，要想科举考试顺利，还需要雄厚的财力支撑。在农业技术不发达的时代，农户基本上是靠天吃饭。收成好，收入就稍微好一些；收成差，能不挨饿就不错了。总体上，绝大多数农民都在温饱线上挣扎。要温饱的农户供养一个人参加科举考试，无疑是十分艰难的。加上那时远行交通工具也不发达，陆路主要靠畜力，水路主要靠帆船这样的交通工具，速度很慢。如果一个人从本地出发去京城，路途上吃饭、住宿加上支付交通工具费用就是一笔不小的开支。如曾国藩参加会试时，他们家连路费都拿不出来。曾国藩是向亲戚朋友借钱，最后才带了 32 串铜钱上路，等到他到达京城时只剩下 3 串铜钱了！也就是说大部分钱都在路上花光了。这也是进士难考的一个重要原因。

于氏家族也和千万家庭一样，多年来都很难出一个举人、进士。但科举仕途成绩不理想，不代表于氏家族不追求上进。于氏家族和晋商群体一样重道德，重积善。于渊在河南做官时，就修建庙宇。于坦亦曾担任永宁安国寺大护法。寺庙在古代除了是宗教的活动场所之外，还是一个重要的社会救济场所。饥荒之年救济饥民，大疫之年隔离病人、施药救护病人；给贫寒的进京赶考的士子提供借宿场所；有时候也承担义庄的功能。因此建寺庙很大程度上是建设一个公益的民间的社会救济站，是莫大的善举。这种对道德追求的进一步发展就是对公众事业的热心，为官时才会时时刻刻为民请命，急人民之所急。

山西于成龙故居的于成龙雕像

二、于成龙的求学经历

于成龙少时读书，由其父于时煌亲自教导。于时煌治学尚淹博，慕通人之学，于书无所不窥。因此他也要求于成龙兄弟阅读范围要广泛，经史子集皆要涉猎，而不局限于举子业。有一次，年少的于成龙读腻了，把书合起来,不读了,然后大声对父亲喊道:"经史子集千卷万卷,无非四个字罢了!"于时煌又惊又气,惊的是于成龙小小年纪竟然能发现圣贤典籍中的秘诀,气的是于成龙这么小年纪,才读几本书,就敢夸下海口?莫不是要学项羽,读书读几本就不读了,击剑学一下又不学了,那还了得?于是,他强忍着怒火耐着性子问:"哪四个字?"于成龙义正词严地说:"仁义礼智!"于时煌听到这四个字一下子愣住了。当时,经史子集以儒家思想为尊,确实讲来讲去宣扬的就是这四个字。于时煌本来要惩罚他不好好读书,但是他说的却又是那个道理,反而自己也被弄得没有脾气了,想来想去也只好叹服。这件事反映出于成龙的学习取向。古来成大事者读书,多是读其大略,观其梗概,好读书不求甚解。而往往这样的读书方法,能够抓住核心,抓住要害。不去计较细枝末节,浪费精力。同时这样读书,也锻炼了人的识见,锻炼了能够迅速抓住事物要害的能力。这为他以后在纷繁的政务中抓住关键,找到解决办法打下了很好的基础。不仅是处理政务应该如此,就是治学,又何尝不是如此?史学家刘知几认为一个合格的历史学家要具备才、学、识三种条件,而尤其以识见最为难得。清代史学家章学诚在这个基础上提出史学家应具备德、才、学、识四个条件。而于成龙少年时就能有此识见,是日后他异于常人的基本条件。

于成龙不仅年少时就表现出高远的识见,还呈现出务实的为学理念。这与上文分析的社会、士人群体、家庭背景自然有密不可分的关联,但在读书期间表现出的务实倾向,为其日后的政绩奠定了基调。他读书的时候曾说:"学者要识得道理,从头做去,诵咏呻吟,有何用哉?"可见年少时的于成龙就开始把学问同实际生活联系起来了,而且十分注重学问的实际指导作用。这些想法,都与他后来做官的处事风格十分契合。当然,不是说于成龙为学务实,就认为他已经跳出了传统儒家学者的圈子。由于时代的局限,突破儒家思想的桎梏,在那个时代是不可能的。就于成龙的言论看，还是与孔子的相关言论相符。比如孔子早就说过："诵诗三百，授之以政，不达；使于四方，不能专对。虽多，亦奚以为？"可见在孔子眼中，学问的终极目的，还是能用于现实世界，这就是于成龙思想的源头。

于成龙年少时读书也十分刻苦，为了远离尘嚣，避免打扰，他还专门寄居在离永宁城二十里的安国寺达六年之久。山寺清苦的生活对他既是一种磨砺，也教会了他俭朴的美德。于成龙后来回忆自己在安国寺读书的经历，曾讲了一个富有神异色彩的故事。故事说自己有一晚读书到很晚，入睡后梦到了神仙。神仙还赐给他一朵"优钵罗花"，让他服下。在梦中他还因此吟出一句"仙人赐我钵罗花"的诗句。这一看似无关紧要的记录为于成龙早年清苦的读书生涯添上了一笔浪漫色彩，以至于四十多年后，于成龙还专门为此事写诗一首："优昙曾记梦中餐，山寺日高柏水寒。云绕佛龛常五色，香飘精舍比芝兰。生平未识金银气，偶尔轻抛麋鹿滩。四十年来魔障尽，好教拂袖紫霞端。"这首诗既对早年读书生涯的奇梦作出了回忆，又表明了自己对功名利禄的追逐只是偶尔为之，等除尽天下魔障后，再功成身退。

在程朱理学统治思想界的背景下，于成龙能中正端方，特别是不参与晚明各党派的意气之争，十分难得。他早年在寺庙读书，与僧人多有过从，为官后亦多有修建寺庙的举措，但从不佞佛。他认为真正的儒者对于圣贤的道理都学不尽、取不竭，哪有时间精力去探讨宗教呢？但于成龙也不辟佛，并且他认为对于佛教的典籍思想也应该予以重视，不了解对手怎么能击败对手呢？结合其为政举措也可窥见于成龙为学取向。于成龙在《清儒学案》里被归在《环溪学案》中。此卷卷主为魏象枢，他的为学取向就是以实用为先。《清儒学案·环溪学案》载魏象枢的言论说："居大臣而德不纯，才不粹，不如下僚；居下僚而政不平，刑不中，不如素士；居素士而理不明，学不正，不如庶民。"① 于成龙被归入此卷，想必其为学取向必与魏象枢大同小异，而于成龙在罗城的为政举措确实在个人清廉的基础上更进一步，为官一任造福一方，很好地践行了魏象枢的言论。同时，在此卷开端还有一个断语："一代之兴，必有正人君子立于其朝，激浊扬清，引为己任，而后人才出焉，风俗成焉。"② 对魏象枢的评价也有"律己严"之语。可见这个学派的学风、为学取向，也可以进一步解释为何于成龙在罗城能面对艰难而不退缩，就是"律己严"。这也为他博得了学术界"正人君子立于其朝"的美誉。在这样的学问中磨砺自己，他南下罗城也就水到渠成了。

第三节　于成龙的出仕及南下广西

上文考察了于成龙生活的时代背景和他即将出仕之地的背景，他的家世、他的求学取向，以及在这种环境之下陶冶出来的性格特征。但是有一点还需要予以思考。那就是，作为由明入清的士人，于成龙在接受清廷官职的时候是否背负道德压力？要知道在他接受清廷官职的同时，还有大批士大夫对清廷是抱着抵触甚至敌对的态度的。上文只是考察了士人在商业文化的冲击下对儒家忠君思想的瓦解。其实，我们还是有必要对其仕途做出进一步考察，才能完整分析其心迹。

一、于成龙决定出仕

前文提到于成龙曾参加过乡试，这说明尽管晚明时期商业文化对山西

---

① （清）徐世昌等编：《清儒学案·环溪学案》第一册，中华书局2008年版，第806—807页。
② （清）徐世昌等编：《清儒学案·环溪学案》第一册，中华书局2008年版，第787页。

已经有很大影响，但长期形成的儒家文化仍然占据统治地位。也可以看出于成龙的本意还是通过科举走上仕途。

明崇祯十二年（1639年）秋，于成龙参加了山西的乡试，这一年他二十三岁。在这一年，他结识了张奋云、荆雪涛等朋友。不过此次乡试于成龙没有中举，只中了一个副榜贡生。当时的乡试考中的列入正榜，就是举人，第一名称为解元。没考中，但当时成绩也不错的就会被列入副榜，以资鼓励。

当时山西录取九十位举人，大约每录取五名举人就选一名副榜贡生，这一年大约录了十八名副榜贡生。再结合上文提到古代科举录取的实际情况来看，于成龙取得这个成绩已经相当不容易了。并且考中副榜，就可以直接参加下次乡试。于成龙参加乡试的那一年明政权处于风雨飘摇中，为笼络人心，大学士杨嗣昌建议副榜贡生可以以准贡生的身份进入国子监（中央最高官学）学习。

按以往的惯例，所谓贡生，就是地方选拔出类拔萃的秀才贡献给朝廷备用。贡生名义上要先进入国子监读书，实际上国子监在当时已经沦为形式，并没有实际开展教学。贡生有做七品及以下品级官的资格。贡生有五种：岁贡、恩贡、拔贡、优贡、副贡。贡生和举人、进士一样被视为正途出身。岁贡是由地方定期选送年资长久的廪生入国子监，府学一岁一人，州学三岁两贡，县学两岁一人。岁贡的资格完全靠论资排辈，很多廪生还没有轮上就离世了。《聊斋志异》的作者蒲松龄十九岁中秀才，还是院府县童生试第一，然而乡试都名落孙山，直到七十一岁才排队当上了一名岁贡，等了近五十年。蒲松龄成为岁贡后，得了个候补训导的官职，训导是府州县学副职（从八品），候补的意思是还得继续等。

恩贡是逢国家重大庆典由皇帝特殊恩赐的贡生。拔贡是各省学政对本省生员加以考试，选拔操行和成绩双优的送入京城，拔贡先要在当地经学政考试，被选中者还要到省城参加总督、巡抚、学政的合试，称为"三院会考"。录取的生员到北京后再经过朝考，合格后分等级录用，一等的授予七品京官或知县，二、三等的授予外省知县或本省教谕。拔贡每十二年才一次。优贡是各省学政每三年任期满的时候从本省生员中选择品学兼优的人报送朝廷参加朝考的，名额有限，大省不过六人，中省四人，小省二人。一等授予知县，二等授予教职（教授、学正、教谕等官学正职），三等授予训导（官学副职）。

总之，于成龙这次直接可以去国子监学习，对于热衷功名的士人来说那简直就是个天大的机缘。何况于成龙才二十三岁，在这个年纪就能进入国子监，比那些靠年龄资历混到贡生名额的士人，含金量无疑高出许多。按照当时的规矩，取得贡生资格的，要到国子监办理相关手续。为此于成龙专门去了一趟北京，但没有入学，而是办理了一个"依亲读书"的手续。就是说以家中父母年老多病，需要儿子照顾尽孝道为理由，不进入国子监学习。于成龙办理这个手续很显然是一个借口，如果真要侍奉父母，也不会远赴罗城任职。于成龙要走仕途，但是从这件事可以看出他的决心，就是不愿意通过贡生这个途径，而是要通过科举考试中举人，再中进士，做翰林学士。因此，他不屑进入国子监学习。这说明于成龙在自己的仕途上还是有着远大抱负的。

同时，他不进入国子监还体现着他对朝廷的失望。在参加乡试的时候，他就对时弊大加针砭，由于言辞激烈，惹怒了考官，这也是他名落正榜的一个重要原因。清朝入主中原后，尽管清政府对反抗者实施野蛮镇压，但对于归顺者，清廷还是竭力拉拢。加上山西在明末实际上已政治腐败，并遭受明军、农民起义军、清军争夺山西反复交战的兵燹。老百姓要么背井离乡，妻离子散；要么身填沟壑，家破人亡。清军进入山西，结束了几方争夺的战乱，稳定了动荡的局面，事实上也给了老百姓一条活路。在这种情况下，于成龙继续致力于应举实际上是对新政府稳定时局举措的支持。顺治四年（1647年）至顺治八年（1651年），于成龙到太原崇善寺开办的学校学习了四年，然后再次参加了顺治八年的乡试，可惜再次落榜，这年于成龙已经三十五岁。

顺治十一年（1654年），于成龙兄长于化龙病故，三子于廷元出生，全家生活的担子落在他的肩上。于氏家境不算大富大贵，不过能支持他参加科举，那说明在永宁县也算是中等偏上的家庭。但由于多年的战乱，经济凋敝，十室九空，加上此时父亲于时煌年老多病，需要人侍候汤药；继母李氏也已步入暮年。长子、次子上学，全家开支很大，于成龙靠教书、当矿工、砍柴烧炭、卖酒赚取微薄钱粮，生活十分窘迫。于成龙为了养家糊口，供子上学，整日忙于生计，再无精力参加科举考试。顺治十五年（1658年），于时煌病故。因此到顺治十八年（1661年），于成龙又进入国子监学习，结业后准备出仕。这就可以看出于成龙在明政府治下不入国子监，而在清廷入国子监这件事中包含着他对黑暗腐朽政府的极大不满了。同时也由于生活所迫，他不得不有所妥协，不再坚持走中举、中进士这座独木桥，出仕，既能养家糊口，也能一展所学。

二、于成龙何以出仕广西

除了生活所迫这个直接原因，支撑他前往广西任职的原因，还在于于成龙作为一介儒生，入仕是实现自我价值的主要途径。顺治十三年（1656年），在于成龙四十岁时，他再次以"副榜贡生"的身份来到了北京。这次他是去参加吏部的官吏选拔考试，结果他考得了一个上上卷的优异成绩。一般考试成绩为上卷的，就可以获得"候补知县"的头衔。这次于成龙就得到了这个新的身份。但当时清廷并没有在全国建立政权，西南、东南、新疆、青海、西藏等地还存在一些大大小小的武装势力。地方官的位置相比于大批等着上任的官员来说数量要少得多。因此于成龙获得了这一新的身份后并没能马上赴任。加上父亲于时煌年纪大了，他也不能一走了之。直到父亲于时煌于顺治十五年病故，于成龙守孝三年后，他才能赴任。因此他于顺治十八年（1661年）再次前往北京，参加吏部的官吏选拔。

这次吏部选拔官吏，是采取抽签的方式决定去哪里任职。结果他运气不好，抽了一个"下下签"，被分配到刚刚纳入版图、局势极不稳定的广西。广西在当时被视为烟瘴蛮荒之地，又是少数民族集聚的地方，清廷在那里根本没有什么威信可言，因此去广西做官几乎等同于被流放。即使过了一百多年，到了道光时期，广西仍然是清朝十八行省中赋税倒数的省份。

究其原因，前面已经提到了。首先，在农耕时代，衡量一个地方是否具备发展的条件，其耕地是否肥沃是一个重要的条件。其次，在商业活动发达时期，是否具有便捷的商业通道，是否具备极具商业价值的农产品、商业手工制品，也是一个地方能否发展起来的重要因素。前者像洞庭湖平原，水资源充沛，耕地多，有"湖广熟，天下足"的称号。加上长江水运的发达，汉口一时间成为天下商贾云集之地。后者如江浙一带，丝绸、瓷器、茶叶、盐业几乎垄断了清帝国的经济命脉。但是广西在那个时代这两者均不具备，既没有广阔肥沃的耕地供耕作，又没有便捷的商业通道和丰富的经济作物。再加上极不稳定的社会政局，广西在那个时代不可能发展起来。所以于成龙看到是去广西时，第一时间也觉得晦气。他在给自己的朋友荆雪涛的信中回忆这个场景时写道："亲者不以为亲，友者不以为友，行李萧条，自觉面目可憎。"仿佛人生的灾厄一瞬间全部降临在自己头上。于成龙是这一年春天去的北京，到这一年四月所有盘缠均已用尽，只能靠赊账的方式雇了骡马回山西。他一路上吃饭、住旅店的钱都拿不出来，都是靠马夫垫付才一路狼狈地回到山西，其中的艰辛可想而知。

当于成龙走到山西清源县（今山西清徐县）时，他还专程拜访了此时正在家中"丁忧"的朋友王吉人。王吉人的运气和于成龙比起来，简直一个在天上，一个在地下。王吉人年纪轻轻就考中了举人，官运就更别说了，先担任萧山（今杭州萧山区）知县，后来又担任苏州府同知。同知虽然只是知府的副职，但从上面他为官的履历可以看到，王吉人都在当时最富庶的地方任职。如果没有硬实的后台，那只能说明他做官的运气实在是太好了。因为在富庶的地方任职并不仅仅是经济上有好处，更是容易引起高层注意，在这些地方任职，升迁是迟早的事。因此一般来说，苏杭一带的地方官职位，平时这些没后台，又没过硬的能力、出众的文采的普通官员就是削尖脑袋也不可能得到。但王吉人不仅得到了，还一直在苏杭一带任职。所以于成龙向王吉人提到广西罗城一开始就找错了对象。像王吉人这种官场幸运儿怎么可能把罗城放在眼里？果然，他直接就表示反对于成龙去罗城任职，甚至半劝解半挖苦地说于成龙家里又不是过不下去了，干脆回家不当这个官算了。可见，当时罗城在王吉人眼中有多差。这也难怪，如果于成龙问的是四川合州的知府或者问问广西其他地方的官员，肯定会得出不同的答案。偏偏问一个在有着人间天堂之称的苏杭一带任职的地方官员，那么他心中本来就复杂的心情就只会愈发烦闷不堪了。

王吉人热情地款待了于成龙，还帮他付清了马夫的账。但在于成龙看来这不亚于变相的显摆。尽管王吉人坚决反对他去广西，但他已经暗暗决定要去广西试试了。他在《治罗自纪并贻友人荆雪涛》中回忆当时的心境时说："成龙时年四十五，英气有余，私心自揣，读书一场，曾知'见利勿趋，见害勿避'，古人'义不辞难'之说，何为也？"[1]说这话的时候可见于成龙已经下定决心要去广西。他感激王吉人以实相告，并热心招待，

---

① （清）于成龙：《于清端公政书·罗城书》，影印文渊阁《四库全书》第1318册，台湾"商务印书馆"1986年版，第553页。

但王吉人过分注重个人得失，反而让他心生反感。于成龙没去过罗城，他知道王吉人也没去过罗城，因此他不信罗城的情况有王吉人说得那么糟糕。他认为古代那些贤人君子如柳宗元能到柳州、王阳明能到龙场，都成就了一番事业，自己为什么不能？王吉人见于成龙默不作声，知道他已经下定了决心，就不再劝阻了。于成龙五月份回家即开始准备行装，动身前往罗城。

三、于成龙南下广西的艰辛历程

于成龙五月三日回到家乡来堡村，家人得知他获得赴罗城任职的机会十分高兴，纷纷表示支持他赴任。但是路途遥远，前途未卜，也让大家十分伤感。为了凑足路费，家里决定典田卖屋，出售一部分资产，凑足一百两银子。由于于成龙已经是官员身份，又年近半百，不能不找人照顾他。于是又雇用了五个年轻小伙子做他的仆人。临行前一天，于氏家族为于成龙设宴饯行。大家都鼓励于成龙，欢饮到深夜。

第二天起床后，于成龙给儿子于廷翼、于廷劢、于廷元交代了一下家务。将家里重担交给大儿子于廷翼，叮嘱他要孝悌，管好家庭产业。于氏家族支持于成龙外出做官，事实上很多人并不了解去罗城任职意味着什么。一些人还想着等于成龙安定下来可以前往投靠。哪知道于成龙交代完家务后，郑重地说："从今以后，我在外做官，管不了你们；你们好好治家，也不用想念我。"于成龙说这话是带着壮士断腕的心情的，尽管族人不知道罗城实际情况，但是于成龙还是从友人那里听到了一鳞半爪的消息。因此，他觉得此行十分悲壮。但想到自己读了这么多年书，也经受了那么多磨砺，也该施展自己的本领了，于是他决然离开了永宁县，一路向南朝着罗城进发了。

于成龙一行一路南下，还专门来到晋南的稷山县，看望老朋友武祗通，向他倾吐心声。这说明于成龙的内心仍然是充满着矛盾与煎熬。据武祗遹记载，于成龙说了一段慷慨激昂的话："我辈虽无科第身份，上古之皋、夔、稷、契，岂尽科目中人耶？我此行决不以温饱为志，誓勿昧'天理良心'四字。子素知我于莲池书院者，敢为子质言无隐。"

从这段话可以看出于成龙前往广西的心态，还是对自己的身份有所介怀。他毕竟没有中举，没有考上进士，而是通过副榜贡生的身份获得一个微末小官。即使以后官运亨通，科举身份的不利仍然会时刻攫住他的心。这与一百七十多年后的曾国藩时刻介怀自己不是进士身份是一样的。据说曾国藩在担任两江总督期间，曾有人出联"如夫人"让大家对下联。"如夫人"就是古代的小老婆。若小老婆得宠则风头可盖过夫人，但毕竟不是夫人，所以称为"如夫人"。曾国藩绞尽脑汁也没想出合适的下联，一个叫李元度的幕僚脱口便说"同进士"。曾国藩听到后，脸色瞬间就变了。

清代科举到殿试这个层次时，按考试成绩分三甲。一甲通常只有三人，即应届考试的前三名。头三名有特别的称谓，一名状元，二名榜眼，三名探花，衔头为"赐进士及第"。二甲不定名额，衔头为"赐进士出身"。三甲更无定额，衔头为"赐同进士出身"。同进士意即等同于进士。曾国藩一直以自己殿试成绩只考了个三甲而耿耿于怀。这是科举士子共同的心态。于成龙科举成绩比曾国藩差远了，因此对这个身份还是非常介怀的。但是他不因此而消沉，而是列举了大批先贤也不是科举中人的例子。另外，南方很多读书人还在坚持抗清，于成龙这么快就投靠清政府，接受清朝的官职，会不会引来士人的鄙视？这其实也是他的心病。他用"天理良心"来表露心迹，可见他对这种微词的反抗。在于成龙看来，自己南下根本不是为了升官发财，而是不愧天理良心。这就决定了他必定会干出一番大事业才罢休的心理前提。

于成龙一行六人告别武祗遹后，继续南下。要知道在古代，长途跋涉除了靠畜力和帆船之外，只能靠步行，既慢又消耗体力。因此他们一路十分艰辛。走到湖南西南的冷水滩（今属湖南永州）时，于成龙病倒了，且千方百计求医问药也不见好转。但于成龙身上就有这么一股倔强的劲头；硬是拖着病体，继续前行。好不容易到了当时广西的省城桂林，他立刻就带病到省里报到。省里的官员还有他的仆人们都劝他不要急着去赴任，养好身体再说。但他谢绝了众人的好意，坚持立即赶赴罗城。等走到柳州时，于成龙病情加重，但他还是挺过来了。一直没有治愈的疾病，竟然就这样消退了。这反而增强了他继续前往罗城的信心。罗城在顺治十六年（1659年）才纳入清廷版图，政局十分不稳。两任知县死了一位，跑了一位，目前县里就是一种无政府状态。这样的地方，哪里有什么驿道供于成龙一行人行走？他们边走边问，好不容易到了融县，听说沙巩与罗城接壤，于是又赶往沙巩。他们到了又不知道该往哪里去，都不知道罗城在何处，如何走，仔细询问当地人，才知道罗城在对面的大山后。于是，他们又费力地爬山。他们一行人好不容易爬到山顶，于成龙朝山下罗城县境眺望时，一下子涌出悔意，这才想起王吉人的劝阻。在于成龙的眼中，罗城是"山如剑排，水如汤沸"。当时的心情，于成龙在《治罗自纪并贻友人荆雪涛》中写道："哀哉！此何地也！胡为乎来哉？悔无及矣！"①大出自己意料。于成龙安慰自己这可能是郊区，城区应该稍微好一点。他们一行人披荆斩棘，终于在顺治十八年（1661年）八月二十日抵达罗城县城。等待于成龙的除了荒芜的县城，还有自己心态的悲凉、仆人散尽的凄凉，更艰难的是如何一展所学，改变现状！这些都压在于成龙的心头，让他更加抑郁！

---

① （清）于成龙：《于清端公政书·罗城书》，影印文渊阁《四库全书》第1318册，台湾"商务印书馆"1986年版，第554页。

罗城仫佬族自治县鸟瞰图

第二章

于成龙初仕广西
罗城的生活
和工作状况

经过长途跋涉，拖着病体，于成龙一行终于到达罗城。原本以为罗城是供他休整并一展所学的场所，哪知道此地满目疮痍，茅草丛生。面对这种人间地狱般的场景，于成龙的生活状态、工作状态是怎样的？如果细心梳理一番，就会发现他取得那么辉煌的成就，确实可钦可敬。

第一节　于成龙初仕罗城的生活状况

一般人提到于成龙的罗城生活就会说艰辛。究竟怎么艰辛？这种艰辛生活给他带来了什么样的困境？有没有影响他的工作？这就值得深入探讨了。当前一些领导干部出问题，往往爱把生活的艰难作为推脱的言辞，一些人甚至喊出高薪养廉的应对之法。不知道他们研读了于成龙的生活状态之后又会作何感想？

罗城石围古村一角

一、于成龙与仆人的聚散

于成龙与仆人抵达罗城县城后，他们发现从边界郊区到县城几乎没什么区别，都是一样的荒芜。于成龙感叹"可怜黄茅，直抵城下"。

进城后，到处一片狼藉。房屋虽然有，然十室九空，居民们在兵燹的摧残下死的死，逃的逃，仅剩下六户人家，且都是老弱病残。他们转了半天也找不到一个住宿的地方，终于发现一座破败的关帝庙还可以凑合一下。大家风餐露宿，早就疲惫不堪了，也没力气再接着找更像样一点的住处了。仆人们就把于成龙的床铺安置在周仓神像的背后，又向关帝像、周仓像拜了几拜，祈求保佑。第二天一早，于成龙便到县衙上任，结果到了县衙一看，却发现县衙和农舍无异，四周杂草丛生，没有大门、仪门、两墀，就是三间茅草房。东边一间是宾客住的客房，西边是文书房，中间就是审理案件和办公的大堂。再往后走又有三间草房，这才是知县的宿舍。县衙四周连围墙都没有，甚至在大白天能看到豺狼虎豹、猿猴等野生动物，可见当时荒芜的程度。

他既然来了，再回去是不可能了，路途遥远，钱也花得差不多了，何况私自逃离还要追究法律责任。所以尽管于成龙想要逃离罗城，但很快他的理性战胜了自己。他开始想办法安定下来，尽量使自己适应当地的生活。他把后院的三间住房稍加修葺，就直接住进去了。没有做饭的锅，他就在城里找了别人丢弃的一个破瓦罐来代替。没有灶台，他就在地上挖了一个地灶，先凑合着用。这哪里像县太爷过的生活！这与于成龙最开始的设想相差何啻千倍！在这种状况下，心情又如何不抑郁？心情成天抑郁，又如何能不生病？因此好不容易才康复了的于成龙，又病倒了！这一病又是一个月！和他一起来罗城的五个仆人，最初想着服侍县太爷，不说靠着县太爷的威风作威作福，就是混口饭吃，应该是没有问题的。因此，当初很快就找到了五个年轻健壮的小伙子，但是现在别说基本的工钱没有指望，就连活下去的勇气都没有了，他们都怨声载道。这更加重了于成龙心中的愤懑。

于成龙卧病在床，一躺就是一个月，仆人们虽然满肚子怨言，但他毕竟是县太爷，也不好直接对他发火，但也没给于成龙什么好脸色看。仆人们虽然悉心照顾于成龙，不直接顶撞他，但心情普遍抑郁，而且成天抹泪想回家。用于成龙的话说就是"从仆环向而泣，了无生气。张目一视，各不相顾"①，自己躺着一睁眼就看见仆人们围着一起垂泪，一点生气都没有，他们纷纷躲开自己的视线，没有丝毫的眼光交流。这样的情况真能把人逼疯。但是于成龙的了不起就在于越是困难的环境，他越能迎难而上，并最终战胜困难。于成龙不仅病好了，身体也适应了罗城的水土。既然"乞归无路"，不如踏实做事，说不定能感动上天，改变命运。于是他着手调查罗城现状，"凡有陋弊，清察厘革"，即改革弊政，恢复民生。

正当于成龙打算开始新的生活时，他的仆人们却病倒了，一个个面黄肌瘦，不久就病死了一个，这在仆人中造成了极大的惊恐。因此不久，大家就开始闹情绪了。到康熙元年（1662 年）正月，几个仆人纷纷要求于成龙让他们回山西。于成龙后来回忆这一场景说："一官落魄，复何憾。诸仆无罪，何苦累之？叮咛各自逃生。内有一仆苏朝卿仗义大言曰：'若今生当死于此，回去亦不得活。弃主人流落他乡，要他们何用？'哀哉！幸有此也！其余掉头不顾。"②面对仆人们的逼宫，于成龙没有拿出自己县太爷的身份去威压仆人，而是很愧疚地放他们走了。这里面一个叫苏朝卿的仆人仗义执言，选择留下继续陪伴于成龙。

---

① （清）于成龙：《于清端公政书·罗城书》，影印文渊阁《四库全书》第 1318 册，台湾"商务印书馆"1986 年版，第 554 页。
② （清）于成龙：《于清端公政书·罗城书》，影印文渊阁《四库全书》第 1318 册，台湾"商务印书馆"1986 年版，第 554 页。

但是这件事对于成龙打击很大。好不容易稍微安定下来，经过仆人们的闹腾，他又开始打退堂鼓了，立即给上级发了一个报告："边荒久反之地，一官一仆，难以理事，乞赐生归。"意思就是干不下去了，请上级可怜我们，放我们活着回山西。这是多么绝望的言辞。但是据于成龙后来的回忆，这件事没有得到批准。他说接到自己的报告后，"当事者置之一哂而已。本年逃仆归家，大儿悲念天涯万里一主一仆，何以安身？续觅四仆来任，而三仆皆登鬼录，止存一仆在衙。昼夜号跳，一如疯魔。事处两难，一人难以远行，欲将存仆伴归，只身更苦。无如存仆亦有思归之念，听其浩然长往。万里惟余一身，生死莫能自主。夜枕刀一口，床头贮枪二杆为护身符。然思为民兴利除害，囊无一物。猺獞虽顽，想无可取之货，亦无可杀之仇，贴然相安。事到万不得已之时，只得勉强做来"①。就是说于成龙的请辞报告交到上级不但没得到批准，还被一笑置之不理。来罗城的县令都想跑，如果上级收到这样的请求就批准罗城知县离任，那前任知县就不会逃走了。

逃回家的仆人对于成龙的大儿子说了实情，大儿子很伤心，连忙又为父亲找了四个仆人，派往罗城。结果四个仆人到罗城后，陆续死了三个，只有一个活了下来，这个仆人看到当时罗城人间地狱般的状态后，也受不了，疯了！日夜在县衙里号叫、狂奔跳跃。看到这个情形，于成龙也只好放他回山西，但他一个疯子，怎么回得去？又只好派忠实的仆人苏朝卿送他回去。这样一来于成龙身边的仆人，不但没有得到补充，反而一个不剩了。怎么办？于成龙也很忧虑，他觉得自己的生死已经不由自己做主了。因为刚来罗城，罗城又处于无政府状态，盗贼横行，为了防身，于成龙晚上睡觉时在枕头下放一把刀，床头竖立两杆枪壮胆。当然真有盗贼，

---

① （清）于成龙：《于清端公政书·罗城书》，影印文渊阁《四库全书》第 1318 册，台湾"商务印书馆"1986 年版，第 554—555 页。

这点措施又能起多大作用？促使他留下的是为民兴利除害的崇高理想，因此他认为不到万不得已，都会坚持做事，振兴罗城。就这样，他才坚持了下来。

二、于成龙在罗城的衣食住行

于成龙与仆人的聚散经历让人唏嘘，了解了他个人的生活后，则更让人钦佩。他在《治罗自纪并贻友人荆雪涛》中袒露心声说："数年来，一举一动原非为功名富贵计，止欲生归故里。日食二餐或日食一餐，读书堂上，坐睡堂上。毛头赤脚，无复官长体统。夜晚酒一壶值钱四文，并无小菜，亦不用箸筷。读唐诗，写俚语，痛哭流涕，并不知杯中之为酒为泪也。间尝祝告城隍谓我无亏心事一点，当令我及早还乡，幸得保出性命。回想同寅诸公，死亡无一得脱。鬼神无爽，能不寒心？"①这段话尤其让人感慨于成龙生活的不易！古代，大多数农户都是日出而作，日落而息，一日早午间，可得进食。早餐一般在早上六七点钟，晚餐一般在中午十二点到下午两点之间。皇族和达官贵人、富商在这之外还有晚点，大约在晚上六点。但这不属于正餐，不包括在内。就普通人家来说，在丰年能吃饱饭就不错了，哪里还能奢望有正餐之外的晚点享用呢？因此，于成龙这里说自己一天吃两餐是正常的。但是联系到他是堂堂县太爷，一日两餐，甚至一天就吃一顿饭，那就很艰苦了。

古代受限于生产力条件，物资不能与现在比。但官僚阶层还是十分奢侈的，特别是在衣食住行方面，那更是竭尽奢侈之能事，无所不用其极。逢年过节还要大宴宾客，夏食清风饭，冬则有寒暖会。每次宴会享用的珍

---

① （清）于成龙：《于清端公政书·罗城书》，影印文渊阁《四库全书》第1318册，台湾"商务印书馆"1986年版，第556页。

馐耗费的银两几乎是普通民众一年的收入。中唐的大官僚韦陟，每顿饭后丢掉的剩菜剩饭都价值万钱。他参加达官显贵的宴会，即使桌子上摆满珍馐，他也难得动一下筷子，还说没什么可以吃的菜。李德裕吃一杯羹都价值三万钱。羹中除了山珍海味之外，还加入了宝贝珠玉、雄黄朱砂，只煎三次，这些珠宝便被扔掉。再加上餐桌上的就餐仪式，那就更烦琐了。如吃黍饭时不能用筷子，要用匙。吃羹中的菜才用筷子，两者不能混用。餐桌上的礼仪烦琐，一顿饭要吃一晚上。本来自己进食就可以，还要几个奴婢在旁边伺候。于成龙则直接是"夜晚酒一壶值钱四文，并无小菜，亦不用箸筷"，手口并用，毫无官仪可言，遑论用人伺候了。

再看衣服，就是一般富贵之家，也是锦衣轻裘，变着法子享乐。刘宋风雅参军周朗曾描绘当时富人的穿着，说这些人一年到头穿不了几件衣服，但准备了一箱又一箱的衣服；身上挂满金玉饰品，根本用不了那么多，但还是准备了一箱又一箱的金玉饰品。于成龙是怎样的？毛头、赤脚！也就是披头散发，一双赤脚！这在古代分明就是刑徒的样子，哪里还有什么县官的威仪？康熙二年（1663年）秋天，广西乡试，于成龙临时被抽调到省城桂林帮忙。各地官员到省城都衣着光鲜，只有于成龙衣着陈旧，行李简单，只有一件皮大衣。他看着别人异样的眼光也毫不在意，专门写了一首《偶吟》诗道："石崇豪贵范丹贫，生后生前定有因。传语世间名利客，不如安命是高人。"石崇是西晋大臣，中国古代著名的大富豪。他任荆州刺史时靠抢劫远行商客，积累了巨额财富。他生活奢靡，与晋武帝的舅父王恺斗富都能占据上风，是古代富豪的代名词。范丹是东汉名士，中国古代廉吏典范。他曾用小车推着妻子，徒行敝服，卖卜为生，或寓息客庐，或依宿树下，如此十多年，乃结草屋而居，所居单陋，有时绝粮断炊，但穷居自若。于成龙把这二人进行并举，一是自嘲那些穿戴富丽堂皇的官员和自己衣着的鲜明对比；二是以此明志，不仅要安于贫穷，更重要的是在贫穷中明志、修行，做好本职工作才是最大的积善。可见此时的于成龙已经走出了仆人事件的阴影，正朝着自己"卓异"的政绩迈进。

他的住址那就更简陋了。前面大概提到他的住址情况，这里用于成龙自己的话再予以阐述："读书堂上，坐睡堂上。"古代建筑不仅仅是为人们提供遮风挡雨的场所、办公场所，很大程度上也是国家典礼的延伸。因此古代的宫、殿、观、亭、台、楼、阁、榭等都各有寓意，有各自的作用。如《仪礼·士冠礼》就说："筮于庙门。"郑玄注曰：冠必筮日于庙门者，重以成人之礼，成子孙也。庙，谓祢庙。不于堂者，嫌蓍之灵由庙神。[①]可见，古人连在建筑物的哪个部位做什么事情都规定得清清楚楚。这样的例子在《仪礼》里不胜枚举，如"主人玄冠、朝服、缁带、素韠，即位于门东，西面。有司如主人服，即位于西方，东面，北上。筮与席、所卦者，具馔于西塾。布席于门中闑西、阈外，西面"等。《仪礼》是儒家十三经之一，是礼典的主要经籍。于成龙是儒生，他不可能不知道建筑方位在儒家礼典中意味着什么。此时"读书堂上，坐睡堂上"肯定于礼不合，这是儒生的大忌。

他的出行方面也异常艰辛。我们知道于成龙一行从山西到广西罗城，一路风餐露宿，基本上靠步行及雇骡马等畜力，水路就是帆船、人力船。到了柳州，他们甚至找不到去罗城的道路。一路上又没有驿站，让他们走了不少冤枉路。在古代，政府传递信息全靠遍布全国的驿站。驿站可以供信差沿途休息，更换马匹，提供食宿。也就是说，如果罗城的驿站还在运营，只需要从柳州问清楚罗城的驿站在哪里就行了，而不必大费周章去找罗城县在哪里。等到了罗城驿，自然可以通过驿站的信息知道去往罗城的通道。但是明末战乱，县城都没什么人了，平时工作最为辛苦的驿站自然也就荒废了。于成龙在着手处理罗城事务时，就深以自己的经历为戒，非常看重驿站。他认为驿站是国家通信和交通命脉，绝

---

① 见《仪礼注疏·士冠礼》，阮元刻《十三经注疏》本，中华书局 2009 年版，第 2038 页。

对不能出差错，再苦也要恢复驿站。要严格按照规章制度办事，对过往信差的合法手续要严格检查，有合法手续就予以接待，否则就不提供服务。对驿站工作人员要予以关怀，这样才能减轻驿站负担，使驿站逐渐恢复起来，发挥作用。这不仅于己方便，也为以后来罗城的人大开方便之门。

三、于成龙治罗城期间居民的生活状况

罗城之乱盖不尽在兵燹，否则战事一息，官吏招揽流亡，救死扶伤，修葺坍塌，不就很快百废待兴，一如往日之繁荣了？事实上不是如此，罗城之乱还由于此地处在少数民族杂处之地，民族关系复杂，治理难度很大。《罗城书》对当时的情形有详细描述：

"猺獞虽顽，想无可取之货，亦无可杀之仇，贴然相安。事到万不得已之时，只得勉强做来。申明保甲，不带刀携枪，咸遵无违。间有截路伤命，无踪盗情，务期跟寻缉获。隐昧事情，尽心推敲，必得真实，立刻诛戮，悬首郊野。渐次心服，地方宁静。而上台采访真确，于是有大事杀了解省，小事即行处决之通行也。境内虽平，憾与柳城西乡为邻。此地祖孙父子，长于为贼，扰害无已。申明当事，皆以盗案为艰，置之高阁。成龙思，渐不可长，身为父母而可使子弟遭殃乎？约会乡民练兵，亲督剿杀，以对命为主，杀牛盟誓，齐心攻击。先发牌修路，刻日进剿。此未奉上命而专征。自揣功成亦在不赦之条。但奋不顾身，为民而死，胜于瘴病而死也。主意已定，决不可回。而渠魁俯首，乞恩讲和，抢掳男女牛畜尽行退回，仍约每年十月犒赏牛只、花酒一次，取各地方甘结存案，敢有侵我境者，不报上司，竟行剿灭。第獞人不怕杀，号令一以剥皮为主，而邻盗渐息。至是上台采访更确，反厌各州县之请兵不已，报盗不休之为多事也。嗣后官民亲睦，或三日，或六日，环集问安，如家人父子。言及家信

杳绝，悲痛如切己肤。土谣云：'武阳冈三年必反乱一场。'任至三年，食寝为之不安。赖人心既和，谣言不足信也。又云：'三年一小剿，五年一大剿。'及至五年，又当愁苦。赖官民相爱，谣言不足凭也。时法令太严，有犯必杀。情谊为重，婚娶丧祭民间之礼一行，无不达之隐。罗城之治，如斯而已。"①这一节文字十分重要，可以看作于成龙治理罗城思想的发端，也可以从中推测出当时民众生活的基本状况。

首先，于成龙进入罗城县境时，就发现县内仅存民户六家，房屋多半倒塌。长期的战乱可以解释这个现象。但其他人去哪儿了？后面史料记载说很多居民躲在山中，除了怕乱兵侵扰之外，还惧怕盗贼匪徒的抢掠。盗贼匪徒的猖獗是政府无力治理导致的。罗城虽然纳入版图不久，但也有两年多了。之前经历了两任知县，那两任知县说是一死一逃，为何会这样？民间谚语还说"武阳冈三年必反乱一场"。为何这么准确？可见战乱引起的无政府状态才是致乱的根本。

其次，于成龙发现罗城及周边民风彪悍，汉化不充分，当地人还比较野蛮，因此政府的凝聚力很差。民风彪悍野蛮，所以民众习惯带刀携枪，公然杀人越货的现象屡见不鲜。这也是于成龙晚上睡觉枕着刀的原因。周边的柳城西乡，这个地方甚至居民几代人都是以抢劫为生，经常侵扰周边县域。还有一句话可见当地人的野蛮："第獞人不怕杀，号令一以剥皮为主。"獞人不知道什么是杀头，因此不怕，这句话实际是说当地人野蛮，不惧怕刑法。所以于成龙只好以形象的剥皮来威吓这些人。

再次，于成龙来之前民众之间、民众与官府之间的关系十分紧张。在于成龙的努力下，才逐渐移风易俗。"官民亲睦，或三日，或六日，环集问安，如家人父子。言及家信杳绝，悲痛如切己肤"。民众间以及民众与

---

① （清）于成龙：《于清端公政书·罗城书》，影印文渊阁《四库全书》第1318册，台湾"商务印书馆"1986年版，第555页。

官府间的关系变得密切，于成龙甚至和他们约定每年十月欢会，会上犒赏牛和酒，因此最后变成三日、六日集合起来相互问候，充满温情。更重要的是于成龙运用儒家的礼教，约束民众，让他们知道情谊的价值。因此当民众得知于成龙很久没收到老家的来信时，都感同身受地替他伤心，仿佛那种伤痛发生在自己身上一样。这个描绘十分形象，暗含的内容十分丰富，说明于成龙的移风易俗政策十分成功。当地民众的野蛮局面也被于成龙打破了。所以后面说"情谊为重，婚娶丧祭民间之礼一行，无不达之隐"。罗城人知道婚丧嫁娶的相关礼典了，这些礼典一实施，自然罗城社会上再也没有什么隐情不能解决了。总之，在于成龙的努力下罗城变得"人心既和""官民相爱"，邻盗渐息。对政府的训令"咸遵无违"。少数民族群众也渐次心服口服，地方宁静。究其根本在于于成龙把当地群众视为子弟，认为哪有"身为父母而可使子弟遭殃"的道理？因此，罗城得到大治。这些生活状况的改变，很好地说明了这一点。

第二节　于成龙初仕罗城的工作状况

于成龙刚上任时，罗城县城内仅有六户人家，县里基本上就是无政府状态。这一点清廷肯定知晓，因此清政府委任于成龙担任知县，最开始并不指望他在罗城干得有多出色，只是象征性地有清廷的官员在罗城宣示主权就够了。而作为正七品知县的于成龙，他的职责是：掌一县治理，决讼断辟，劝农赈贫，讨猾除奸，兴养立教。凡贡士、读法、养老、祀神，靡不所综。既然有这么多任务，于成龙不可能坐在位置上等着任期结束，升职走人。那么，他是怎样尽他的职责，作出那么大的成就的？

一、平易近人，敢于自任

于成龙刚进入罗城县时，面对重重困难，曾专门到城隍庙诚心祷告，说自己平生没做过一件亏心事，希望城隍爷能保佑自己治理好罗城，平安度过自己的任期，安全返回故里。但是他不是一味迷信，而是要靠实际行动去感动上天，赐予他幸运。这就是前面说的"立意修善，以回天意"。如何立意修善，那就要爱民如子，这种思想是于成龙治理罗城的根本出发点，表现在日常生活中，就是平易近人。

有人觉得这一点太宽泛，似乎与为政比较遥远。但是要结合古代社会的常态来考虑。古代中原王朝，官员一般都以居高临下的姿态对待少数民族，对少数民族都摆着一副天朝上官的姿态，除了板起脸武力镇压，基本上没有多少新的治理手段。对少数民族地区的老百姓而言，确实会屈服于他们的淫威，但是长此以往，官民间的关系就十分疏远了。如果官员处事公道，又有能力，那么老百姓还可以长久保持敬畏。一旦官员除了摆摆官威，为官贪墨又没有什么实际能力，时间久了，政府的威信自然会大打折扣，凝聚力也会削弱。因此古代少数民族地区经常处于不稳定的状态，与当地吏治有很大关系。这在古代屡见不鲜。皇帝用得其人，则民夷相安，和睦共处，一旦换一个不着调的官吏，不但不依着前任的好政策行事，还欺压少数民族，则很快败坏和睦的格局，造成不稳定局面。如宋代用范仲淹为陕西经略安抚招讨副使，守护西北边疆，则西夏常年不敢在边境生事。于成龙深谙此中精髓。而罗城恰好是一个少数民族和汉族杂处的地方，因此他不得不小心应对。

于成龙在衙门内，不喜欢穿官服戴官帽，经常"毛头赤脚"，就是披头散发，不穿鞋子。这种穿戴扮相与少数民族特别是与越族极为相近。古人常言"越人断发文身"，广西一带少数民族多是骆越人的后裔，也是越族的一支。因此，毛头赤脚的于成龙在外表上就给当地民众一种亲切的感觉。此外，于成龙不喜欢摆官架子，成天到处访贫问难，劝民众从山里回到县里来。闲暇时，他自己烧火做饭，读书喝酒，和普通老百姓没什么两样。长此以往，老百姓和他熟悉，甚至经常到他居住的破县衙中参观。于成龙毫不介意，依然和颜悦色地和老百姓畅快地聊天，与很多老百姓成了朋友，很快和老百姓打成一片，形成了很好的群众基础。这是打开罗城局面关键的一步。

于成龙为官不是诸事不理，而是积极作为，甚至敢于自任。罗城难治，还在于它经常遭受匪患。邻县柳城县的西乡镇有一股土匪，数代人都是以抢劫为生，数量庞大，来无影去无踪，罗城县自然是无力管这件事，就是柳城县也不敢管。实在也是不好管，要惩罚吧，法不责众，这里几代人都专事抢劫，且互为亲戚，惩罚谁？要打击吧，他们抢完就跑，一下子又变成普通民众，抓无所抓。因此，两地都很头疼。而且，柳城县不属于罗城县，于成龙无权管辖。向上级报告吧，越境抢劫不是造反，又是少数民族，在当时政局不稳的情况下，上级根本无力动用大部队前往征讨。部队派少了，不熟悉当地情况，又起不到什么作用。因此上级也无能为力。于成龙犯难了。如果没有上级允许就带兵越境前往征讨，那么就算大获全胜，回来也要被治罪。而且地方知县根本无权带兵打仗。但是于成龙知道自己的职责就是治理一方，保一方平安。如果自己治理的地方天天遭受匪徒侵犯，自己却坐视不理，那不远千里跑来做知县又有什么意义？

因此他说宁可为了广大百姓的安宁而被杀，总好过什么都不做而死于烟瘴病患！于是他把罗城老百姓组织起来，这个时候如果于成龙没有群众基础，想要组织群众是不可能的事。因此也可以看出前面举措的显著作用。他和老百姓杀牛盟誓，要求大家勇敢作战，和土匪一命抵一命。而且于成龙不是盲目进攻，还专门修了道路，这样进退就自如了。由于于成龙练兵修路，声势浩大，一下子把隔壁的土匪给震慑住了，他们连忙派人求和，表示把以前抢劫的人口、牛羊、财物悉数奉还，从此再也不侵扰罗城了。于成龙趁机答应，并和他们约好，每年十月份对他们予以犒赏，顺利地解决了罗城的匪患问题。试想，如果不勇于自任，邻县的土匪能被震慑而主动求和吗？这样的事例还有很多，比如处理械斗、处理豪族、解决盐引问题都显示出他的尽职尽责，勇于任事。这是治理一方，并成为廉吏的重要品质。

二、恩威并施，重视经济

于成龙的仁义让他很快获得了广泛的群众基础，但是要治理一个长期处于战乱和无政府状态的地域，只靠仁义团结老百姓是远远不够的。要知道动乱之所以会爆发，很大程度上还是有一小撮势力从中搅局以便取利。因此《周礼》说"刑乱国用重典"。贾疏：如此之国，民起恶心。故于常法之外为恶者，则当伐灭之。[①] 罗城县在当时就是这样的一个"乱国"，试想一下连县太爷晚上睡觉枕头下都得放一把刀，床头再竖两杆枪，这乱到什么程度了！当时最大的问题就是盗匪多，公然抢劫的现象极为普遍，治安状况极差，老百姓的生命财产没有根本的保障。因此，于成龙采取了一系列雷霆手段予以应对。

首先，他大力推行保甲法。保甲法来自王安石变法，后来历代都有推行，虽然形式各异，但基本内容大同小异。各地农村住户，大约每十家或者五家等组成一保，五保为一大保，十大保为一都保。凡家有两丁以上的，出一人为保丁。农闲时集合保丁，进行军训；夜间轮差巡查，维持治安。保甲法既可以使各地壮丁接受军训，与正规军相参为用，又可以建立

---

① 　见《周礼注疏·秋官·司寇》，阮元刻《十三经注疏》本，中华书局 2009 年版，第 1879 页。

严密的治安网，把各地人民按照保甲编制起来，以便稳定社会秩序。当然历代对于编排的农户数量不尽相同，但把群众组织起来维系治安的目的都是一致的。

群众都组织起来了，一旦遇到土匪前来滋扰，便鸣锣击鼓警戒众人，大家接到信息后都纷纷拿起武器，团结起来一起对付土匪，因此一般弱小的匪徒都不敢侵扰这样的村寨。有时候几个甚至更多的村寨还可以联合起来，成立的武装力量更为强大。在内部，也可以通过某种组织形式严密管控群众，比如对管辖范围内的人口、财产状况进行详细记载。百姓外出，都要向甲长或者保长登记汇报。上级的一些任务也可以交给保长、甲长，再让他们传达给老百姓。如收缴粮食税，等等。此外，对居民的违法犯罪行为，保长、甲长还要及时规劝、阻止，阻止无效则要及时上报。如果隐瞒不报，事发后要连坐。当然这个名目也不一定就叫"保甲法"。顺治元年（1644年）推行甲长、总甲长制形式的保甲制。各府、州、县、卫所辖乡村，十家置一甲长，百家置一总甲。凡遇盗贼、逃人、奸宄窃发事件，居民即报知甲长，甲长报知总甲，总甲报知府、州、县、卫，核实申解兵部。若一家隐匿，其邻里九家、甲长、总甲不行首告，都要治罪。

四年后，清政府又恢复明朝的里甲制。以110户为里，一里之中推丁粮多的10户为里长，余百户为10甲，每甲10户，推1人为甲长。岁役里长一人，管理一里事务，10年轮换一周。这种里甲制偏重于编造赋役册、按照田产丁数催办田赋徭役的职责。康熙二十五年（1686年），清朝在直隶地方试行保甲制，取得一定成效后，将之推广到其他地区。这种制度，偏重于基层社区组织的"勾摄公事"职责，即负责本里、本甲民事案件当事人的拘传等。总之，无论是保甲、里甲还是总甲制度，都是以社会治安、控制为核心的制度。保甲法推行后，罗城县以及周边那些流窜作案的盗匪，逐渐就势单力孤，无法安身了。这有力地改善了罗城的社会治安。

其次，于成龙在各地保长、甲长的帮助下加大案件的侦破力度，对一些顽固的盗匪，一经审明犯罪事实，立即处以重典。轻则坐牢充军，重则砍头示众。于成龙还下令不准老百姓平时携带刀枪剑戟，不许肆意械斗。为此于成龙还专门办了几起械斗的案件。罗城赵、廖两家曾经为争夺土地而发生械斗，竟然导致近百人伤亡。于成龙罚没两家争夺的土地，将其中四人处斩，人头悬挂在旗杆上示众。这样的强力手腕很快收到了效果，再也没有人敢械斗了。经过于成龙的努力，罗城的社会治安得到根本性扭转，逃亡在外的居民纷纷回来。于成龙又号召大家开荒种地，恢复经济。

关于经济的恢复，于成龙重要的设想就是改革盐务问题。盐在中国古代基本上属于国家垄断专营产品，是国家的重要财政收入来源。明代国家向盐商出售"盐引"，就是售卖许可证。有了盐引，才能到盐场买盐，然后运到指定地点贩卖。广西盐务的问题是困扰地方的重要问题，于成龙敏锐地发现了这一点，他在给广西巡抚的条陈中说广西这个地方本来就"地瘠民贫，兼以猺獞杂处，自入版图以来，从无盐引。旧例因粤东积引壅滞，疏通无术，波及粤西郡县，乃有销引之议，盖自康熙元年始也。柳属以引盐决不能销，考成断不能完，各陈艰苦，详请免销，文案如山，附卷可查。抚台怜悯各郡，详请痛切，题请免销，部议未允，事出两难。一面行催立埠招商，而商人因引目数多，无人敢于承应；一面行文金派里商，赴东领运；一面催开未完盐引州县职名。吏民惊惶无措，幸抚台深知吏民病苦，补牍再陈区划户口食盐之法，极力调停，部议始允，而盐引幸减三分之二矣。自此盐课已定，有司虽愁苦中积，亦无可奈何。有招商立埠者，有设法官运者，有僻处山中，招商不应，请命于上司，代为招商运销者，咸属急迫无聊之计。幸数年以来，考成俱完，且有溢额之引。原其行盐之初，何尝计及此也。今有司之考成虽完，而民穷愈不可支，不可不亟为之变计也。成龙奉条议之文，确知民苦，不敢坐视不言，谨条列鄙议于左"①。清代康熙年间，朝廷为了增加财政收入，要求各地多卖盐，多收税，因此大量的盐引积压着卖不出去。政府只能把盐引以摊派的方式强行分给各地政府。广西接到任务后，又再分摊给下级政府。地方官完不成销售任务，那就是不称职，直接影响以后的升迁。因此官员们只好想办法强行把盐引卖给老百姓。这样一来，老百姓负担更重了，官员们也都苦不堪言。

为此于成龙建议"晓谕流商，从便发卖，渠较盐本几何，盐利几何，断不至涌贵数倍，民亦不得从而争议。况前商之盐贵，而后商继之，势不得不减价以求速售。如是而随时贵贱，非同官势强压，而盐可无一定之贵价；民亦得量其有无，因其缓急，任其多寡，随便而公易之，而民可无不得不领、不敢不领之苦。民穷稍苏，流商喜于疏销有利，而来之必广；穷民一旦得食贱盐，而销之必多。则引额较前更逾，有司亦不至有考成之虑矣。然尤有宜为流商计者。从粤东领盐至梧州，交引换票，其查核已严矣。后抵柳府，交梧州之票，另换柳州之牌，任意于各属州县交易，不必画疆界分彼此，以免烦琐流商之害，而盘诘私盐诸务亦可中止，民商俱被宽大之恩矣。惟恐流商罕至，而提标数万兵口，一年食盐无算。马平盐包不及二百，其余之引或可以备不足，是又意外之一策也。若王公将军有盐，亦与流商等，任其销卖，不必经有司之手，则流商之盐从何而壅，食盐之民从何而苦也？"②。于成龙不愧是在晋商圈子里长大的，富有商业头脑。他认为与其用摊派的手段强制销售，不如大量起用从事自由贸易的外地商人。以市场为衡量标准，让他们在市场竞争中去销售食盐。商人逐利，愿意深入各地贩卖食盐，价格灵活。这样老百姓愿意买他们便宜的食盐，官府的食盐销售任务也完成了，两全其美。为了方便食盐流通，于成

---

① （清）于成龙：《于清端公政书·罗城书》，影印文渊阁《四库全书》第 1318 册，台湾"商务印书馆"1986 年版，第 545—546 页。
② （清）于成龙：《于清端公政书·罗城书》，影印文渊阁《四库全书》第 1318 册，台湾"商务印书馆"1986 年版，第 546—547 页。

龙还建议简化手续，不划定区域销售，只要能卖盐，任何地方都可以去。同时，他也建议政府不要对贩卖私盐的商人处以重罚，而是要稍微放宽松一些，这样商业活动也繁荣起来了，自然也带动了食盐等其他货物的销售。此外部队也可以参与买卖食盐，这些做法都使得市场竞争更为激烈，食盐的价格和供应都可达到一个理想的程度。于成龙的建议很快得到了采纳，罗城的商业活了，进而推广到全国各地。这就是于成龙在罗城经济改革的重要一步，也取得了显著的效果。

三、恩及"猺獞"，教化民众

对于广西境内的少数民族，清政府蔑称为"猺獞"。那个时候没有先进的民族学常识，清政府也没有意识到对各民族特征进行细分的重要性。但是于成龙已经发现了广西一些民族间的异同，不能简单全部归为"猺獞"，在他看来"粤西猺獞种类不一"，但是究竟各个是什么民族，由于时代的局限性，于成龙和他这个时代的人不可能提出一个确切的见解。但于成龙能够认识到他们之间的区别已经很不简单了。

对待这些少数民族群众该怎么办？中国古代一般的做法就是"设立土官，抚其种类，诚以人地相宜，性情相近，以夷治夷，縻之以爵禄而为朝廷用，故无反侧之忧"。号称羁縻，实际上就是以夷治夷。只要他们不造反，不闹事，让他们在指定区域内生活就行了。于成龙则不这么看，他认为这些少数民族虽然"素号凶悍，以杀戮为生，兼之十数年来，地方无主，强凌弱，众暴寡，无一净地"。确实野蛮，但问题在于"地方无主"，无人管辖，处于无政府状态，所以他们的野蛮是可以改变的。不能专事屠戮。如果只知道武力镇压，那么这些少数民族群众"虽仰畏其威，然未尽怀其德"。所以建议："若稍疏一面之网，多方招抚，开诚布公，消疑释嫌，逆獐虽愚，亦必乐生恶死，悉归王化，不烦弓矢而土宇宁谧。"①意思是对他们要恩威并施，特别是在武力的支撑下，对他们进行招抚，施加恩惠，最终让他们归于"王化"，成为清政府的子民。

在于成龙看来，"狑犽狼獞，不事诗书，不谙礼法，骄悍固其素习，责在有司"。这些所谓的野蛮人之所以不懂中原的诗书礼乐，主要原因还是官府对他们缺乏教化。一是由于战乱，二是没有相关机制，比如贡生制度能不能也向他们倾斜，选派他们之中优秀的子弟去国子监学习？这些政策、措施都没有就直接把他们定义为野蛮人，这是典型的孔子批判的"不教而杀"。在儒家看来，教育和刑罚关系十分密切，荀子也说过："不教而诛，则刑繁而邪不胜；教而不诛，则奸民不惩；诛而不赏，则勤励之民不劝；诛赏而不类，则下疑、俗俭（通'险'）而百姓不一。"②因此于成龙自然也强调教化的作用，不能在没有教化的前提下就对罗城的少数民族下结论，而是应该"暂羁縻之，渐教育之，宽舒其手足，约束其心思，抚绥驯制"，这才是对待"抚绥骄悍"的少数民族群众的正确做法。

事实上，罗城少数民族群众数量庞大，当时的情况是"猺獞不习书数，吏役乏人，一二经承兼理六房，事繁人寡，簿书堆案，有司攒眉，昼夜不停，而案牍弥积。如造由单、造奏销、造会计、造征解，册籍繁多，毫厘不敢苟简，此系每年一定之成例。又加以清丈田亩、编审户口、催造开垦，无事不重且大。以一二书役，朝夕拮据，心血呕尽，一不合式，查驳再造而限期已逾，此事之无可如何者也。或有粤东善书算者投充，彼明知工食尽裁，必求里甲私帮。赫赫功令，谁敢自罹法网？是金役土著苦无其人，召募流役苦无其资。书算者寡，事必迟延，则依期完结之法不能自

① （清）于成龙：《于清端公政书·罗城书》，影印文渊阁《四库全书》第1318册，台湾"商务印书馆"1986年版，第548页。
② （清）王先谦撰：《荀子集解·富国篇》，中华书局2007年版，第191页。

为之解矣。此早完钦件之末议也"①。由于广大的少数民族群众文化水平低，甚至是文盲，又不会写又不会算，这造成了县衙里面人手极为短缺，往往靠一两个人承担六个部门的差事。而很多差事又是皇帝亲自规定了办结的期限，因此压力很大。如果再招募土著居民，由于大批土著是文盲，难以承担任务；如果去广东等地招募专业的幕僚，那么要价又高，增加县衙开支，就罗城这样的穷县也是难以负担的。到最后还是只有大力推行教育最为划算，既教化了民众，将其纳入王化，增强了朝廷的凝聚力，又提高了当地的文化水平，为社会生活提供了极大的便利。

于成龙对待少数民族的策略思想，还包括他的土司政策。他说："古昔设立土官，抚其种类，诚以人地相宜，性情相近，以夷治夷，縻之以爵禄而为朝廷用，故无反侧之忧。今日夷汉错处，残忍多乖，皆因土官左右无正人，教导无良法，以至于此。若谕以辅导择人，循法奉公，使彼内地和平，输纳其贡税，而无复苛求，自可相安于无事。此土司相安之末议也。"② 直接强调教化的重要性。他指出当前土司之所以残忍不法，就是因为他们周围没有正人君子规范他们的行为，教导他们遵纪守法。因此要想土司治理地方的水平提高，还是要选择一批正人君子、贤良士人予以辅佐，匡正。这些人才的缺口，仍然需要大力推行教育来弥补。

第三节　于成龙初仕罗城的心理状况

于成龙被康熙皇帝称为"天下廉吏第一"，但廉吏也是凡人，他也有

---

① （清）于成龙：《于清端公政书·罗城书》，影印文渊阁《四库全书》第 1318 册，台湾"商务印书馆" 1986 年版，第 548—549 页。
② （清）于成龙：《于清端公政书·罗城书》，影印文渊阁《四库全书》第 1318 册，台湾"商务印书馆" 1986 年版，第 549 页。

作为凡夫俗子的一面。而了解他的这一面尤其重要，可以知道在和普通人保持一致的同时，他又是如何超越平凡的。前几章谈了他成长的社会背景、他的工作状态。那么作为一个普通人，身在罗城他到底会想些什么？

一、于成龙的真实心态

关于于成龙初仕罗城的心态，从流传下来的政书、奏疏中很少得以窥见，但是从他流传下来为数不多的诗文中却有不少流露。于成龙坚持来罗城赴任，除了在于他想实现自己的抱负之外，还在于他对罗城抱有一定的期待，想着毕竟是去当知县，能苦到哪里去？结果等他和仆人们爬到罗城对面山顶上朝着罗城境内眺望时，但见"蒿草弥目，无人行径，周山遍似营阵"，毫无人间烟火气息。他顿感理想与现实之间的巨大落差，甚至让他一时接受不了。因此他见到罗城产生的第一个真实心态就是后悔。他和友人抱怨说："哀哉！此何地也，胡为乎来哉？悔无及矣。从此想敝同年之忠告不置也。"[1] 他开始后悔不听他的朋友王吉人的劝告，固执地来罗城赴任了。但作为普通人，千里迢迢来到罗城，即使后悔，也会仍然抱着一丝念想，认为城内可能不是这个样子，现在看到的只是郊野。等到进城了，看到满目的萧条，一行人找不到栖身之所，只得寄身于关帝庙时，于成龙的心理防线几乎崩溃了。他说自己"夜不瞑目，痛如刀割"，再去县衙看看，大门、仪门、两墀都没有，就三间茅草屋！此时的罗城，在于成龙眼里就是"一活地狱也！胡为乎来哉？郁从中来，病不自持，一卧月余"。在这样抑郁的情绪折磨下，他很快倒下了。看来，于成龙与普通人没有什么两样，他能做出那样杰出的成就，在于他秉持"事在人为，不愧

---

[1] （清）于成龙：《于清端公政书·罗城书》，影印文渊阁《四库全书》第1318册，台湾"商务印书馆"1986年版，第554页。

天理良心"的信念。

很快，他就不再屈从于命运，而是想通过努力改变天意。"立意修善，以回天意。凡有陋弊，清查详革"。等到自己的仆人们要求回山西，仅剩下他和苏朝卿时，他又开始打退堂鼓了，立刻给上级上书说干不下去了，请辞回家。对于成龙来说，刚来罗城的那段岁月，每一天都过得很煎熬！他哪里还有什么豪情壮志？最初的一展所学，实现自己的政治抱负荡然无存，只期盼挨到任期结束，能活着回到故乡。他哀叹命运对他的不公！多年来科举一再不第，抽签又抽到下下签，来到这活地狱般的罗城。来到罗城后，仆人死的死，散的散，他只身一人，前途真如大海中的孤舟。此时当是于成龙的人生低谷，至暗时刻。

上文讲的是于成龙的后悔、绝望。下面再来看看他的思乡及宦游他乡的羁旅之思。他在罗城任期时，有一年重阳节，写了一首《粤西九日》七言律诗："冷落荒城又一秋，每逢佳节转添愁。黄茅嶂远今犹古，白发风凄叹复羞。菊瘦懒看空泪落，雁回遥望暮云收。闭门却厌登高去，醉里心魂到故丘。"[1] 佳节思亲思乡是人之常情，在古代交通不便、通信不畅的情况下尤其如此。他甚至不敢登高，既无亲人做伴，登高思念徒然令人更加伤感。另一首七言绝句《罗城署中闲咏》（其二）"子厚当年被谪时，柳州城上写新诗。那知千载存亡后，我与先生共客羁"[2] 则抒发自己与柳宗元一样的羁旅之思。不同的是，柳宗元是贬谪到柳州，而于成龙是运气不好自己抽签抽到罗城。同是天涯沦落人，这种滋味是一致的。

---

[1] （清）于成龙:《于清端公政书·吟咏书》，影印文渊阁《四库全书》第1318册，台湾"商务印书馆"1986年版，第774页。
[2] （清）于成龙:《于清端公政书·吟咏书》，影印文渊阁《四库全书》第1318册，台湾"商务印书馆"1986年版，第778页。

二、于成龙如何克服困难

面对困难，于成龙由之前的逃避很快就转变为努力作为，以改变自己的命运。他在工作上任劳任怨，清廉自守，决不贪墨。他爱喝酒，到了罗城后面对困境，酒和诗歌成为他排遣的主要方式。但他绝不奢侈，大鱼大肉。他自己说每晚喝酒才四文钱一壶，连下酒菜都没有，筷子也不用。有时边喝酒边写诗，有时也写写词。在古代，词一度被认为是不入流的小道，所以称为俚语。我们看一些大家虽然也作词，但都扭扭捏捏，半遮半掩。苏东坡写词，但词没收入他的全集中。专门写词的第一人柳永，一生流连烟花之地，为士大夫所不齿，所以词只能被称为俚俗之语。但不是说俚语就不能歌咏崇高的东西，苏轼、辛弃疾等人把词的境界扩大了，词在他们手中早已不是教坊、歌舞场所奏唱的风月之物了，而是抒发情感的利器。所以在于成龙这里，他偶尔写诗作词也是为了排遣孤独、抑郁的情绪。

如他曾在罗城写过一首《自叹》五言古体诗："病体浑无力，闲愁谁与怜。炎凉悲二竖，狐蜮寄丹田。不愿上方剑，但持感应篇。小官缺养母，浮誉恼群贤。久欲归林卧，岂为升斗牵。菩提垂慈训，真觉孽难湔。廉隅虽寻丈，光明即佛仙。隐微多玷垢，冥府不矜全。只谓堪瞒众，谁知难哄天。晨夕朝太岳，思结再生缘。轻脱敝衣裳，予将撇俗缠。秋风吹细雨，霹雳护青莲。"[1] 这里他竟然生出不愿为官，而欲归隐田园的心理。事实上，中国的士大夫一旦仕途不如意，就会生出这种念想，但他们往往只是通过这种念想排遣自己的郁结，而不是真正要归隐田园。因此，我们在

---

[1] （清）于成龙：《于清端公政书·吟咏书》，影印文渊阁《四库全书》第1318册，台湾"商务印书馆"1986年版，第769—770页。

阅读古代大诗人、大政治家的诗文时，会发现他们都有一些类似的文字，但载于史册的真正的隐士却并不多。如李白也曾发感慨："且放白鹿青崖间。须行即骑访名山，安能摧眉折腰事权贵。使我不得开心颜！"结果李白晚年还加入永王幕府，随其东征。这里于成龙也感叹"不愿上方剑，但持感应篇""久欲归林卧，岂为升斗牵"。同时也抒发了自己高洁的志向，"轻脱敝衣裳，予将撇俗缠。秋风吹细雨，霹雳护青莲"。这也是于成龙高于普通人的地方，因为他还时时惦记着要抛弃俗务、表露自己的志向，保护自己的青莲志。一语双关又以青莲暗喻"清廉"。这里写得比较隐晦。下一首五言绝句《无酒》就把自己清廉的生活予以细致的刻画，使人印象十分深刻。"一夜一壶酒，床头已乏钱。强欲禁酤我，通宵竟不眠。"①堂堂好酒的知县竟然无钱买酒，以至通宵难以入睡。因此其廉洁的形象就跃然纸上了。

诗酒生涯可以遣怀，消除郁结。读书也是于成龙战胜孤独和清苦的方式，同时书中的智慧也使他终于脱离凡俗，成为超拔的千古廉吏。他的《罗城署中闲咏》（其一）记录了他的读书生活："窗前驯鸽行书案，惊醒主人午梦时。起坐闲看十七史，古今成败有谁知。"②公务不繁忙时，于成龙从容小憩，被驯鸽惊醒。这一场景多么惬意，至少说明他已经战胜了来罗城初期时的苦闷心情。那么他醒来之后呢？就是阅读《十七史》。古人说"以史为鉴，可以知兴替"。于成龙通过阅读史书，与古人神交，了解到很多古人的喜怒哀乐，从而增强了自己战胜困难的信心，也获取了不少从政经验、智慧，这些都是他战胜心魔，成就一代廉吏的必要条件。

---

① （清）于成龙：《于清端公政书·吟咏书》，影印文渊阁《四库全书》第1318册，台湾"商务印书馆"1986年版，第777页。
② （清）于成龙：《于清端公政书·吟咏书》，影印文渊阁《四库全书》第1318册，台湾"商务印书馆"1986年版，第778页。

第三章

于成龙在广西罗城的施政举措与政绩

于成龙到底实施了哪些举措，让他获得"卓异"的评价，又使他脱颖而出，备受上级青睐，百姓爱戴？这些举措的效果如何？对他以后为官起到了什么样的作用？

第一节 于成龙在广西罗城的施政举措

于成龙在罗城主要在整顿治安、肃清吏治、恢复生产三个方面大力实施了很多深得民心的举措，这些举措对于罗城的转变起着尤其关键的作用。

一、整顿治安

根据罗城的实际情况，治安问题应该是摆在于成龙面前的首要问题。上文也予以阐述，罗城刚纳入版图，盗贼横行。这个问题不解决，后面的工作根本无法开展。因此，于成龙在罗城任上第一个大的举措就是整顿治安，而打击盗贼只是其中之一。为了使罗城治安得以好转，于成龙主要采取了如下措施：

首先，惩治肆意械斗。罗城是少数民族聚集区，多个民族之间由于生活习惯、语言风俗的不同本来就极易产生矛盾。加上明末清初战乱频仍，使罗城处于权力真空状况，导致无人管理。因此芝麻绿豆大的小事，都会酿成几个家族、几代人甚至民族间的仇恨，小则械斗，大则群体之间、族群之间的仇杀。长此以往，形成了一种肆意械斗的恶俗，对当地治安造成严重威胁。

于成龙上任后，屡次申明禁令，严禁老百姓械斗，但长期形成的恶俗，不是靠一两张禁令就能轻易改变的。于是，于成龙借办几场大案，狠狠打击了械斗风气，成功地转变了当地风气。

当时罗城爆发了赵、廖两个家族间的械斗。双方为争夺五亩地，争斗多年，多次大打出手。廖家被打死四十七人，赵家也好不到哪里去，被打死三十八人，还有七十二家房屋被烧毁。双方闹到衙门，请于成龙主持公道。于成龙接到案件后很生气，多次明令禁止械斗，结果这两家还是不听，而且还造成这么坏的影响。他刚进罗城的时候，罗城都没几间像样的房屋，哪知道这次还烧掉七十二家房屋，但也觉得这是一个很好的整治契机。

在判完案件后，专门下达判词让全县老百姓知晓。在判词中，于成龙申明械斗是犯王法、伤和气，天理不容、人神共愤的罪恶。本来就一再申明不得械斗，每月初一、十五召集各乡村父老当面劝谕，希望能够消除这一恶习，哪知道还是爆发了赵、廖两家的械斗。因此再一次明令各位，天下的事情都要讲道理，公平、公正地来调解矛盾。如果道理讲不通，那就应该诉诸法律，用朝廷的王法来解决。以此案来说，争来争去就为了五亩地，以每亩地二十贯钱计算，五亩地也就一百贯钱。结果两家伤亡这么大，最终五亩地谁也得不到，被充公了。这样看来真是最不明智的做法！如果双方在械斗前能来衙门申诉评判，就不会死人，房屋也不会烧毁，而且他们争斗的地产也不会充公。现在如果杀人偿命，那么至少要再杀赵家四十七人、廖家三十八人！这怎么行？因此本着从宽仁慈的原则，不再追究两家大多数人的责任，但是赵家、廖家的族长必须严惩，将赵家族长赵君芍、赵翰生，廖家族长廖桂穆、廖顺成斩首示众，以示警告。双方族人不得再纠集械斗，否则严惩不贷。面对如此严厉的惩罚——挂在旗杆上的四颗人头和张贴出来的严厉的判词，哪还有人敢肆意械斗？因此罗城械斗之风得到了刹止，社会风气好转。

其次，打击豪强恶吏。在古代，地方豪强和官府的恶吏往往是地方治安的毒瘤，两者相互勾结，类似于今天的黑恶势力，对当地社会治安、官方威信予以严重挑战。因此于成龙要树立政府威信，就必须同这两者开战。恰好有一次生员严从龙状告县衙书吏胡安欺诈百姓，并指责于成龙"养奸宿蠹"，话说得很难听。明清时期的生员，即秀才，虽然不能直接做官，也没有俸禄，但按规定在地方上却能受到一定的尊重，享有一定特权。如免除差徭、见知县时不用下跪、知县不可随意对其用刑、遇公事可禀见知县，等等。因此，严从龙可以措辞严厉地指责于成龙。但是于成龙听到他的指责并没有恼羞成怒，也没有包庇自己的属下，而是趁机对恶吏进行打击，消除危害地方治安稳定的毒瘤。因此于成龙处理了这个案件，同样也有了态度明确的判词。他支持严从龙的指责，严厉惩处了胡安这样的衙门官吏。

判词中于成龙指出，由于衙门缺人，胡安这个人外表上也周正安稳，能谨慎办事，所以才委以重任。哪知道他的这些表现是为了欺骗上级，获取上级的信任后鱼肉百姓。幸亏严从龙看出来了，并勇敢地指了出来，现在已经将胡安予以拘押审查，以待下一步的惩处。这样一来，老百姓知道了衙门不会袒护自己的官吏，那些与官吏勾结的恶势力受到了打击。对于豪强，于成龙也不手软。本来在地方，甚至在整个古代中国，豪强的势力都不容小觑。一旦政府力量薄弱，豪强就会凌驾在政府之上，欺压百姓。罗城也不例外，表现在很多豪强都私设刑堂，任意处罚与自己有矛盾的老百姓。于成龙对这些现象深恶痛绝，一直等待机会予以打击。

不日，有一户黄姓豪族大家犯事，被于成龙抓了典型。一次，黄家一个年轻的家童违反了家规，结果被黄家以私刑打了个半死。结果黄家还不解气，处以私刑后，还把家童告上县衙，要求于成龙把家童处斩。于成龙看到机会来了，明确表态，该不该杀自有王法做主，岂能由豪族大家说了算？他仔细审问事件的来龙去脉，发现家童所犯的只是轻微过失，顶多处于杖责，打一顿就行了。现在黄家已经处以私刑，还要求官府杀了家童，不仅于法不合，甚至私设刑罚，本身就触犯了国法。因此于成龙没有理会黄家的要求，反而把黄家的家主抓起来重责三十棍。此案一出，在豪族大家压迫下过日子的全县老百姓都出了一口恶气。

再次，兴复驿站要塞。地方治安的好坏与国家武装力量的投放充分与否是分不开的。如果地方缺乏国家武装力量，连维护治安的警备力量都缺乏，那么要维系治安就是一句空话。在古代，警备体系还不发达，军警不分。如果没有部队驻扎，那就全靠县衙里面的几个衙役。这些人在县城内抓几个鸡鸣狗盗之徒还行，要是遇到大盗土匪，根本不能指望他们。因此，地方上的军事力量一定要有所保证。即使地方不属于战略要地，国家没有投放军事力量，但是维系军事信息畅通的驿站必须予以完善，驿站人员的待遇必须得到保障。对于军事要塞这些地方，要保障其充分的后勤补给，同时要严明军纪国法，不能让部队骚扰地方。

最后，管理土司夷民。土司制度是古代对西南少数民族地区实施管理的一种特殊政策。特别是对于一些势力比较强的少数民族，朝廷没有力量直接武力控制的时候，就委任地方首领予以管理。朝廷封给这些首领一些世袭官职，只要他们臣服朝廷，定期完成相关职责义务，那么朝廷就不会干涉其统治地方。但是遇到改朝换代，朝廷没有力量顾及这些地方时，土司们就蠢蠢欲动，制造混乱，甚至带领自己的武装力量四处掠夺财富。于成龙来罗城后，就面临着这一问题的困扰。为了维系罗城的稳定，于成龙提出要安排一些有能力的人伴土司左右，对土司进行教育、影响，使土司内部和平，心甘情愿向朝廷交纳贡赋，实际上就是要加大对土司的控制力度。但是于成龙心知也不能操之过急，对他们提出过多过分的要求，以免引起土司们反感，弄巧成拙，给地方治安带来麻烦。而对于当地少数民族老百姓，于成龙也根据其特点提出了恩威并施的原则，加强教化，以便从思想上控制他们，该严就严，该宽就宽，怀柔与高压政策并行不悖，以保障地方统治的稳固。总之，通过这一系列措施，罗城的治安得到了好转，社会也迅速稳定下来。

二、肃清吏治

于成龙在历史上最为人知的就是其清廉形象。但是清廉不能是独善其身，自己一个人出淤泥而不染，必须自己廉洁了，对自己周边的人员也要作出同样的要求。特别是官员，要营造一个风清气正的官僚群体氛围。于成龙自己的廉洁在他的诸多言辞、周边人的评价里面多有体现。如：喝四文钱一壶的酒，没有小菜，到后来连这么廉价的酒也买不起了；坚决不收老百姓自愿上贡的柴米钱，甘愿住在残破的县衙；赴省城协助乡试事务行李简单，只有一件皮大衣；等等。他的行为，或者别人眼中的于成龙的形象，无一不彰显着一位廉洁自守的清官的形象。但是于成龙不是一个普通老百姓，他是一个县的最高行政长官，廉洁从来就不是只对他一个人作出的要求，而是对整个官僚集体作出的基本规定。要让大家都遵守廉洁的准则，廉洁奉公，那就得肃清吏治，这是于成龙在罗城任上作出的一项重要政绩。

作为一代廉吏，于成龙对贪腐的认识是十分深刻的，他认为："贪酷者，害民害政之本。然蛮烟瘴雨，地瘠民贫，性命之念重，富贵之心冷。加以宪台之严肃，有司虽不肖，或亦望风而畏罪之不暇。殃民者，莫若衙蠹。芟之毋使滥充，一岁必更察之，毋使幸生而置辟不贷。此清仕途，察衙役之末议也。"① 在他看来巨贪自然可恶，但是罗城这个地方地瘠民贫，财政收入极低，老百姓把能交的都交了，所剩就不多了，根本搜刮不出多少油水。而如果贪污上缴的税款，那么风险太大，很少有官员敢这么做。所以罗城在于成龙时期不可能出现大贪官。但是没有大贪官，不代表贪腐问题就解决了。于成龙敏锐地指出还存在一些蛀虫、蠹虫，就是指存在于衙门之内的小贪小腐行为。比如一些官员虽然不敢截留税款，但是上级要求每人交银一两，他们多收三钱税银，号称火耗钱，或者借口县衙修葺，等等。虽然收费不多，但是收的对象数目较大，长期下来数目也不少了。设想一下，一个县五万人，一万户，以丁口计，每户出六钱银，那一年也有 2.4 两白银，数目就相当大了。就算对每户只贪污六分银，一年也有六十两白银。要知道于成龙当时的俸禄一年也就四十五两左右白银！所以对待这样的小贪小腐现象，首先要端正态度予以重视起来。于成龙认为打击小贪小腐行为是"清仕途，察衙役"的大事，真正给罗城老百姓带来危害的就是这些衙门里的小蛀虫。因此对待他们要芟夷殆尽，而且每一年都要复查，是不是还存在这样的小蛀虫，一旦发现就要以强力的手腕予以打击，这样持续下去，他们就不会心存侥幸继续在官员队伍中滥竽充数，趁机中饱私囊了。

这是对待基层小吏的小贪小腐的应对手段，那么对待高级一点的官员，以及整个罗城官场，于成龙就更为重视了。他说要让一个地方安宁，最重要的就是安民，而要使老百姓得到安宁，最重要的就是"肃清吏治"。儒家很早就有"民可近，不可下。民惟邦本，本固邦宁"② 的说法，于成龙在这里实际上对这一立场作出了补充。既然国家的根本在于人民的安宁，

① （清）于成龙：《于清端公政书·罗城书》，影印文渊阁《四库全书》第 1318 册，台湾"商务印书馆"1986 年版，第 549 页。
② 见《尚书正义·五子之歌》，阮元刻《十三经注疏》本，中华书局 2009 年版，第 330 页。

那么如何才能使人民生活安宁呢？可见于成龙虽然不以经学、理学名家，事实上却处处以实际行动诠释着儒家的理念。在他看来，人民的安宁来自吏治的肃清。于成龙进一步提出"吏得其人而洁己爱民，则弭盗固圉。省刑息讼，兴利剔弊，诸务毕举，虽在边徼，可渐次化理矣。……今天下车书一统，中外臣服，粤西远在南荒，天威底定，巨寇已殄灭无遗。而未雨绸缪，犹廑宪虑，诚为国家树万年不拔之基，为万姓谋久安长治之道也。夫地方何盗？盗即民也。民虽无知，决不乐于为盗。必为饥寒刑罚迫之而为盗也，责在有司。清净寡欲，先之德教，以端风俗。继之保甲，以防不虞。勿戕民命，勿剥民肤，俾各安室家，各恋妻子。此弭草窃之末议也"①。在这里，于成龙把自己的理政思想与廉政思想进行了结合，系统地阐述了自己的为政理念。

第一，要认识到人民的重要地位，特别是包括盗贼，也是"官逼民反"的结果，责任在官方，所以不能一味暴力镇压。还应该认识到没有哪个老百姓愿意成为盗贼。所以安民的方法有三个：首先，要使老百姓清净寡欲，这就需要用道德去教化他们，进而移风易俗。其次，要推行保甲法，把老百姓都组织起来，既可以抵御侵害，又可以互相监督。最后，要坚定地认识到不损害老百姓利益的重要性，让老百姓安居乐业是关键。这才是安民的措施。

但是要做到安民还需要爱民。如果心里没有老百姓，仅仅满足于完成任务，那么迟早会走上酷虐人民的歪路。所以于成龙的第二条策略就是慎重选择官员，要做到"吏得其人"。那么什么样的官员才称职？除了懂得一定的为政手段外，最重要的就是"洁己爱民"，洁己，顾名思义就是保持廉洁自律。试想，一个贪污受贿的官员，怎么可能把老百姓放在

---

① （清）于成龙：《于清端公政书·罗城书》，影印文渊阁《四库全书》第1318册，台湾"商务印书馆"1986年版，第547—548页。

心上？又怎么可能会做到安民理政？如果只是两袖清风、一尘不染，奉行洁身自好的做法，但却一事不为，同样也谈不上爱民。这种人爱的是自己的羽毛，那么这样的官员也不可能做到安民。民不能安，政又怎么可能理顺？如果于成龙只是廉洁自守，其他一事不为，不剿灭盗贼，不革新盐政，不推行德政，那他在罗城肯定待不下去，一定会步前两任县官的后尘。

在《罗城书》中，除了通过描绘于成龙衣食住行的俭朴来表现他的廉洁外，还从外人的视角描绘了他的廉洁。在康熙二年（1663年）于成龙首次和广西巡抚金光祖见面时，"藩宪金公特取入帘。诸官扛从盛饰，成龙止带皮套一件，共相惊讶"[1]。广西的穷当时在全国都是出名的，但是其他官员来到省城的时候，还是大摆官威，衣着华丽。只有于成龙是个例外，仅皮衣一件，以至于金光祖和其他官员都惊讶于成龙的俭朴。于成龙也惊讶其他官员的奢华，甚至还赋诗一首予以讽刺。

三、恢复生产

千疮百孔的罗城想要迅速恢复生产，就得积累财富，恢复元气。因此，如果能够减免相关赋税就应该予以减免，实在不能减免，就要想办法减少一些其他开支。古代的征税，早期都是实物税，如粮食等。粮食在运送的过程中会有损耗，以征收一百石稻米为例，路上被老鼠、鸟雀、蚂蚁等消耗一部分，加上古代运输业不发达，运输速度较慢，等到江南地区的稻米运抵京城，很可能会霉坏一部分。因此，征收一百石稻米，到达朝廷说不定只剩九十石了，而且贪官污吏还会私吞一部分，这样到朝廷的粮食

---

[1]（清）于成龙：《于清端公政书·罗城书》，影印文渊阁《四库全书》第1318册，台湾"商务印书馆"1986年版，第555页。

就越发少了。后来朝廷开始多征一部分粮食，叫火耗，意思是把损耗的那一部分也算进来。

钱税取代实物税后，运费也要算进来，所以火耗成为税收额外的一个重要部分。火耗虽不属于税收，但是每笔都要征收。征收火耗虽然保障了朝廷的财政收入，却加大了地方特别是老百姓的负担。加上官员从中贪腐，或者地方官吏俸禄微薄不够开支，都开始层层征收。这使得朝廷本来轻徭薄赋的政策落实到老百姓层面，就变得负担重重。若朝廷加税，一旦遇到收成不好的年份，极容易酿成民变，因此社会结构极为不稳定。

于成龙在税收上非常严肃，完全遵守朝廷法令，赋税坚决不加一分一毫。他认为罗城这个地方实在不适合征收火耗钱。"今日粤西之百姓，当兵火二十年，财力俱竭，目击荒烟茅篱，遍皆鸠形鹄面。谷贱金贵，幸而正赋蚤完，已出望外。况盐引加派，束手待毙，万无疏销之术。国法难逃，而陋规火耗虽甚，不肖者或未必能行之兹土。"① 也就是说罗城这个地方，饱受战火摧残已达二十多年，黎民百姓早就挣扎在生死的边缘了，看罗城的市容市貌就知道，老百姓穷得连解决温饱问题都难。这样的地方能完成基本税收已经是上天眷顾了，尚且在风调雨顺的情况下才能实现。何况朝廷还要摊派盐引的销售，如果再征收火耗钱，那么这里的老百姓就只有两个选择，要么铤而走险，要么束手待毙。于成龙认为就算是最坏最贪婪的官员，在罗城也捞不到什么钱了。

为防止差役从中取利，于成龙亲自坐在大堂上收税。老百姓直接把应缴的银钱交给于成龙，于成龙收到后还专门写下收据交给老百姓。称银两、称粮食用的砝码和升斗，都严格按照户部颁发的标准为准绳，绝不欺

---

① （清）于成龙：《于清端公政书·罗城书》，影印文渊阁《四库全书》第 1318 册，台湾"商务印书馆"1986 年版，第 549 页。

瞒老百姓，损害他们的利益。于成龙处处为老百姓考虑，那么官府的利益就要受到损害，因此于成龙甚至穷到连普通的酒钱都拿不出了。罗城的老百姓实在看不过去，便在缴纳钱粮的时候，常常多带几个铜钱，趁于成龙不注意就顺手放在他的桌案上。于成龙每天公务繁忙，很难留意到老百姓的这个小动作。但是长期这样，钱就越积越多。于成龙就问怎么回事，一开始老百姓不忍心说，一些差役习惯了拿老百姓的钱也不愿意说。于成龙很生气，严厉地问了几次，老百姓才不好意思地说是因为县太爷不收火耗钱，因此老百姓自愿交一点柴米钱以表示孝敬之意。于成龙知道老百姓被欺压惯了，很心痛，坚决不收这个所谓的柴米钱。但是看到于成龙这样清廉的官员，以及他平时清苦的生活，老百姓也很感动，都坚持要给这笔钱。于成龙实在推辞不掉，便答应破例一次，只是象征性地收了一壶酒钱，就当是老百姓请客。之后老百姓再拿钱来的时候，于成龙坚决不收。为了恢复罗城的元气，他还认为："时法令太严，有犯必杀；情谊为重，婚娶丧祭民间之礼一行，无不达之隐。罗城之治，如斯而已。"[1] 清廷对待少数民族或者其他反抗势力，总是采取残酷镇压的方式。老百姓犯一点错误，就会受到很重的惩罚。这对社会的活力无疑是一种扼杀，而且动辄得咎，老百姓又怎么敢放开手脚恢复生产呢？所以于成龙的建议是恩威并施，该宽松的时候还是要宽松，特别是要把儒家的礼典运用起来，这样就可以防微杜渐，防患于未然。

要恢复生产，在农业社会最重要的就是鼓励垦荒。多年的战乱造成了罗城人口锐减，土地荒芜。于成龙来罗城后，根据罗城的这个状况，又结合朝廷的相关政策采取了自己的举措。本来朝廷对于久经战火摧残的地方都有一定的优惠政策，以便招徕流民，开荒种地。为了鼓励他们开荒，还

---

① （清）于成龙：《于清端公政书·罗城书》，影印文渊阁《四库全书》第 1318 册，台湾"商务印书馆"1986 年版，第 555 页。

规定可以在垦荒后三年内不缴纳赋税，三年后才起科交税。但是很多地方官阳奉阴违，没有很好地执行朝廷的政策，该收的税不该收的税，全部照收不误，更别说一些临时的徭役、摊派了。于成龙在罗城严格按照朝廷的政策办事。他认为，地方官员应该谨守朝廷"三年起科"的规定，不要随便打扰老百姓。如果这个政策得到了很好的执行，地方大治还不容易实现吗？哪个老百姓不喜欢垦荒种地呢？如果农业生产得到恢复，人口自然就会繁衍起来，社会元气也就恢复了。

在农业社会，要想社会稳定，还有一件重要的事就是积储备荒。这件事其实不难理解。农业社会里，生产力不发达，老百姓纯粹靠天吃饭。风调雨顺，自然收成可观，在缴纳一定的赋税后，结余就充裕；若遇到自然灾害，农业减产，但是税额不变，老百姓缴纳税额后，就要借贷度日，甚至连税额都是借的。一旦还不起贷款，就得卖地卖妻子，最终妻离子散、家破人亡。于是，土地也会慢慢集中到少数阶层手中。中国古代农业社会基本上就是这个恶性循环模式。为了保护自耕农，一般都会设立常平仓。当收成好的时候，从老百姓手中以平价收购一批多余的粮食，储存起来。等到青黄不接的时候，再以平价出售给老百姓。在灾荒时期，甚至可以免费发放，帮助灾民渡过难关，这极大地降低了自耕农破产的概率，缓解了社会矛盾。此外，于成龙还根据广西的特点，建议把盐引问题商业化，准许商人购买盐引推销食盐。同时准许军队等群体参与贩卖，放开市场，使得盐价、供应都趋于平稳，商业活动也日趋繁盛。这样一来经济被带动起来了，大量的商人涌入广西，使罗城的经济得到了很大的发展。

仫佬族传统婚礼仪式

第二节　于成龙在广西罗城的施政业绩

于成龙在罗城知县任上施行了诸多为政措施，这些措施取得了什么样的效果？罗城是否因为这些施政措施得到了实质性的转变？这些措施带来的业绩，对他之后的发展起到了什么样的作用？

一、初举卓异

于成龙治理地方取得的业绩到底怎么样？从他三获"卓异"可以得到验证。他初次任职就在罗城取得了卓越的政绩，获得了"卓异"的好评。康熙六年（1667年），于成龙在罗城任职七年了，按照常理任期早就满了。但是罗城这个穷乡僻壤几乎没有人愿意来。就算有人抽签抽到了，也会想尽办法走后门、贿赂上级，改任其他地方。而上级官员看于成龙在罗城任上没闹出什么动静，也就睁只眼闭只眼，假装不知道他的任期已满，让他继续留在罗城知县位置上干下去。

清代偏远地区的知县一般任期只有三年，于成龙在罗城任期已经长达七年了，实在不能再拖了，这是其一。其二，于成龙在罗城政绩优异，广西巡抚金光祖、两广总督卢兴祖都十分器重他，也觉得不能让这样既老实又优秀的人一直待在罗城，得不到提拔。在他们的过问下，于成龙于康熙六年（1667年）八月升任四川合州知州。《罗城书》里记载了这一过程："时报未到，金抚台面谕两司：'如不举罗城令，本院当特疏荐举矣。'两司唯唯从命，而以卓异闻。抚台又恐地方委用不得人，反滋扰害，专疏新旧交代。"①可见在得知于成龙将要去合州当知州时，巡抚金光祖不放心，因为调任的正式调令一直没有到。巡抚金光祖很恼火，直接对负责考核的布政使和按察使说，要是不举荐罗城的县令于成龙，那我将亲自举荐他。布政使和按察使不敢得罪巡抚，只好答应。两广总督卢兴祖也担心于成龙得不到提拔，因此在考核的时候给了于成龙一个"卓异"的等级。这个等级是最高等级，很难获得，而且竞争十分激烈，但是卢兴祖强烈要求只评罗城县令一人。这说明于成龙的任期是十分成功的。于成龙将要离开罗城了，巡抚担心朝廷派的继任者不称职，不能继续按照于成龙的模式治理罗城，还专门交代继任者相关事务，可见金光祖对罗城的工作十分重视。究其原因，还是于成龙在罗城干得太出色了。

清代基本官制都是沿用明朝的，考核制度也和明代差不多，由于实施了数百年，因此也比较完备。一般来说，对文官每三年考察一次，对武官每五年考察一次。朝廷京官的考察称为"京察"。外官考察称为"大计"。考察的主要内容有：农桑、学校、盗讼，也就是现在所说的农业、教育、

---

① （清）于成龙：《于清端公政书·罗城书》，影印文渊阁《四库全书》第1318册，台湾"商务印书馆"1986年版，第555—556页。

治安问题。

农耕时代，农桑是主要经济来源，因此农桑工作就是现在的经济工作。学校也一样，除了教育，还具备移风易俗、教化民众、推行德育的功能，很大程度上相当于现在的意识形态思想工作、社会民政工作。盗讼指有关抢劫或偷盗的讼事。由此可见，清代官员的考核面还是很广的。而政绩的优劣主要靠这三项成绩，三项成绩好，政绩就优秀。"大计"中，布政使与按察使的考察称为"考题"，由总督、巡抚撰写评语，报吏部核定。布政使是一省中管行政钱粮的官员，按察使则是管一省刑名按劾的地方大员。他们是地方官员相关业务的直接负责者。省内其他官员的考核，由其上级撰写评语呈送总督、巡抚审核，汇总到吏部专门负责考核的考功司核定考察等级，称为"会核"。"京察""大计"都是由吏部会同都察院及其他相关衙门审核，最后报皇帝批准。于成龙的知县是七品官，他的考察评语由柳州知府撰写初稿，然后汇报给广西布政使和按察使，经他们审核后，上报给广西巡抚和两广总督。他们二人审核县官政绩和他们上级的评语，再优中选优，精选出百分之一二，评定为"卓异"，推荐给吏部，最后皇帝批准后，进行全国性表彰奖励。

清代官员的考察成绩分为三等，一等为称职，二等为勤职，三等为供职。考察成绩为一等后，还要通过"保举"上奏朝廷，"保举"有比例，地方中下层官员大概是15∶1。"保举"被朝廷批准的，就称为"卓异"。地方知县能够得到"卓异"成绩就能连任知县或者升任知府，因此，要得到"卓异"的成绩相当不易。

从个人道德操守和实际成绩来看，于成龙考察都不成问题。但是于成龙年纪偏大，科举出身又不好。加上罗城基础条件差，仓储、赋税方面的成绩不可能非常出彩。因此，在知府、布政使和按察使这几层的"会核"中，他的评语并不高，甚至没有被列入"保举"名单。如果不是巡抚金光祖了解于成龙的实际情况，并动用领导权威向布政使、按察使施压，于成龙也很难获得很好的评价。

布政使、按察使在巡抚的压力下，只好重新撰写评语，把于成龙列为"一等保举"，上交巡抚。巡抚金光祖拿着名单再找两广总督卢兴祖商量"保举"事宜。卢兴祖看着于成龙的评语，听着于成龙的事迹，也十分感动，由衷钦佩这位甘于苦难的知县。他把评语中"淡薄自甘"这四个字用笔圈去，对金光祖说："广西今年就只保举于成龙一人吧！"虽然于成龙能得此优异的成绩与上级官员的赏识分不开，但他如果没有实际的业绩，也不可能获得巡抚总督的青睐。

于成龙被评为"卓异"后，就可以进京"行取"，获得重用了，这个数量在官员中愈发稀少，可谓前途无量。由一个贡生遴选为知县，如果没有这一番罗城的业绩，那么于成龙的仕途基本上已经看到尽头了，那就是做几年知县回家。因为他一没钱四处打点，二没有强硬的后台，不可能被提拔。但是在罗城与苦难为伴，让他战胜了常人难以忍受的磨难，反而成就了他。

《清史稿》总结于成龙的罗城政绩说："居罗山七年，与民相爱如家人父子。牒上官请宽徭役，疏盐引，建学宫，创设养济院，凡所当兴罢者，次第举行，县大治。总督卢兴祖等荐卓异。"[1]而《清儒学案》则更进一步，归纳于成龙治理罗城的精髓是"以至诚为治"，说他"在任七年，从者皆死亡。民怜其贫，敛金钱进贡盐米，却之。招流亡，修学校，定婚丧之制。……所至以清廉率下，官吏望风改操。临事应变无方，尤善治盗，当时号为清官第一。圣祖尝论曰：'理学无取空言。如于成龙未言理学，而服官至廉，斯即理学之真者也。'"[2]把于成龙的治理实绩与学术思想联系起来，康熙帝认为于成龙的所作所为才是真正的理学家的所作所为。再结合

_____

① （清）赵尔巽等撰：《清史稿·于成龙传》第三十三册，中华书局2010年版，第10083页。
② （清）徐世昌等编：《清儒学案·环溪学案》第一册，中华书局2008年版，第810页。

《清史列传》中总督卢兴祖等人的评语："罗城在深山之间，瑶（猺）、玲（狑）顽悍，成龙洁己爱民，建学宫，创养济院，任事练达，堪列卓异。"① 可以看出同时代的人都高度赞扬他能苦节自厉，始终不渝，成就了一番事业，作出了令人敬仰的成绩。

二、连升三级

除了获评"卓异"能体现于成龙的为政业绩，连升三级成为合州知州，也证明了其业绩非凡。本来两广总督卢兴祖和广西巡抚金光祖诚心举荐于成龙，是为了让他能获得一个好职位，被朝廷重用。但或许是由于他科举出身差，在朝廷内几乎没有科举同年帮他说话。也或许是他政绩确实优异，朝廷想再让他历练一下，看看是不是如两广总督说得那么优秀。总之，各种缘由之下，于成龙没有获得好的职位，却被任命为合州知州。合州这个地方也是久经战乱，与罗城大同小异。也就是说，于成龙的苦日子还没有完全到头。

大多数人认为，于成龙是被举为"卓异"后才得以升任四川合州知州。仔细阅读相关记载，特别是于成龙写给朋友的信《治罗自纪并贻友人荆雪涛》，会发现事情不是这样。该信说："康熙六年，成龙以边俸逾期，八月升四川合州。时报未到，金抚台面谕两司：如不举罗城令，本院当特疏荐举矣。"② 这段话交代了一个重要信息：于成龙升为四川合州知州是由于边俸逾期，而不是广西巡抚金光祖荐举的结果。

清代的"边俸"是指在边疆地区官员的任职期限，内地官员则称为"腹俸"。由于边疆地区比内地穷苦，因此朝廷对在边疆地区任职的官员有

---

① 《清史列传·大臣划一传档正编五·于成龙》第二册，中华书局1987年版，第541页。
② （清）于成龙：《于清端公政书·罗城书》，影印文渊阁《四库全书》第1318册，台湾"商务印书馆"1986年版，第555—556页。

一定的优惠政策。比如，内地官员如果五年没有什么过失，才会有升职的可能。边疆地区的官员，往往不到三年就会被调任或者升职。不然，谁会愿意去边疆地区任职？但奇怪的是，于成龙在罗城竟然担任了七年知县，早就超过了边俸的期限。这可能由于清政府刚建立不久，主要精力还放在平定各地反抗势力上，因此相关官僚任用制度还不太规范。也有可能是吏部官员的疏忽，没有及时将于成龙调离。最有可能的就是于成龙的科举出身问题。这在前文也提到过。一般而言，在京中任职的多是进士出身，于成龙连举人都不曾中过，和这些进士出身的官员几乎没有交集。在科举时代，共同学习、共同通过科举考试，有共同的老师，那是一个相当牢固的政治关系。如果两人处在这个关系网内，互相提携是再普通不过的事了。于成龙不在这个关系网内，京官中自然没有人愿意提拔他，同样，京官中有关系的自然也不愿意去罗城这样的边境地区任职。即使有，也会出现像于成龙的前两任那样的情况。

有一个不生事，又不出事的人老老实实待在罗城，大家相安无事，所以于成龙一干七年都不曾被调动。但是再怎么踩贬于成龙的人，也不会如此明目张胆地触犯朝廷官员的任职规则，因此只能将他调离。所以于成龙由罗城升任四川合州知州本来就是水到渠成的事。

这段话透露的另外一层意思也值得玩味，那就是为什么让于成龙升任四川合州知州？合州是个什么样的地方？据《清史稿》的描绘：合州这个地方因四川大乱后，"州中遗民才百余，正赋仅十五两，而供役繁重"①。所以对于合州这个地方，《清儒学案》倒是一针见血地作出了评价："瘠苦与罗城等。"② 这个信息再次告诉我们于成龙升任合州知州并不是由于获评"卓异"。据《清史稿》的记载，堂堂一个州，相当于现在的地级市，人口

① 《清史稿·于成龙传》第三十三册，中华书局2010年版，第10083页。
② （清）徐世昌等编：《清儒学案·环溪学案》第一册，中华书局2008年版，第810页。

竟然只有百余人，一个相当于地级市的地区赋税才十五两！可见人口锐减到了多么可怕的地步。

可能有人怀疑这段史料的真实性，但是如果了解清初历史，就不会怀疑这段史料了。当时流传张献忠屠川，当然农民军在攻城拔地的过程中屠杀反抗者在所难免。但是把四川人口锐减的所有原因都推到张献忠身上是不符合历史事实的。"清军为攻下四川，每到一处便行屠城，致使饱受战乱的四川人口至清初顺治十八年（1661年）时，只剩下8万人，而万历年间（1573—1620）四川有三四百万人。一省之人几乎全被杀光……"①四川在清初是农民军与南明和清军反复争夺的地区，因此人口或逃或亡，一个省几乎空了。这才导致后来"湖广填四川"之举措。一个省几乎都空了，因此一个合州剩下百余人也就不难理解了。到这样一个地方任职，与举荐有什么关系？但是还有一个细节要注意，那就是清代的知县一般是正七品，而知州一般为从五品，两者之间隔着从六品、正六品，也就是说于成龙由知县到知州，属于连升三级。四川尽管刚刚经历战乱，但是作为古人心目中的天府之国，而且离内地较近，在农耕时代各方面条件比广西要优越得多。也就是说如果于成龙在罗城任上做得一塌糊涂，乏善可陈，也会被调任，但绝不会连升三级，被调往一个优于广西的地方。要知道于成龙在中央没有什么强有力的支持，也就是说连视其为陌生人的吏部官员，都认为于成龙做得不错，才在没有看到其评价的时候就给他连升三级。这是对他政绩的一个极大的肯定。

在于成龙没得到巡抚和两广总督举荐的时候，同级以及上级官员对他的看法是什么样的？于成龙对此也有一个回忆："赴蜀之日别金抚台，蒙谕云：我荐举一场，指望行取。知道你穷苦，我为你凑下盘费，谁知你先升了，此亦是你的命。但两司因认不得你，不肯荐举你，本院发怒，方才

① 张弓：《兵祸连天：长江流域的军阀与兵燹》，长江出版社2014年版，第184页。

举来。谁想督台将你考语'淡薄自甘'四字圈了，立意粤西单举荐你一个，亦是公道难泯处。今你往四川，又是苦了，照罗城县做去，万不可坏我名声。我与书二封，一与总督，一与抚台。因此益励前操，至死不变，此数年之大概也。"[1] 金光祖说因为布政使与按察使不熟悉于成龙，所以他们不愿意举荐。前文也说了，从经济上来说，由于罗城的底子太差，不可能让于成龙在赋税上能与一些条件优越的县份相比。这也使得他的评语不优，当然也不能全怪两位主官。但是有才不识，有才不举，也确实是两位主官的过失。但是两位主官做的评语中的"淡薄自甘"却是对于成龙真实的写照。首先，赞扬了他甘于贫困苦难；其次，也暗讽了于成龙不与上官交接，为人刚直，他甘愿在罗城待长达七年之久，有可能不愿意升职。两广总督卢兴祖发现了其中端倪，因此去掉了这四个字，并直接说广西只举荐于成龙一个人，对其他人也暗暗作出批评。总之，于成龙在罗城任上，甘于苦难，勇于自用，爱民如子，又善于断案，对罗城面貌的转变确实作出了巨大贡献。他为官的第一粒扣子扣得非常好，看他后面任职，都可以从罗城七年任期内找到痕迹，"淡薄自甘"就是对他政绩的最好的肯定和褒扬。

三、眇者送行

史书上说于成龙"与民相爱如家人父子。牒上官请宽徭役，疏盐引，建学宫，创设养济院，凡所当兴罢者，次第举行，县大治"[2]。既然他爱民如子，处处兴办为民工程，如创办养济院，收养鳏寡孤独的穷人和乞丐，

---

[1]（清）于成龙：《于清端公政书·罗城书》，影印文渊阁《四库全书》第 1318 册，台湾"商务印书馆"1986 年版，第 556 页。

[2]（清）赵尔巽等撰：《清史稿·于成龙传》第三十三册，中华书局 2010 年版，第 10083 页。

让无依无靠的老百姓能得到照顾等，那么老百姓对他的评价如何？有人会说既然是廉吏，老百姓的评价自然高。事实上并不是如此，中国历史上的廉吏含义广泛，广义的廉吏甚至还包括了一些酷吏在内。尽管他们刚正不阿，打击豪强毫不手软，也克己奉公，但是没有什么利民政策，也没有为老百姓做什么实事。这样的官员，老百姓怎么可能诚心赞美呢？

正史上载老百姓对于成龙的赞誉有如下言辞，《清儒学案》说于成龙"在任七年，从者皆死亡。民怜其贫，敛金钱进贡盐米，却之"①。这就很难得了。第一，体现出于成龙甘于穷困，为官清廉。第二，他确实为老百姓做了很多事，因此老百姓才发自内心地爱戴他。看他穷，哪怕自己不富裕，也尽量攒钱向于成龙进贡，只不过被于成龙拒绝了。但天下间还有与此相似的，老百姓因可怜官员贫穷，而自愿接济官员的事吗？正因为他时刻为老百姓着想，因此在他去世后"民罢市聚哭，家绘像祀之。……论曰：于成龙秉刚正之性，苦节自厉，始终不渝，所至民怀其德"②。《清史稿》用"所至民怀其德"概括了于成龙和老百姓之间的鱼水情，这在今天仍然令人感动。

于成龙和罗城老百姓的鱼水情是发自肺腑的，不是为博取名声。因此，当他要离开罗城前往四川合州时，老百姓自然十分不舍，于是自发组织了很多人，为于成龙送行。传说，当时老百姓送了很远一段路程，在于成龙的一再劝说下，才挥泪作别。但最后还剩下一个"眇者"不肯离开，坚持要陪于成龙去四川。眇的意思是指瞎了一只眼，也泛指盲人。这位眇者说您一向贫穷，肯定没有足够的路费去四川合州，我眼睛虽然瞎了，但是有算卦的手艺，我可以一路算卦讨一点钱贴补一下您的路费。这个故事的真假自然不可考，于成龙也不会接受盲人的帮衬，而且巡抚金光祖也为

---

① （清）徐世昌等编：《清儒学案·环溪学案》第一册，中华书局2008年版，第810页。
② （清）赵尔巽等撰：《清史稿·于成龙传》第三十三册，中华书局2010年版，第10087—10098页。

他筹了一笔路费。他八月接到调令去合州，九月初六就到了合州，可见他应该是不缺这笔路费。但故事中反映出的老百姓对于成龙的真挚感情却是让人动容的。

这样的例子还有很多。仆人苏朝卿护送发疯的仆人回山西后，于成龙孤身一人留在罗城，生活极度困苦。他家里人知道后，十分担心，便派于成龙的大儿子于廷翼到罗城侍奉父亲，也可能带来了新的仆人。

面对之前仆人的描述，于氏族人很失望，认为山西商业发达，不为官也不是没有别的出路。因此，族人让于廷翼转告于成龙，任期结束后，立即辞官回乡，不必在边疆之地受苦。另外，由于相隔太远，于成龙的妻子也让儿子于廷翼带话给于成龙，合适的话再在罗城纳一个妾，也好照料他的日常起居。

让于成龙不要再做官，他显然不会答应。于成龙最初做官的目的就是想一展所学，作出一番成就来。尽管在刚来罗城的时候有些动摇，但是在站稳脚跟后，他就决定踏踏实实当官，为民请命。后来在湖北黄州，条件改善了很多，他却提出辞官，那是由于母亲年迈，后来去世，他要回家丁忧。但他想通过做官，践行自己几十年从书中学来的圣人之道的初衷依然没变。至于纳妾，在古人看来也是很普遍的一件小事，而且按照于氏族规，于氏男丁年满四十而无子的情况下，准许纳妾。这时，于成龙已经有三个儿子了，按照族规来说，他不需要纳妾。从于成龙甘于艰难的性格来说，他也不会纳妾。自己甘于艰难是一回事，让别人陪自己一起过苦日子，那就是不道德了。这从他放自己的仆人回乡一事上早就体现得淋漓尽致了。当时他认为自己前途未卜，没必要让仆人跟着他一起受罪。这个时候虽然于成龙在罗城已经站稳了脚跟，但是微薄的俸禄很显然不能支撑他过好日子，那何必再纳妾？而且终其一生他也没有纳妾。在古代，正人君子有很多标准，但是坐怀不乱如柳下惠，绝对是一个很显著的衡量标准。因此到宋代有人赞扬王安石的道德水平，也说到他堂堂宰相没有妾室。这些细节结合在一起，不难勾画出于成龙这个大义凛然的道德君子形象。

随着于成龙与老百姓感情日渐加深，他的生活状况老百姓已十分熟悉。在老百姓看来，于成龙这位县太爷就是一个穷苦人。当他的大儿子于廷翼来罗城看望他时，老百姓认为肯定是于成龙家里出了变故，穷得揭不开锅了，老家肯定是派大儿子来罗城找父亲要钱的。于是他们自愿凑了一笔钱给于成龙送来。于成龙很感动，大儿子于廷翼也很感动。于成龙感动是觉得自己的付出得到了回报，大儿子则是为父亲的所作所为而感动，同时眼见父亲与老百姓的这种鱼水情，也让他放心可以留父亲一人在罗城为官了。因此于成龙父子二人婉拒了老百姓的好意，说从罗城到山西，路途遥远，大儿子一个人上路回家，带这么多钱也不方便，不如百姓们把钱拿回去用在刀刃上。于廷翼能来，于成龙自然高兴，但是他担心家中无人照料，过了一阵子便打发儿子回家了。这些例子体现了老百姓对于成龙深深的爱戴之情，也再次肯定了于成龙在罗城的政绩。

第四章

于成龙在广西罗城的故事

　　广西罗城仫佬族自治县是于成龙的初仕之地，也是于成龙廉政文化的发源地。于成龙曾直言："吾一生得力，在令罗城。"陈廷敬在《于清端公传》中记载于成龙在"中崇正（祯）己卯副榜，入国朝，仕为罗城令"①。顺治十八年（1661年），于成龙以"候补知县"的身份到北京参加吏部掣签。掣签即通过抽签的方式，决定去哪个地方任职。于成龙抽签任职后，被分配到刚刚纳入清朝版图的广西罗城任知县。罗城县隶属于广西柳州府，归柳州府管辖。从地理环境来看，这里边远偏僻，环境恶劣，"偏在山隅，土司环绕，山如剑排，水入汤沸，蛮烟瘴雨"。从聚居环境来看，这里民族众多，民风彪悍，"土民有瑶（猺）、壮、伶（狑）、㐌（狼）之种，带刀执枪，性好斗杀，父子兄弟，反目操戈，恬不知怪"②。从治理的历史来看，这里是个蛮荒之地。直到顺治十六年（1659年）冬，罗城才废除土司，"初入版籍"，由国家派遣官员治理。前两任知县，第一任罗城知县许鸿儒和副将沈邦清为南明故将龙韬所杀，"随征战四载，缘兵燹城荒，土司叛乱，桂林又屡为伪党窃据，罗城孤立无援，城陷不屈，骂贼而死"③。第二任知县苗尔荫甫任即挂印而去。据道光《罗城县志·艺文》载，其时疾疫流行，且溃兵杀掠，"城市残破，田地荒芜……民多饿死"。罗城成为于成龙的初仕地，也是他事业成功的起点，他时年四十五岁。

①　（清）李桓辑：《国朝耆献类征》，广陵古籍刻印社1990年版，第127页。
②　（清）魏源：《魏源全集》第十四册，岳麓书社2004年版，第336页。
③　江碧秋修、潘宝篆纂：《罗城县志》，台北成文出版社有限公司影印1976年版，第251页。

罗城成龙湖公园的于成龙石雕

第一节　于成龙在罗城的施政技巧

友人视罗城为危地、穷地、王法皆无之地。当时传言去罗城任职的官员是十去九亡，因此，友人多劝阻免行。然而，于成龙在《治罗自纪并贻友人荆雪涛》中表明心志，"见利勿趋，见害勿避"，会"义不辞难"，觉得凭着自己的热血和勇气，一定能够战胜那些所谓的困难。于成龙感慨："惟国家所使，人生仕宦，岂择险易哉？"意思说，我唯国家使命是听，至于个人，怎能在险易中做选择！临行时，他对亲朋表达自己的志向："某此行，决不以温饱为念，所自信者，'天理良心'四字而已。"① 这段自述反映了于成龙为官的目的："但行好事，莫问前程"；为官时不求回报地付出；"不昧天理良心"的家国情怀。因此，即使路途艰险、他身染

---

① 宋连生：《大清盛世》，当代世界出版社 2006 年版，第 76 页。

重病也不改初衷。当于成龙走到"湘西南门户"即今天的冷水滩时，感染了重病。为了按时到任，于成龙拖着病体继续前行，终于到了广西。在广西的省城桂林，于成龙拜会了广西巡抚和其他官员。当布政使、按察使等长官们看到于成龙病体难支的模样，建议他在条件好的桂林养病，再去罗城报到，但是性情执着的于成龙坚持带病上路。经过千辛万苦，于成龙终于到了柳州的罗城。于成龙到达罗城时，罗城县当时只有六户人家，土地贫瘠。他亲眼看到年久失修的罗城县衙，只是三间破茅房。于成龙只得寄居在关帝庙中，在院子里用土石垒了一个公桌，每天蹲在地上吃饭、办理公务。

亲临水土不服、非常荒凉之地，这样的困境也曾动摇过于成龙的决心，而上级却没有批准于成龙乞归的请求。既然不能回去，他决定留在罗城大干一场，立下"此行决不以温饱为志，誓勿昧天理良心"①的抱负，安其心，尽其责。可以说罗城成就了于成龙，于成龙也为罗城留下了在落后的民族地区如何治理的经验和宝贵的廉洁文化精神遗产。

一、于成龙智破疑案

自古以来王权不下乡，县是地方行政管理最基层的单位。"知县"作为县的行政长官的称谓始于宋代，掌一县政令。秦、汉时，人口万户以上的县的行政长官称"令"、万户以下的县的行政长官称"长"；宋代称为"知某县事"，简称"知县"；元代称"县尹"；明、清称"知县"。于成龙担任的罗城知县，其职责是"掌一县治理，决讼断辟，劝农赈贫，讨猾除奸，兴养立教。凡贡士、读法、养老、祀神，靡所不综"。②根据规定，知

---

① 宋连生：《大清盛世》，当代世界出版社 2006 年版，第 76 页。
② （清）赵尔巽等撰：《清史稿》第 12 册卷 116《职官三》，中华书局 1977 年版，第 3358 页。

县还要配几位副职：县丞、主簿、典史；有一批属员：巡检、驿丞、闸官、课税大使、河泊所大使等；县"儒学"中的教谕、训导等。明清时期，有的县属于府，有的县属于直隶州、直隶厅。在内地的大县，官吏的配置是齐全的，但在罗城这种边荒之地，人口比较少的县，副职、属员可能就不全设，甚至是全不设。

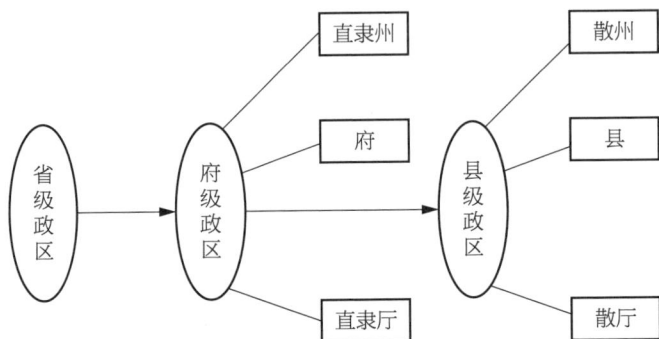

清代地方行政区划层级

罗城战乱多年，于成龙在罗城破案、察盗方面的事迹颇多。他善于从一些常人容易忽视的细节上发现问题的症结。清代文学家蒲松龄在《聊斋志异·于中丞》中，记述了于成龙在罗城任知县期间破获一个杀人抢劫案件的故事。

一次，于成龙外出到邻县办事。路途中发现两个男人用床抬着一个女病人，病人身上蒙着大被，侧卧在床上，还有三四个壮汉在床两旁紧跟着，时常轮换着用手按被子，好像是怕风吹进去。抬了不大一会儿，他们就把床放在路边歇息，再换两个人去抬。于成龙派公差去问，对方说是妹子病危，要送她回夫家。于成龙走了二三里路，又打发衙役回去，看他们抬进哪个村子。衙役暗暗跟在后边，看到那伙人进了一个村庄，在一户人家的门前停下来，从这家出来两名男子把他们迎了进去。衙役回来告诉了于成龙。于成龙问当地县官："城里有没有发生抢劫案子？"县官回答："没有。"当时朝廷对官吏政绩考核很严，官员们往往欺上瞒下，所以百姓即使被盗贼杀了，也要隐瞒起来不敢报案。于成龙到了公馆住处，嘱咐手下的衙役仔细打听，看有没有被抢劫的人家。果然有家大户，被盗贼进入家中，杀死了主人，抢走了钱财。于成龙命令衙役把这户人家的儿子叫来，问他家中被抢的情况。开始时，大户人家的儿子坚决不承认有强盗到家抢劫的事。于成龙说："我已经替你把盗贼捉拿到了，你怎么还说没有呢？"大户人家的儿子这才给于成龙磕头，哭着哀求为他父亲报仇。于成龙又去拜见当地县官，让其派出强壮的衙役，于夜里四更出城，直奔那个村庄，当场抓住八名男子。一经审问，他们都低头认了罪。案子破获后，大家都钦佩于成龙断案如神。有人问他怎么知道那些人是盗贼呢？于成龙说："这事情很容易理解，只是没有人细心观察罢了。世上哪有一少妇躺在床上，而让男人把手伸到她的被窝里去的呢？而且，不断换人抬着走，看样子就知道抬的东西很重；又一起用手掖住被子围护她，就知道里边一定还有其他东西。假若病妇昏迷不醒被送到婆家，必定有女人在门口迎接，但仅仅看到两名男子出来，并且见了既不感到惊讶，也不问一声就迎了进去，这是不合乎情理的，因此断定他们是盗贼。"

于成龙成就婚姻之美，被人们称赞。罗城西门外冯汝棠有一女儿，名叫婉姑，姿容美丽，擅长吟诗，与她家私塾先生钱万青相爱，并私宿，后请媒人说合，准备正娶。罗城纨绔子弟吕豹变目不识丁，但好女色，以重金贿赂婉姑的婢女。婢女进谗言，挑拨离间，同时吕豹变多方游说，请人说媒。冯汝棠市侩势利，贪慕吕家富有，竟悔前约，答应了吕豹变的婚事。迎亲的那天，婉姑不从，被强行抬去。拜天地时，婉姑乘人不备，从袖中抽出剪刀一把，猛刺吕豹变喉部，顿时热血飞溅。婉姑乘乱逃到县衙，要求于成龙为她做主。钱万青闻讯亦到县衙起诉冯汝棠悔婚之事，要求于成龙公断。吕豹变经人救治保住性命，亦到县衙投诉，要求于成龙惩办凶手。于成龙审明情由，立即飞签拘拿冯汝棠。其判词如下："《关雎》

咏好逑之什,《周礼》重嫁娶之仪。男欢女悦,原属恒情。夫唱妇随,斯称良偶。钱万青誉擅雕友,才雄倚马;冯婉姑吟工柳絮,夙号针神。初则情传素简,频来问字之书;继则梦隐巫山,竟作偷香之客。以西席嘉宾,作东床之快婿,方谓情天不老,琴瑟欢谐。谁知孽海无边,风波忽起。彼吕豹变者,本刁顽无耻,好色登徒,恃财势之通神,乃因缘而作合。婢女无知,中其狡计;冯父昏聩,竟听谗言。遂以彩凤而随鸦,乃使张冠而李戴。婉姑守贞不二,至死靡他,挥颈血以溅凶徒,志岂可奇?排众难而诉令长,智有难能。仍宜复尔前盟,偿尔素愿。月明三五,堪谐凤世之欢;花烛一双,永缔百年之好。冯汝棠贪富嫌贫,弃良即丑,利欲熏其良知,女儿竟为奇货。须知令甲无私,本宜惩究。姑念缇萦泣请,暂免杖笞。吕豹变刁滑纨绔,市井淫徒,破人骨肉,败人伉俪,其情可诛,其罪难赦,应予杖责,儆彼冥顽。此判。"[1] 从这个判词可以看出于成龙思想的先进性,既遵从了当时礼教伦理,又成全了婚姻之美满。在封建制度下,痴男怨女死于婚姻不自由者,不计其数。于成龙一方面从旧道德观出发,不使女为失贞之女(婉姑已与钱万青同房),男为无义之男,维护封建纲常;一方面从人情世俗出发,成他人之美满婚姻,这在三百余年前实在是件稀罕事。

于成龙智止械斗风。罗城民风强悍,从于成龙给友人的信中就可见一斑:"万里惟余一身,生死莫能自主,夜枕刀卧,床头树二枪以自防。"[2] 当地盛行械斗,屡见不鲜。械斗就是两族人各召全族人物,人手不够就动用亲戚,雇用外村壮士,各持武器,进退厮杀。每一次械斗总是杀人烧房子,祸及妇女儿童。这种事十分残酷,官吏不敢禁止,常常保持不偏不倚,即使禁也不甚有效。每一次发生械斗,官吏佯装不知,等到双方

---

① 王若东、刘乃顺、林祥:《天下第一廉吏:于成龙传》,山西人民出版社2000年版,第25页。

② 崔瑛、吕伟俊:《清官鉴》,中国方正出版社2008年版,第424页。

械斗结束，官吏根据死亡人数、双方的力量大小，决定械斗的胜负。械斗的原因一般不问，也不能问。于成龙对械斗深恶痛绝，平时张贴告示明令禁止，并在朔日（农历每月初一）和望日（常指农历每月十五，有时指十六、十七）一再训谕，有时训到动情处声泪俱下。罗城械斗之风明显减弱，但并没有杜绝。罗城姓赵的一家和姓廖的一家，因为争夺五亩之田发生械斗。这块地在赵家住宅之后，廖家住宅之前。为这块地，两家早已发生过数次械斗，各有胜负，因此无人敢种，久已荒芜。于成龙上任后，赵姓主人赵君芍仗其势众于廖，派族人耕种，廖姓不服，起先争执，渐至发生械斗。双方倾巢出动，一场鏖战，赵姓死三十八人，廖姓死四十七人，赵姓房屋被焚烧七十二家，折算起来廖姓获胜，赵姓不服，投诉于县衙。于成龙查勘得实后，立即判案。当时，公堂内外人山人海，有受审的双方族人，也有听审的罗城平民。判语云："查得械斗恶习，犯王章，伤和气，天理不容，人神共嫉。本县莅任以来，一再出示严禁，每逢朔望，又召集父老，谆谆告诫，以冀消此巨祸，共挽颓风，乃言者谆谆，听之藐藐，仍有赵廖两姓械斗之事。此皆本县诚信未孚，威望未立，有以致之。今本县再为尔等告：天下事应决之以理，决之以理而不胜，始求之于法，求之于法已非上乘，而况又不言法而言力。夫使言力而果可为最后之决定也，则亦已矣，无奈其势又不能，必断之以法，折之以理，而后始可解决。是力者不特不足以解决本案，抑治丝而反棼之，何苦来？何苦来？故械斗一事，非天下之至笨拙者，必不为此。即以本案言，赵廖两姓之所争者，不过一区区五亩之土地耳。其价以每亩二十千计，亦不过一百千。两姓果有诚意者，不妨出以公平之心解决之。或分其地而耕也，或共其地而耘也，何至出此下策！再不然决之以法，亦不难由官厅为之解决。充其量即一方完全败绩，其损失亦不过一百千。乃不此之谋，必出以械斗为快，至今赵姓死者三十八人，廖姓死者四十七人。人之生命至为宝贵，以三十八人及四十七人之性命，殉诸价值不过一百千之五亩土地，果孰得孰失？孰利孰害？此不必本县明言，尔等当亦可恍然悟也。况赵姓房屋又焚毁者七十二家，而此七十二家之财产与五亩荒地相较，又果孰得孰失？孰利孰害？然此仍不能解决尔等所争之案也，仍须来县诉之于法。使尔等早十日前即来投诉者，此三十八人与四十七人之性命均可保全，即此七十二家之房屋财产，亦何至化为灰烬？尔等静言思之，痛乎不痛？是本县不能不为尔等垂涕以道者也！至言本案，本县已研审数四，如按律严惩，则至少应再杀赵姓四十七人，廖姓三十八人。盖须知两者不能相抵，甲杀乙则按律杀甲，丙杀丁又按律杀丙，不能以各死一人为可完案也。今赵姓所死者，非即廖姓所死者杀之也，廖姓所死者亦非赵姓所死者戕之也。按律法办应各抵罪。但本县仁心为怀，不忍于两姓死亡枕藉之后，而又杀戮数十人以相抵，几使全村为墟，两姓嗣斩。从宽将余人一概免究。唯将赵姓族长赵君芍、赵翰生，廖姓族长廖桂穆、廖顺成按律斩首示儆。又廖姓死亡虽多，而房屋财产并无损伤，赵姓房屋惨遭一炬，几使全村尽为灰尘，然死者较赵姓为少，应从权相抵。荒地一方，为两姓械斗之起源，决不能再为尔两姓所有，应由官家变价发卖，使一异姓者所有，以免双方争执。且可隔离两姓接触。从此以后，尔等应各痛定思痛，以此案为前车，勿再妄争，致肇破家灭门之祸。本县亦决不再为尔等宽宥也。尔等又须知今日以后之生命，皆非尔等所自有，一死于械斗，再死于王法，本县曲为成全，免予株累，盖亦体上天好生之德，悯尔等杀戮之痛。后日益应兢兢业业，勿蹈前辙，庶不负本县今日一片婆心。即今日来县听审者，亦各以此为戒，凭血气之勇，至贻噬脐之悔。人人怕死，物物贪生。尔等从不读书明理，当亦不忍使一家一族轻葬身灭门于一言一语间也。共喻斯旨，其各凛遵。此判。"[1]

《罗城仫佬族自治县县志》（1993年版）评价于成龙：有胆有识，凡经

---

① 王若东、刘乃顺、林祥：《天下第一廉吏：于成龙传》，山西人民出版社2000年版，第21页。

手案件必亲自了解,以"微行"方式实地访察,使各种案件,尤其是悬、冤案得到妥善处理,从而以包公式的人物博得"于青天"的称号。他在罗城七年,办案无数。办案本是当时一些县官捞油水的大好时机,但于成龙秉承"此行决不以温饱为志,誓勿昧天理良心"①。

此外,于成龙先后写下《欠债诬陷之妙判》《土豪缠讼之妙批》《胥吏作奸之妙批》等规程,始终坚持为政者要以国家的律、例、诏、谕为依据,不仅不可枉杀,就是对小案也要公正判决,不可伤及无辜。于成龙的突出治行受到广西巡抚金光祖的重视,罗城被评为全省治理的榜样。

二、于成龙平抑物价

为一方父母官,于成龙在罗城"革火耗,减盐引",这是他为减轻百姓负担、促进生产而实施的意义深远的两项重大措施。盐引和火耗是朝廷收入的大宗,是官吏贪污升官的重要途径,是人民最沉重的负担之一②。

明朝时期,统治阶级对广西实行的是压迫政策,他们往往用铁、盐的垄断,作为剥削压迫的手段,特别是盐引的问题,更是广西社会的症结。人民生活不可一日无盐。居住在深山老林里的罗城人民,很不容易获得食盐,视食盐为财富的标志。人们无盐可吃,便寻找盐的代用品维持生活。曾在柳州做过官的明代诗人桑悦在《记獞俗六首》(其二)中写道:"山深路远不通盐,蕉叶烧灰把菜腌。"罗城于顺治十六年(1659年)才归附清朝,食盐供应仍是棘手的问题。我国历朝历代都是实行食盐"官营""专卖"。元朝时实行专商"引岸"制度,商人凭营盐特许证(即"引")到盐场买盐,在规定的地区(即"岸")销售,税利收入竟占到财政收入的三

---

① 宋连生:《大清盛世》,当代世界出版社2006年版,第76页。
② 王晋玲、李峰:《清初吏治清明探析——以廉吏于成龙为例》,《苏州大学学报》2006年第1期。

分之二以上。明清进一步发展成为盐商各自独占一定的"引岸"。朝廷出于多得税利等目的，在"务使百姓食盐勿缺"的冠冕堂皇的理由下，强行摊派盐引，如果不能完成售盐任务，地方官的考成就上不去，直接影响升官。因此，地方官往往向有盐处赊借，盐主因无现价，倍昂其值。赊到盐后，或水运，或陆运，又加了一部分运费。等这些盐运回地方，价格已很昂贵，强摊给百姓（以赊的方式），日后再追要盐款，逼得老百姓不吃盐不行，吃盐更不行。也有轻利之商到民间卖盐，但不敢减价，因为私盐一减价，官盐就卖不出去，要得罪官府。如此一来，"官府不乐商盐之贱，而商人更爱官盐之贵"①；官府明敲百姓之骨，商人暗吸百姓之血。百姓穷苦不堪。这不仅仅是罗城的问题，更是清初普遍的社会问题。地方官考成愈高，老百姓穷苦愈甚，双方的矛盾愈烈。

所谓"减盐引"，就是减少强行摊售给百姓的昂贵的官盐。清朝把盐税作为财政收入的大项。为了多得盐税就层层强迫摊派多销食盐，表面的理由是关心百姓，实际上是规定了各级官府的销售定额，这个定额是以"引"为单位，所以称为"盐引"。而自宋代开始，国家用"盐引"来实现对盐务生产及经营的垄断，这就给了盐商依附国家公权力的契机，依附于官府，凭借盐引从国家所获得的高额利润中分一杯羹。盐引是一种取盐的凭证，也唤作"盐钞"——"引"可以作为"代币"流通，其实质是一种有价证券。《宋史·通货志》有云："盐引每张，领盐116.5斤，价6贯。"盐引为何有价？这是因为盐业的买卖与运输离不开盐引。盐引是性质相对复杂的"古老货币"，同时具有"债"与"仓单"的性质，以及相关的"交易"特征。每"引"一号，分为前后两卷，盖印后从中间分成两份。前卷存根称为"引根"；而后卷交给商人，称为"引纸"。如果商户欲合法

---

① 王若东、刘乃顺、林祥：《天下第一廉吏：于成龙传》，山西人民出版社2000年版，第16页。

贩盐，必须事先向官府购得盐引。由于官盐经营不得法，价格很贵，百姓买不起，只好强行摊派，加重了百姓负担。上头分配给罗城一年销售官盐700包，这对一个穷县来说是极重的负担①。于成龙严惩腐败的盐吏，查处奸商，鼓励流商参与竞争，不允许官商独家经营，很好地稳定了盐价与物价，大大减轻了百姓的负担。康熙元年（1662年），于成龙多次向广西巡抚金光祖请求，采取"区划户口食盐法"，部议允许实施，"盐引"减去三分之二。这样既减轻了百姓的负担，又减少了地方官考成时的愁苦。根据"区划户口食盐法""流商从便发卖，流商喜于疏销，有利而来之必广，穷民一旦得食，贱盐销之必多"②。于成龙在罗城招商立埠，让盐商在罗城卖盐，并劝谕流商薄利多销。这样老百姓就减轻了不得不买、不敢不买的苦楚，普遍能吃到比官盐稍贱的盐。然而，官盐在赊买、运输、发放等环节中渐次抬高了价格，因为官方的"盐引"数目太大，严重影响和限制着私盐的出售，所以，商人往往闭行。于成龙到罗城的第二年，就采取"区划户口食盐法"，使盐引减少了三分之二。过了两年，他又提出停止官府运盐卖盐，禁止官府勾结坐商垄断专卖，实施由"流商"运销食盐等三法，以解决盐价过高的问题，消除百姓的不满。"盐引"的弊端并没有得到根本的解决。康熙三年（1664年），于成龙给广西巡抚金光祖上《条陈引盐利弊议》，一针见血地指出，引盐销得越多，有司的考成越好，"民穷愈不可支"③，因此大胆地提出禁官运、革埠商、便流商三项革除积年弊政的建议，消除摊售盐引积弊，引入市场机制④。这个建议经金光祖同意，在罗城县内实行，大大地减轻了中间环节的盘剥，降低了食盐成本，调动了盐商的积极性，对推动罗城的经济发展起了很大的作用。

① 王若东、刘乃顺、林祥：《天下第一廉吏：于成龙传》，山西人民出版社2000年版，第16页。
② 谭琪：《清代州县治安制度研究》，中国工人出版社2015年版，第212页。
③ 李志安主编：《于成龙文史集》，吉林人民出版社2010年版，第4页。
④ 王毅鸣：《论于成龙精神及其现实意义》，《前进》2011第1期。

作为一个封建的农业国，清明时期一大批官吏寄生在田赋上。于成龙反对法外殊求，主张法内赋税的征收也应从实际出发，不可涸泽而渔。这需要极大的勇气和解决问题的智慧。因为按朝廷惯例，赋税按人口地丁开征，再把"火耗"等杂项加上。其实，火耗并非正项。在明代张居正改革推行"一条鞭法"后，田赋征银渐多，按规定需将散碎银子烤铸成块上缴国库，烤铸过程中的损耗，便叫"火耗"，在征收正赋时另行征收。但实际上烤铸损耗不过百分之一二，征收火耗往往达到百分之二三十，最高时竟达百分之五十。这样一来，已非原来征收火耗之目的，而成为假借名目、中饱私囊的一种手段，火耗问题开始显现出来。清朝也沿用这种做法，以至于火耗问题愈发严重，征"耗"力度不断加大，给百姓造成了沉重的负担。火耗征收居多则产生所谓的"大耗"。大耗就是官府在征收粮赋时加大储运过程中的预计损耗率。有的公开让老百姓多缴，叫作"明加"；有的在度量衡上加码，叫作"暗加"。这两种进项虽能中饱私囊，但也不是完全进了个人腰包。衙门的开支不小，如招待费用、逢年过节敬奉上司的礼物，有时也办一些公益事业①。因为这些费用朝廷不给解决，征收的"火耗""大耗"实际成了州县的"小金库"。"故火耗之禁，功令首严，所以励方惜民力甚切也。"② 经过一番艰苦努力，罗城的经济刚刚复苏，百姓才过上能吃饱饭的日子，如果任由属下征收"两耗"，那无异于杀鸡取卵。所谓"革大耗"，就是革除官府征收钱粮时以弥补损耗为名，所附加增收的额外负担。为了切实减轻百姓负担，收田赋时，于成龙亲自坐在堂上，并张榜公布征收赋税项目、数量，而将天平砝码放在座位右侧，任百姓按已公布的收税项目自称自算，且不征收"两耗"，百姓莫不欣喜非常，互相转告，都来主动缴纳。一件非常难完成的事情不过几天就顺利完成

---

① 王若东、刘乃顺、林祥：《天下第一廉吏：于成龙传》，山西人民出版社2000年版，第18页。
② 李志安主编：《于成龙文史集》，吉林人民出版社2010年版，第196页。

了。后于成龙又在《严禁火耗谕》中说:"在州县各官身为民牧,亦当上体朝廷德意,下念百姓困苦,按则征收,更不可意为轻重。故火耗之禁,功令首严,所以励官方惜民力甚切也。"①

在革除"两耗"的同时,他还变革完纳田赋的期限。当时规定,一年田赋分两次交纳,四月为初限,九月为后限。若是四月不交一半,九月不交完毕,就要差役拷索,严刑加身。完纳田赋的期限非常不适合罗城的农时,于成龙发布告示,晓谕百姓,完纳田赋者可从三月至四月、八月至九月随时交纳,艰难困苦者减免十分之一二,收成不好交不起者可写保单于下年再交。所有这些都是他从实际出发、体恤民众的具体表现。

三、于成龙稳定时局

孔子说:"见义不为,无勇也。"一个人纵然有善良的心地和高洁的性情,但如果缺乏付诸实践的勇气,也不能成就伟大事业。明末清初,罗城作为边荒之地穷困落后,那里的人不怎么服管制。所以罗城的大问题除了贫困之外,犯罪率高也是当时的主要问题。罗城当时最主要的问题是盗匪多,治安极差,老百姓的人身安全得不到保障。罗城一带经历了将近20年的战乱,多次成为战场。有户口的罗城人不是被征丁做炮灰,就是被剥衣夺食,以供军需,所以平民逃亡者更多。"罗城居万山中,盛瘴疠,猺獞犷悍,初隶版籍。方兵后,遍地榛莽,县中居民仅六家,无城郭廨舍"②。又由于自顺治十六年(1659年)知县苗尔荫逃亡,罗城一直处于无政府状态。

首先,于成龙采取"治乱世用重典"的方法治理盗贼。"盗"是清初一

---

① 李志安主编:《于成龙文史集》,吉林人民出版社2010年版,第196页。
② 李凤梧主编:《中国历代治吏通观》(第五卷),山东人民出版社2010年版,第4422页。

大社会问题。于成龙深知乱世用重典，他决定不畏凶险迎难而上，推行保甲法，严惩缉获的案犯，大张声势地"严禁盗贼"，以雷霆之势推出平定罗城时局的一大措施——明申保甲，整治匪患。于成龙在《申饬保甲谕》中指出："照得编查保甲、团练、乡勇之法，无事则稽查盗贼，以遏乱萌，有事则相机救援，防御堵剿。不动支粮饷而兵足，不调拨官兵而贼除，兵农合为一家，战守不分两局。自古及今，消弭奸逆，安靖封疆，未有善于此者也。"[1] 于成龙召集官吏，安抚百姓，明确和重编保甲制度，平民不许带刀携枪，只有乡勇可带。同时大张声势地"严禁盗贼"，间或有拦路杀人的强盗，便严查缉拿，当即处死，悬在竹竿上示众。一旦有匪患发生，及时抓捕归案，审问清楚就立即处决。对于顽固抵抗者，坚决打击，毫不手软。罗城"邑多烟瘴，兼徭（猺）僮（獞）杂处为患"[2]，矛盾复杂，被统治者视为问题地区。于成龙任职罗城知县期间，"一意与民休息，编制保甲，鸟言椎髻之众，皆欣然听约束"[3]，保甲法推行后很快维护了地方治安，恢复了生产生活秩序。保长和甲长对外具有防御职责，对内具有严格管理职责，层层领导、层层管理。官府再给其一定的资助[4]。一旦有匪盗入侵，保长和甲长就会组织百姓，同仇敌忾，共同御敌。通过建立保甲制度，严禁盗贼，严惩为非作歹之徒，对于改邪归正的盗贼采取安抚政策。与此同时，于成龙编练了一支团练，对于恃强顽抗者，坚决清剿。抓到一个，杀掉一个，不讲仁慈。为了杀一儆百，于成龙不惜采取生剥人皮的酷刑。

罗城境内匪氛渐靖，但柳城西乡的一股氏族武装却频频窜来掳掠。柳城县西乡与罗城县为邻，那里的大户人家以盗为生，常常越境扰害罗城，抢人口，掠牲畜，夺粮食，闹得人心惶惶。"子孙父子相习为匪，频年越

---

① （清）罗汝怀：《罗汝怀集》，岳麓书社 2013 年版，第 88 页。
② 李志安主编：《于成龙文史集》，吉林人民出版社 2010 年版，第 314 页。
③ 李志安主编：《于成龙文史集》，吉林人民出版社 2010 年版，第 314 页。
④ 李志安等编：《于成龙集》，山西古籍出版社 2008 年版，第 17 页。

境扰害"①。于成龙与柳城县的正印官交涉，正印官以盗案难办而束之高阁。这样的越境作案又不是公开扯旗造反，另立为王，朝廷又怎么能动用大军征剿呢？如果只派少量的兵马去，则又明显打不过熟悉地形的本地人。盘算半天，正印官只好装聋作哑，把于成龙的请示放在一边，让于成龙自己看着办。于成龙反复思量，如果不严厉打击这股外地盗匪，他们只怕会得寸进尺，其他盗匪也会有样学样越境作案，让县官望洋兴叹。但没有朝廷的命令，越境开战，即使大获全胜，回来也是死罪一条。明清时代是中央集权制政府，一切权力归朝廷，一切权力归皇帝，地方官没有自主权。这个难题是对于成龙的考验。于成龙采取了借助民间的力量来解决这个难题。历经多年的战乱，罗城百姓为了自保，具备了一定的武装力量，家家藏有刀枪。他们这时候被于成龙组织起来，统一训练，准备进剿西乡。于成龙还杀牛盟誓，计算了一下被西乡盗匪残杀的百姓人数，要求大家有仇报仇，有怨报怨，要和敌人一命抵一命，勇敢作战。为了保障进剿成功，于成龙还组织百姓修了一条通向柳城西乡的道路，让自己的民兵能够进退自如。于成龙不顾"未奉上命而专征，功成罪在不赦之条"②的后果，违反不得自己拉队伍、不得自行越境采取军事行动的禁令，约会乡民练兵，杀牛盟誓，安排修路，一起进剿柳城县盗贼。正如于成龙慨然道："奋不顾身，为民而死，胜于瘴病而死也。"③于成龙于是安排修路，克日进兵。大军压境，于成龙身先士卒，奋不顾身，乡勇前呼后拥，势不可当，剿匪人马一鼓作气，冲进贼窝，将贼首生擒活拿。西乡"巨魁俯首乞恩讲和，抢掳男女牛只，尽行退回"，在强大的声势下，西乡魁首请求讲和，所掳男女尽行退还。接着，于成龙又在全县搞联防，同他们约定"敢有侵犯我境

---

① 江碧秋修、潘宝篆纂：《罗城县志》，台北成文出版社有限公司影印 1976 年版，第 279 页。
② 王振川：《大清廉吏于成龙》，三晋出版社 2015 年版，第 333 页。
③ 王振川：《大清廉吏于成龙》，三晋出版社 2015 年版，第 333 页。

界者，不报上司，尽行剿灭"，从此"邻盗"不敢犯境①。这次征伐行动没有引起上司的反感，因为各州县报盗不休，像于成龙这样不惜乌纱帽且冒着生命危险亲自带兵剿匪、敢作敢为的人才实在太少了。这场越境战争最后并没有真的打起来。于成龙在《治罗自纪》中说："而渠魁俯首，乞恩讲和。"当时的情况是，于成龙练兵修路，声势浩大，柳城西乡的少数民族首领闻讯后害怕了，赶紧派人来讲和。他们愿意把以前从罗城掳掠的人口、牛只、财物尽数归还，从此再不侵犯，同时也希望罗城方面能够有所妥协，每年十月以"犒赏"的形式，送给他们一些牛只、布匹和美酒。于成龙一介书生、一方县令不顾自己的生命安全，保护了罗城县老百姓的一方安宁。

其次，于成龙除了乱世用重典来治理罗城外，更重要的是"立意修缮，爱民如子"。虽然以民为本是儒家仁政思想的根本，但是在封建官僚主义影响下，为官者颐指气使的作风屡见不鲜，尤其在一些多民族大杂居的边荒州县，一般"天朝大官"往往盛气凌人。可是，于成龙却爱民如子，不仅组织民力对罗城县衙大门、仪门、两墀、书房、审案大堂、后院三间茅草房等进行修缮，还组织民力对古道进行修筑和架桥，方便村民出行。"敉宁地方之要，莫若安民，而安民之法，必以肃清吏治为先务，吏得其人，而洁己爱民，则弭盗固圉、省刑息讼、兴利剔弊诸务毕举，虽边徼，可渐次化理矣。"②由于罗城治安形势严峻，于成龙清醒地认识到，既要打击一切反抗势力，又要抑制特权阶层的骄横枉法，化解社会矛盾冲突，平衡和整合各种利益，平抑普通民众积聚的不满和愤怒。为此，他先后颁布多道政令，保护妇女儿童，严惩祸害百姓之人。对于动用私刑、藐视国法的豪家，自行其是的"总戎""侯伯"，或挂着朝廷武职官衔横行乡

---

① 王若东、刘乃顺、林祥：《天下第一廉吏：于成龙传》，山西人民出版社2000年版，第15页。
② （清）于成龙：《于清端公政书·罗城书》，影印文渊阁《四库全书》第1318册，第547页。

里者，都要严惩。正如于成龙所说："今威令已行，民知礼仪，此曹不悛，终不可为治。"此举为罗城的广大穷苦百姓出了一口恶气，赢得了好评。在安定社会的同时，于成龙十分注意百姓生计。他招募流民以恢复生产，常常深入田间访问农事，奖勤劝惰。农闲时，他则带领百姓修民宅、建学校、筑城墙。对迁入新居的农家，于成龙还亲为题写楹联，以示鼓励。在深得民心之后，于成龙又以刚柔并用的策略，解决了"数大姓负势不下"的问题，使这些地方豪强"皆奉法唯谨"。《清史列传》记载："罗城在深山之间，瑶玲（猺狑）顽悍，成龙洁己爱民，建学宫，创养济院，任事练达，堪列卓异。"

再次，于成龙修建养济院，体现了孟子"老吾老以及人之老，幼吾幼以及人之幼"的推己及人的爱。他设立养济院，收养救助民间孤寡老人；设法减轻百姓赋税、发展生产。康熙元年（1662年）春天，风调雨顺。于成龙亲自扶犁到田野耕作，并对从事耕作的农民笑语相慰，极力鼓励。渐渐地，于成龙博得了罗城人民的爱戴与信任，每到一处，竟环拜不已。百姓知县令来，群相率领妻子儿女环绕拜见，或坐树下共相饮食，欢乐如家人。民众深受鼓舞，生活日趋安定富实。①

最后，于成龙十分重视劝教兴学，移风易俗，革除旧习。于成龙组织百姓修筑城墙，疏浚护城河，鼓励人们搬到县城居住，城区人口逐渐增多。人口多了，于成龙深知教化的重要，修建孔庙招收世家子弟；开馆办学自任学馆教谕，灌输"礼义廉耻"，规定凡读书升学者免除三年徭役。于成龙通过兴办书院，招收百姓子弟入学，鼓励他们发奋学习，积极参加科举考试，增加了年轻人报国的途径，一定程度上改变了底层百姓的穷苦命运。他又根据罗城少数民族的民族风俗，规定罗城民众婚丧制度，使其礼仪化、规范化、节俭化。如此苦心孤诣，积极治理，三年后，人丁兴

---

① 见《兵部尚书总江南江西清端于公传》，《碑传集》卷六五，第 1829—1830 页。

旺，民耻犯法，呈现出民众安其居、乐其业、守法规、官民亲睦的良好局面。大至治天下，小至治县府均需有法可依，"没有规矩，不成方圆"。有了法，就必须使百姓懂得法，又必须使百姓信服于法、信任于法。罗城民众之所以耻于犯法，是因为于成龙普及了"法律常识"，使他们树立了法律观念；罗城民众之所以循蹈于法，是因为于成龙执法中体现了法律的公正性；罗城民众之所以能信服于法、信任于法，是因为于成龙执法合情合理，并铁面无私地维护了法律的严肃性。百姓家的婚丧大事，他尽量前往参加，并借机劝导大家讲究礼仪，节俭办事，不要奢侈浪费。有人说，罗城文风昌盛，当自于成龙始。

于成龙受罗城人民爱戴的一个重要原因，是他不包庇胥吏，深自引咎，不遑启处的高风亮节，这是为官最难得的品质。后人谈于成龙在罗城的功绩多溢美之词，他的七言律诗《粤西九日》十分真切地描述了康熙初年罗城的社会状况和自己客居荒城的惆怅之情：

> 冷落荒城又一秋，每逢佳节转添愁。
>
> 黄茅嶂远今犹古，白发风凄叹复羞。
>
> 瘦菊懒看空落泪，雁回遥望暮云收。
>
> 闭门却厌登高去，醉里心魂到故丘。

《清史稿》卷二百七十七列传六十四里记载了于成龙在罗城的政绩："成龙到官，召吏民拊循之，申明保甲。盗发即时捕治，请于上官，谳实即处决，民安其居。邻瑶（猺）岁来杀掠，成龙集乡兵将捣其巢，瑶（猺）惧，誓不敢犯罗山境。民益得尽力耕耘。居罗山七年，与民相爱如家人父子。牒上官请宽徭役，疏盐引，建学宫，创设养济院，凡所当兴罢者，次第举行，县大治。"

第二节　于成龙在罗城的廉声

罗城是于成龙清廉卓越仕途生涯的起点。在罗城，于成龙实现了一个儒者的最高抱负，将一片荒芜之地变成了人间乐土。罗城的经历对于成龙影响最深，他曾说："吾一生得力，在令罗城。盖其淡泊之操、坚危之节，始卒不渝、老而弥厉者，已预定于此。"① 初任罗城知县时，该县盗贼猖獗、瘟疫流行，百姓避居山野，县中居民仅六家② 无城郭廨舍，他只得寄居关帝庙办公。但他毫不气馁，扶病理事，访贫问苦，采取得力措施，仅三年时间，就使罗城恢复了生机，被誉为广西为政的楷模。他多次上书朝廷，痛陈民间实情，提出"以肃清吏治为先务"，对贪官污吏"必按事而渐除之"③。从恢复地方经济来说，于成龙颁布一系列安民、利民政策，大力发展农业生产，提高地方农业经济，并采用赏罚并用等措施诱导、鼓励百姓发展经济。每值春夏两季，于成龙必定下乡调查民情，亲自到田地之中，了解农务情况，实地体察乡情、农情，日久便与农民相熟。"民知公来，皆率妇子环公罗拜，或坐树下与饮食笑语，欢如家人。勤而获者，旌其门；惰而荒者，群詈以辱之。民大劝悔，糠穗被野，牛羊满山。"④ 以身作则，深入基层，与民同乐，用自己的人格来感化百姓。在广西偏远之地的罗城，于成龙为官县令七年，其间招徕流民，恢复生产；改革弊政，造福吏民，大大提高了罗城经济水平，作出了卓越的政绩，使罗城成为广西治理的典范。

---

① 李志安等主编：《于成龙集》，山西古籍出版社 2008 年版，第 260 页。
② 潘琦主编：《仫佬族通史》，民族出版社 2011 年版，第 127 页。
③ 李志安等主编：《于成龙集》，山西古籍出版社 2008 年版，第 11 页。
④ 李志安等主编：《于成龙集》，山西古籍出版社 2008 年版，第 245 页。

一、"于青菜"的由来

初到罗城任县令，于成龙插蒿棘为门，在草堂用石块垒案几，在生活上自奉节俭，粗茶淡饭，习以为常。他虽生活清苦，但从不打百姓的主意。百姓怜其清苦，有时凑少许银钱，供其购买盐米之用，他均婉言谢绝。

于成龙是勤俭节约的楷模，他在《亲民官自省六戒》中的崇节俭一条说得明白："天生财物，固供人用，然必存不得已而用之之心，方能用度相继。倘奢侈而任意饮食，无论暴殄，固犯谴呵，即费用必思取给，是亦坏心术之萌药也。夫长吏近民，虽自己足食，犹当思民之无食者；自己披衣，犹当思民之无衣者。推此一心，纵令衣食淡薄，尚且不能消受，而犹欲起侈丽之想乎？郑侠语人云：'无功于国，无德于民，若鲜衣美食，与盗何异！'"①

他在江南道任两江总督以后，更是有"于青菜"之传。有一次，下属官吏办了一个很简单的酒席，请于成龙参加，并告知他："为总督增寿。"于成龙笑道："以饮食寿我，不如以鱼壳寿我。"原来，江南当时出了个名叫鱼壳的江洋大盗，此人武艺高强，凶猛强悍，祸害一方，官府也奈何不了他。于成龙的一句话，令下属感到惭愧，便筹款请江南名捕将鱼壳抓获归案。于成龙在鱼米之乡江南任职期间，"日食粗粝一盂，粥糜一匙，侑以青菜，终年不知肉味"②。他的儿子们，冬天只穿短衣或棉袍，从未穿过一件皮袄。总督衙门的官吏在其严格约束下，"无从得蔬茗，则日采衙后槐叶啖之，树为之秃"。江南民众因之感念，以雅号"于青菜"赞其清廉

---

① 王若东、刘乃顺、林祥：《天下第一廉吏：于成龙》，山西人民出版社 2014 年版，第 160 页。
② 杨茂林、张文广：《山西古代廉吏》，山西人民出版社 2015 年版，第 253 页。

节俭。也有的说，于成龙署院后有一株槐树，他常以槐树的叶子为菜，槐树被他吃成光枝秃丫，所以叫他"于青菜"。两种传说都有可信之处。于成龙的原籍方山就有槐树，当地老百姓在荒旱年确实以槐树叶充饥。于成龙在方山挖煤种地度日的艰难岁月里，常吃这种树叶。到江南后，为了倡导俭朴之风，吃槐树叶以回忆幼年之苦，以寄乡思，以楷模幕僚，不是不可能的。

二、半边腊鸭

于成龙在担任罗城知县时，廉洁自律，寸礼不纳，安于清贫。跟着于成龙来罗城上任的仆从，有人逃走，咬牙跟下来的身体挺不住，或死或疯。于成龙成了孤家寡人。有一年中秋节快来临了，于成龙的儿子从山西千里迢迢到广西探望父亲，当地的老百姓欢喜得奔走相告，说阿耶家来人了。儿子告知祖母病重，要父亲告假回乡探病。于成龙的儿子从家乡带来了一只腊鸭，给父亲下酒。但父子俩只割了半边腊鸭，草草过了中秋节。过了节，于成龙请假获准。在返回家乡时，于成龙没有什么贵重的东西给儿子，只能把厨房里的半边腊鸭带回老家。但是父子上路回家时，于成龙盘缠不够，路上没钱买菜吃，只好又用那半边腊鸭果腹，一路风餐露宿，回到山西。此时，恰逢同在广西任思恩县（现环江县）知县的钱能也回乡探亲。于成龙与钱能是发小，自小一起长大，同年参加科举考试，一同被朝廷委派到广西担任知县。于成龙从政清廉，作为罗城知县却常常是粗茶淡饭，草鞋布衣，从不出席当地富绅的宴请；遇到灾荒经常把自己的微薄俸禄拿出来救济灾民。而钱能做官两三年却是贪得无厌，雁过拔毛，私下里克扣。钱能把贪得的钱财拿回山西老家把私宅建得富丽堂皇。而于成龙在广西做官这些年，回老家时一路上只以半边腊鸭做菜，两手空空回到家。老家除了大门口多了那根旗杆之外，别的什么也没有增添。于成龙家的破破烂烂与钱能家的画梁雕栋、楼台亭阁形成了鲜明对比。于成龙为官清廉如此，回家途中，父子俩只拿半边腊鸭当作菜，这件事流传开来。此事传回广西，老百姓非常感动，罗城县乡亲就送一个绰号给他——半鸭知县。人们都称于成龙为"半鸭知县"。民间谣传："于公豆腐量太狭，公子临行割半鸭。"有人作诗称赞他，诗曰："半鸭知县古来殊，为政清廉举世无。倘使官员皆若是，黎民安泰乐斯乎！"而钱能在几年之后因搜刮民脂民膏、贪赃枉法、鱼肉百姓，被清廷革职查办、抄家。

三、不带一钱

于成龙在罗城当了七年知县，始终过着清苦的生活，他的所作所为使当地老百姓深受感动，而且他真心实意为老百姓办实事，与民为亲。正如史书所评："与民相爱如家人父子。"[1]于成龙在罗城为官时感受到了老百姓一片赤子之心、爱戴之情、维护之暖。百姓见到自己的知县生活得如此清苦，都积极纳田赋，而且一定要将田赋亲自交到于成龙的手上，由于成龙亲自过目之后，再多交一些钱，放置在于成龙的案桌上。于成龙不解，就询问是何意。他们说："阿耶不要'火耗'，又不谋衣食，难道还不买点酒喝吗？"于成龙大受感动，只留能买一壶酒的钱，将其余的钱退回。当时，于成龙的两个仆人中一个病亡，一个忍受不了清苦回了老家。只留于成龙一人在罗城为官。罗城百姓十分同情知县的孤苦伶仃，每天早晚都会自发地集合一大批人前去县衙门问安。隔几天，他们还会集体凑些钱馈送给于成龙。他们恭敬地跪在地上，说："知阿耶清苦，我们供些盐米费，请收纳。"于成龙微笑谢绝："我一人何需这么多东西？你们拿回去，奉孝

---

① 沈云龙：《近代中国史料丛刊第四十辑》，文海出版社1969年版，第835页。

父母，如同爱我一样。"①于成龙不肯受半钱，罗城百姓没有办法，只好将钱收回。有一天，罗城百姓听说于成龙家人来看望，奔走相告，说阿耶家人来，需要钱物安家。于是，他们又凑了些钱前去于成龙的住处馈送。于成龙笑着说："此去我家几千里，单人携带钱物负担太重啊！"说完，让他们都拿回去。罗城百姓伏地哭泣，坚请收下，于成龙亦哭，最终还是不收。

于成龙身在艰苦中，不收罗城百姓一文钱，尽心尽力为其做事，赢得全县百姓衷心爱戴，把他视为"青天"。当地老百姓以土话叫他"阿耶"。这"阿耶"可能相当于汉话的"大爷"或"老爹"之类，这是对自家人的称呼，而不是叫他县大老爷。

现在在罗城仫佬族自治县，于成龙廉政文化代代相传，并且与罗城的民族文化融合在一起，形成了独特的罗城廉政文化。如罗城仫佬族"祖先节"，老年人都要写好"勤俭持家""乐善好施"等字贴在纸钱包上，叫青年人跑到供台前读，然后才送给祖先，以此培养后人勤俭节约的生活习性。婴儿满月时，会在婴儿手腕上系上一根红绳。意思是告诫人们"勿贪勿盗，伸手必被捉"。民间还流传很多劝官廉政的山歌等。于成龙在广西留下的廉声，是于成龙在入仕时曾知"见利勿趋，见害勿避"，古人"义不辞难"之说的初心。

康熙六年（1667年），于成龙晋升为四川合州知府，辞别罗城时，父老遮道呼号"耶今去，我侪无天矣"，竟追送数百里，痛哭而返。这样的感人场面在于成龙后来的宦海生涯中几度出现。

于成龙在罗城治县，有其独特的县域治理经验。我们总结一下，于成龙的罗城政绩可以概括为以下六点：为官清廉，爱民如子；招徕流民，恢复生产；兴办学校，发展教育；办养济院，抚恤孤寡；修复城池，建设罗

---

① 李志安主编：《于成龙文史集》，吉林人民出版社2010年版，第297页。

城；崇尚礼仪，教化百姓。第一，面对少数民族居民，他采取多种方法让他们产生文化认同感去教化地方。如他强调"或以崇文教，或以敦祈报，或以恤幽魂，皆有祭享一定之期"，以形成共同的价值观认同而增强凝聚力。当地民谣说："武阳岗三年必一反。"但在于成龙到任的三年后，"人心既和，谣言不验"。民谣又云"三年一小剿，五年一大剿"，但如今"比及五年，又复无事"。整个社会不仅治安好转，而且风俗大变，"民俗婚丧之事，亦皆行之有礼，感之以情"。老百姓有于成龙这样的好官，有了矛盾就化解了，又有谁会为了一点小事就造反呢？第二，于成龙有很强的民本思想，在他看来，甚至连朝廷眼中的盗贼、匪徒都是人民，不应该武断地采取镇压的方式粗暴对待。因为在这里，于成龙站在民众一面，指出老百姓沦为盗贼是朝廷有关部门的责任，任何老百姓都不会愿意当盗贼，所以应该让他们能够安居乐业，这样盗贼自然就消亡了。于成龙后来总结道："时法令太严，有犯必杀；情谊为重，婚娶丧祭民间之礼，一行无不达之隐。罗城之治，如斯而已。"在这段话中拈出八个字，就是"法令太严，情谊为重"。第三，发展生产，革除弊政，使民众安家乐业。于成龙有名言曰："学者苟识得道理，埋头去做，不患不到圣贤地位。"于成龙在经济上提出"疏盐引""垦荒田"，使得老百姓能够从事一定的商品经济活动，贩卖食盐，开垦荒地获取粮食。同时他还强调在赋税上予以改革，不加重百姓负担。

于成龙能够在罗城这遥远的边荒之地担任知县七年，迈开仕宦生涯的第一步，并且作出卓越的政绩，确实有一些值得我们借鉴的地方。

第五章

于成龙从广西罗城走向全国

于成龙在罗城经过了七年艰苦的锤炼，在康熙六年（1667 年），被时任广西巡抚的金光祖和两广总督卢兴祖联名举为"卓异"。罗城自古以来就隶属柳州府管辖，于成龙作为罗城知县正七品，他的评语当由柳州知府来撰写；最后，再上报到省上的按察使、布政使等省内大吏处审核通过，最后上报到巡抚、总督处，一级一级上报。考核的内容主要是守、才、政、年四方面，也就是操守、才能、政绩、年龄这四个方面的内容。考核结果分为三等：一等称职、二等勤职、三等供职。只有在考核中获得一等的，才有资格得到保举，并且保举名额有限，保举最后被皇帝批准以后，才被叫作"卓异"。当时，于成龙是两广境内唯一一个被保举为"卓异"的官员，实属不易。而于成龙一生却获得过三次"卓异"。第一次是在罗城，因政绩突出被举荐为广西唯一"卓异"；第二次因在黄州治盗有方，再次被巡抚张朝珍推荐为"卓异"；第三次是在任福建按察使期间，因治理有方，被举为"卓异"，不久便升任布政使。

第一节　于成龙在四川、湖北、福建

于成龙由于在罗城政绩突显，被提拔为四川合州知州。从此开启了他的升迁之路。于成龙先后在四川、湖北、福建担任地方要员，担任过代理武昌知府、福建按察使、巡抚总督、兵部尚书、大学士等职。于成龙每到一处为官，总会遇到新的疑难问题，他都迎难而上，踏上解决问题的新征程，也实现了官职步步登高，一步一步地向高处走去。

一、于成龙由广西至四川的艰辛历程

康熙六年（1667年），已是五十一岁的于成龙升任四川合州知州一职，他的官职由七品升到了从五品。在罗城老百姓遮道呼号中，于成龙依依不舍地离开了罗城。纯朴的罗城百姓虽然担心于成龙走后新上任的县令可能会让他们过不上昔日的安稳日子，但老百姓更愿意于成龙升迁，因为于成龙在罗城的所作所为应该得到肯定，他应该有更好的发展机会。在于成龙离开罗城之前，老百姓聚集在县衙门口、城门口等待为他送行。上路之日，"罗人送至三四百里。窥公清风两袖，明月一船不能赴合，令一眇者，素善星卜，偕公而往"，百姓遮道呼号"耶今去，我侪无天矣"，追送数十里。于成龙和罗城县百姓感情极深。当初广西巡抚金光祖要提拔他到省里做官，百姓们组织了一大批人，跑到桂林请愿，硬是把他请了回来。如今他真要离任升官了，百姓们自然依依难舍，很多人为于成龙送行。还有一个前面讲到的著名的"眇者送行"的传说故事，这个故事可以说是对于成龙罗城政绩的最高评价，真的比朝廷的"卓异"更为光彩。

等待于成龙的合州，又是一个出了名的难治理的烂摊子，又是一个破败之城，又是一个"罗城"。从归属来看，合州当年归四川省管辖，自古以来是汉人、巴人的聚居地，曾建立"巴子城"，是古代巴国的都城。从地理位置来看，合州处于四川盆地的东部，是膏腴之地。但四面崇山峻岭，山高路陡，交通极不便利。从气候来看，合州区域属于亚热带季风气候，夏天酷热难耐。从人口来看，四川在明末清初时，是受战乱最严重，也是人员锐减最多的省份，清初朝廷颁布指令，湖广填四川。合州人口稀少，当年登记在册的老百姓只有百余人。合州虽然有三个属县：铜梁、大足、武胜，但是由于人口比较少，遗民百余户，当时朝廷并没有在合州的三个属县设置知县，这意味着于成龙既要做知州，又要做知县。从财政收入来看，合州财政短缺，每年上缴的正赋纹银十五两。这就是于成龙来到合州时面临的现实情况，多民族杂居、人口少、财政困难。于成龙虽然是知州，但是下面可以管理的子民并不多。

面对合州的困境，此时的于成龙已经不再是当初的一介书生了，他经过罗城的七年锤炼，已经有了成熟的从政经验和治理方略。于成龙作为皇权在地方的代表，如何让世道早日恢复平静，这是他的首要任务。他的做法是：第一，树立朝廷恩威，安抚民心，让老百姓感受到朝廷的恩情。于成龙从复祀典、正朝仪着手。按照朝廷的规定，祭祀是地方官员的主要职责之一。这意味着经历了朝代更替的初期，地方祀典已被纳入朝廷的礼制中，日常教化成为一种"制度"得到重视并被遵行。于成龙在给朝廷上的《请复祀典详》里指出："曩因蜀中田地未辟，赋税无多，祭祀未举，遂为缺典。间有有司捐俸举行，或派居民相助。然未蒙圣恩，神鬼必不歆享。"①可当时祭祀十分繁杂，于成龙认为祭祀应该简洁，以招抚百姓为主。"简而不数，丰而不俭，是诚圣天子百神来享之盛典也。"当时多年战乱，祭祀多年没有如常举行，本是朝廷正赋出祭祀的费用，但最后却成了老百姓还要"捐"的费用。于成龙认为，这就没有体现祭祀的意义。因为祭祀是将皇帝的隆恩赐给鬼神，鬼神再赐福于百姓。他建议朝廷：经费从朝廷正赋当中拨出，不要增加老百姓的负担。而祭祀的繁简、奢俭程度可根据当年的收成以及朝廷的赋税收入情况而定。于成龙在合州主持了祭祀孔子和诸鬼神的活动，他注意到"合州荒残，典籍佚失，当草创之时，仪文缺略"，于是根据自己家乡山西永宁和柳州的朝贺之礼，制定了合州的朝贺之礼，教化百姓，让老百姓有归属感。

第二，对合州的三个属县，采取分类、分策而治。于成龙制定了《规

---

① （清）于成龙：《请复祀典详》，《于清端公（成龙）政书》，第 121 页。

划铜梁议》；采取招抚流民的政策，让流民返乡耕种发展生产。于成龙分析了流民的情况，认为当时有的百姓逃到外地被扣押为奴；有的是在原籍曾经为奴，欠人钱财，不敢返乡；有的则是人还未归，便被登记在册，定下赋税。如何才能让这些人安心回来呢？于成龙为此要求官府在全州范围内张贴告示，宣传朝廷招抚流民的优待政策。允许老百姓回到家乡投靠亲友，可将户籍归属到该亲友的户籍下，三年以后，生活、生产逐渐回归到正常后，再对其进行合理收税。仅仅过了一个月，合州内的户口就增加至千余户。这些从外地逃亡来的人口，叫作"流寓"。当时，朝廷对"流寓"的政策是"插标占产"。也就是政府允许"流寓"占据无主的房屋和无主的荒地，插上官府认定的标志，官府就会给予流民这些无主空地和房屋的永久产权。但一些当地人却依仗家族势力欺压流亡的百姓，等外地人修好房屋后宣称这是自己的土地，从而占领了土地和房屋，很多外地人就这样被迫流离失所。如曾经外逃的汪某、王某两大户也回到合州，各圈三百亩地，吸引散户来此耕作，以收取散户的钱粮。一年间，汪、王两大户的行径，让散户怨声四起。于成龙针对这种现象给予了严厉打击，调整大户与散户间的劳动成果分配。汪某、王某获此消息后，汪某要管家向于成龙行贿纹银二百两，并直言意图。面对金钱的诱惑，于成龙写下一副对联以表名节："利似浮云淡，名如流水清。"于成龙把纹银退回。汪某深受感动和教育，自感惭愧。于成龙规定"凡一占即为己业，后亦不得争论"，政府帮助归附的流民解决具体的困难，如规划田舍、登记户籍、借贷牲畜和种子，帮助他们重新开始新的生活。在外漂泊多年，这些回乡的人开垦荒地的意识差，于成龙采取奖励垦荒的措施。他支持和鼓励人民去开荒自救，奖励那些勤恳开荒的家庭、惩罚那些好吃懒做的人。这样，"新集者既知田业可恃为己有，而无复征发仓卒之忧，远近悦赴，旬日之间户以千计"。

第三，设置"乡约"教化民智。合州虽然做过古代巴国的都城，但很多从外面逃回来的流民没有受过正规教育，长年在外游荡的生活还使他们养成了蛮夷之气。回到故土以后，这些流民桀骜不驯，不服管束。但是只要这些人不触犯刑法，官府也不能惩治他们。为了提升他们的道德水平，于成龙采取以文治民，对他们进行教化。于成龙提议在各乡设置"乡约"一名，"乡约"在每月的初一和十五要向老百姓宣读朝廷的《上谕十六条》。《上谕十六条》教化他们如何效奉圣人，做到忠、孝、仁、义，尊师重教，以其纲常伦理约束、教化他们，劝老百姓对君主要忠，对父母要孝顺，对子女和亲戚朋友要以诚相待，不可六亲不认。凡是不听"乡约"教化的，可作报官处理。不到两年时间，合州人口大增，大量荒芜的田地得到开辟复种，老百姓安居乐业，道德水平得到极大的提升。

第四，整顿吏治。于成龙在合州任职期间，除了发展生产、稳定人心外，还做了许多整顿吏治，改变政治生态的事情。一是他立下新规，上级到合州来一律不设宴席。他自己下地方也是如此，如果设宴招待，必遭严词责备。二是简化出行。在清代，州官出行有一套类似仪仗队的人马，包括举旗的、扛牌的、抬轿的、鸣锣开道的，阵仗大、开销大。于成龙裁去了"仪仗队"，出行时也不坐轿子，自己买了一匹老马代步，一个仆人相随。在灾荒岁月，他还以糠代粮，把节余的口粮和薪俸用来救济灾民。正如当地的歌谣里所说："要得清廉分数足，唯学于公食糠粥。"三是于成龙对上级不合理的税收，敢于直面陈情，加以抵制。当时重庆知州向合州州民征收鱼课（即鱼税），于成龙认为当时州民生活贫困，生计难为，因此婉言上报："民穷极矣！民脂膏竭矣！无怜而竭泽索鱼，不乐反乐鱼，何忍得鱼乎？"意思是说州民贫困交加，连一日三餐都不饱腹，哪有鲜鱼可交？重庆知府听得实情，从此减免了鱼课，还减轻了正课（正式赋税）。于成龙由此为合州州民争取了利益。四是将清军集中起来，令其开垦种植。合州还有明清战争后留下的清军散在各地，无所事事，不时扰民。于成龙请示上司后，将清军集中起来，令其开垦种植，不许胡作非为，违者以军法、民法交相处治。

《合州志·宦绩》记载："于成龙居官清正廉明，多善政，州人号于青天。"

二、于成龙在湖北抗击三藩叛乱

由于在合州政绩突出，康熙八年（1669年）于成龙被擢升为湖广黄州府同知。于成龙去任后，合州州民立生祠于药市街，纪念于成龙的功绩。于成龙的官职由从五品知州升到正五品同知，官升一级。这次任职与前两次不同。一是同知是副职，是明清时期知府一级的官职，是知府的副职，正五品衔。同知在明清时期，主要掌管一府的盐、粮、逮捕、江防海疆、河工、水利、军事、安抚夷民等工作。同知办公衙门被称为"厅"。二是相比于成龙前两次任职的地方是穷乡僻壤，黄州是比较富庶的地方，自古人才辈出。清朝初年，湖北与湖南合称湖广，历来有"湖广熟，天下足"的美誉。于成龙上任的黄州府，就位于湖北的东部，那里富庶繁华，人才济济。于成龙调任黄州，生活条件比过去好了，黄州府的问题是盗匪泛滥。明末清初之际，战争频繁，在改朝换代的复杂形势下，出现了很多地方武装组织。虽然到康熙初年这些武装团伙名义上都已归顺朝廷，但仍多有不法活动。在黄州府歧亭镇一带，盗贼甚至白昼劫路伤命，严重影响了地方安定和百姓正常生活。于成龙上任之初，坐镇歧亭治盗。歧亭就是今日的湖北省麻城市歧亭镇。史料记载，这里山不高而峭拔，地不广而平坦。齐梁时期置歧亭县，属十八蛮县之一，它扼守麻城西南大门，与新州、红安两县接壤。明嘉靖年间，这里爆发过农民起义，通判罗登瑞镇压农民起义后驻扎建城。清初，这里成了当时黄州府统辖八县的军事衙门。府门上有副对联"锁住三江，威震八县"可以反映其在军事上地理位置的重要性。

在黄州府歧亭一带，盗贼狂到白天都敢出来抢劫杀人，严重影响了社会治安。于成龙要尽快安辑地方、捕治盗贼，恢复当地的统治秩序。为了摸清情况、彻查重大案件，于成龙总是亲自走访调查。为了避免打草惊蛇，他经常伪装成农夫、旅客或乞丐，到村落调查疑情，从而对当地盗情了如指掌。为了方便后期的抓捕和定罪，于成龙还特意在衣内置一布袋，专放盗贼名单，"探袋中勾捕无不得"。对抓捕的案犯，于成龙主张慎刑，采取"宽严并治"和"以盗治盗"。他认为，对待案犯要慎刑，应以教化为主，毕竟许多人都是被逼无奈才落草为寇的。他有针对性地教育、惩处了罪犯，取得了不错的效果。于成龙被当地百姓称为"于青天"，因为他在断狱方面与包拯有相似之处，铁面无私，判断案情时敏锐细心，注意从细节出发找到案件关键之处。于成龙破解过许多重大的疑案、悬案，平反了多起冤假错案。

在黄州，于成龙同样地采用了移风易俗、教化百姓的治理方式。于成龙颁布《请禁健讼条议》，揭露黄州百姓喜好争讼这一不良风气，同时劝诫百姓邻里和睦相处的益处，劝阻黄州百姓与人和睦相处，少些争讼。

康熙十二年（1673年）于成龙再次被举"卓异"后，被调主持武昌府政务，并将擢武昌知府。这一年，清史上有名的"三藩之乱"爆发。康熙十三年（1674年），于成龙署武昌知府。这时，三藩叛军已占领南方五省，与清军争夺湖南、湖北，相持不下。吴三桂伪札散遍湖北州县，八旗禁旅云集湖北。湖北巡抚张朝珍向于成龙询问地方御乱之策，于成龙深知人心归属是成败的关键，提出"安人心，莫先下令停征"。八旗禁旅开赴岳州，抵御叛军，于成龙奉命督造桥梁，供应军饷。不料，桥刚建好，便被山洪冲毁，于成龙亦因贻误军机，被革职。他准备回到家乡永宁，到武昌洪山辞别。康熙十三年五月，麻城爆发"东山之乱"，这给了被罢职的于成龙东山再起的机会。"东山之乱"的起因是，吴三桂知道湖北黄州一带暗藏着反清复明人士，就派人送来了许多"委任状"。这些"委任状"，清政府称为"伪札"。接受了"副将伪札"的东山县曹家河人刘启祯，乘机联络东山一带山寨发动暴乱。刘启祯是个坚定的"反清复明"人士，在民间有很强的号召力。和平时期，政府会借助其来办理一些盗案。于成龙在镇守歧亭时，曾经用过刘启祯。刘启祯联合河南、安徽、江西等省的反清人士，准备聚众数十万人，于康熙十三年（1674 年）七月正式起义。麻城县令屈振奇并没有意识到事态的严重性，他查出三藩伪札，用严刑峻法逼迫县城绅衿"承认"通贼。刘启祯仓促地在曹家河造反，本是要联合数省反清复明的势力发动起义，却演变成中小型的官逼民反事件即"东山之乱"。于成龙的命运在这里有了转机。东山叛乱的消息传到武昌，张朝珍深知事态的严重，如果让起义扩散，长江中下游就会被阻隔，不仅湖北，安徽、江西、江苏、河南等地都会受到压力，而此时清政府正在平定湖南的吴三桂叛军，打得十分艰难，很难派出兵力来平息黄州之乱。张朝珍深知于成龙廉洁奉公，素得民心，决计借用他的声望平定变乱。张朝珍和于成龙把刘启祯的造反定性为"官逼民反""赤子弄兵"的普通事件，而不是"反清复明"的政治事件。于成龙只带着几个旧属来到麻城，先是张贴安民告示，使绝大多数胁从百姓归家，事态很快趋于缓和。随后他不顾个人安危，只身前往贼窝，劝说刘启祯，最终在十天之内平息动乱。这就是有名的于成龙单骑招抚刘启祯的历史故事，被载入史册。八月，于成龙调任黄州知府，第二次暴乱接踵而至。其时，潜入的奸细乘黄州府空虚，联络当地豪绅纷纷起事，"高山大潮，烽火相望"，声势与范围大大超过前一次。面对险恶的形势，于成龙清醒地认识到黄州府的重要性，他力排众议，制定了决不放弃黄州、组织乡勇相继主动进剿的策略，调集各乡乡勇数千人在东山黄土坳一带，与数量上占优势的暴乱分子展开激战。他身先士卒，危急关头置生死于度外。在其指挥下，战斗获得全胜，暴乱首领何士荣被当场擒获。于成龙率兵又乘胜平定了其余叛乱。二十余天内又取得平乱的胜利，于成龙受到湖广总督蔡毓荣的高度褒奖。于成龙在黄州之战中表现出高超的军事才能。张朝珍表扬他"以文吏而擅武略，屡著奇勋"。

三、于成龙在福建纠正冤假错案

由于于成龙政绩卓越,康熙十七年(1678 年)六月,他被提拔为正三品的福建按察使,负责一省刑狱。这意味着于成龙从府官成为朝廷大员了。可以说于成龙终于登上了封建高官的宝座。于成龙到福建上任的路途中,还有一个流传极广的故事。于成龙在黄州买了几担萝卜,堆满了船头。萝卜是黄州有名的土特产,以"清香甜脆"著称,个头粗壮,形似冬瓜,号称"冬瓜萝卜",长得形似系马桩,又称为"系马桩"。船夫觉得奇怪:萝卜是贱物,带这么多有什么用呢?他却不知,这些萝卜是于成龙沿路的口粮。于成龙一路咬着萝卜充饥,跋涉数千里到福建上任。按察使的职责是"振扬风纪,澄清吏治"。于成龙的任务是负责福建全省的监察和司法管理工作。咬着萝卜上任的于成龙在黄州是清官,到福建还是清官。清朝顺治帝为了牵制和对付盘踞海外的郑成功家族的反清势力,下达了"迁海令",这一政治主张严禁内地商船在附近海域通行,企图割断台湾的粮草来源,为最终收复台湾奠定基础。因此,朝廷严厉禁止百姓与台湾郑家交易往来,禁止下海,违者正法。福建是"三藩之乱"的重灾区。"三藩之乱"时,靖南王耿精忠盘踞福建、虎视东南,清政府担心福建对面台湾郑成功的长子郑经搞反清复明,一旦和三个藩王合兵,后果不堪设想,于是沿用了顺治帝的"迁海令",通过禁止贸易,让台湾缺衣少粮。当时,"迁海令"非常严格。但是福建人民靠海而居、靠海而生,以海上贸易营生者居多,当时因海获罪的人达数千人。前任为官不作为,众多平民锒铛入狱,导致田地荒芜、百姓怨声载道。

于成龙上任后面临的最大难题就是,如何处置关在狱中的违反"迁海令"及其他禁令的老百姓?这些被关押的人是前任吴兴祚积攒下来的案子的嫌犯，只要于成龙按照前任的判决，这几千人将人头落地。按照这般，既不会得罪人，又可以明哲保身。但若对冤假错案视而不见、充耳不闻，那么于成龙就有愧于心。于成龙仔细查看卷宗，发现狱中被关百姓多是被冤枉的。于成龙就此事禀报福建总督姚启圣，但是姚启圣不敢违背朝廷法令。于成龙又去找驻守在福建的康亲王杰书。杰书认为于成龙说得有道理，就答应了于成龙为民请命的请求。重新审理旧案程序十分复杂，于成龙回去后，将犯人的案子全部调出，详加审视，最终斩杀了几名重要罪犯，将其余良善百姓全部释放，赢得了当地百姓的称赞。同时，于成龙还集资赎回被驻军掠去为奴的百姓子女，发放路费，遣送他们回乡。于成龙在福建任职一年多，仍然保持着清廉节俭的作风。在福建为官期间，他曾写下这样一副对联：山到穷时，现许多峭壁层崖，叹富贵功名，何似林禽野鸟；路逢狭处，经无数行云流水，任盘桓谈笑，休孤翠竹苍松。除了表达忠君、爱民、做好官的人生追求外，还表达了其追求儒家圣贤的情怀与精神境界。巡抚吴兴祚盛赞于成龙给监狱囚犯加粮治病，赎回被掠良民子女数百口，属下馈送钱财一律回绝，真正做到了吏畏民怀，"为闽省廉能第一"。康熙十八年（1679 年），于成龙在福建按察使任职期间第三次被举"卓异"，康熙帝批示："于成龙清介自持，才能素著，允称卓异。"他上任才一个月，迅即升任福建布政使，主管全省的财赋和人事。为了律己并警人，于成龙在布政司的紫薇堂上书写了一副对联：累万盈千，尽是朝廷正赋，倘有侵欺，谁替你披枷戴锁；一丝半粒，无非百姓脂膏，不加珍惜，怎晓得男盗女娼？

第二节　于成龙在直隶、江南

康熙十九年（1680 年）直隶大旱，发生饥荒。正需赈济时，直隶巡抚金世德病故。二月，康熙皇帝"特简"①于成龙为直隶巡抚。时年，于成龙已是六十四岁高龄。

一、于成龙清官第一

直隶巡抚是从二品，管辖的地方相当于今天的北京、河北大部分地区、河南小部分地区、山东的小部分地区。这是属于京师的直属范围，到天子脚下任职。清朝初年时，直隶不设总督，巡抚是最高长官。古话说"穷乡僻壤能干事，皇城脚下难为官"。直隶虽然靠近京师，但存在的问题很多，天灾造成了各地的饥荒，需要粜粮赈济，蠲免赋税；社会治安状况极差，盗匪横行，需要大力缉捕；国家连年征战，驿站负担过重，亏空严重，需要增加工料；旗民汉民杂居，纠纷严重，需要妥善处理；官场腐败，贿赂公行，需要大力整顿；民间风气不良，吃喝嫖赌无所不有，需要加强教化，移风易俗。于成龙到达保定接印之后，就陆陆续续下达了一系列命令，开始推行自己的"直隶新政"。他在直隶工作的时间，不足两年，主要的政绩是整顿吏治，推荐贤能，赈济灾民，蠲免赋税，教化百姓，移风易俗。

清朝初期，清政府有很多政治制度存在不合理之处，当时最大的弊端是官员俸禄普遍较低、各级官府经费不足等。地方政府加收"火耗"以弥补收入不足，从而加重了老百姓的赋税。于成龙深知其弊，痛心疾首，决心治此顽症。俗话说"新官上任三把火"。上任伊始，于成龙烧的第一把火，就与"火"有关，即为老百姓去了"火耗"之苦。他上任后第一件事，就是颁布实施《严禁火耗谕》，大大减轻了百姓的负担，赢得了百姓的赞誉。与此同时，为了刹住当时直隶盛行的送礼歪风，于成龙起草并颁

---

① 特简指皇帝破格选用官吏。——编辑注

布了《严禁馈送檄》，对官场风气进行了强有力的整饬，一定程度上净化了当时的政治生态。于成龙本人也严格管束自己的家属。于成龙在巡抚任上，总有一些亲戚、朋友相托求办私事，他一概严厉拒绝，所属人员及亲友时有馈送礼品，他是"一介不取"。康熙帝大为赞赏："知其家计凉薄，特赐内帑银一千两、朕亲乘良马一匹，以示鼓励。"

俗话说"有位就要有为"，居庙堂一日，就得履一天的职、干一天的事。作为一省长官，他一如既往，鞠躬尽瘁，革故鼎新，换来了直隶的政通人和。他也赢得了百姓的称赞，获得了皇帝的表扬。二十年，入觐，召对，上褒为"清官第一"，复谕劾赵履谦甚当，于成龙奏："履谦过而不改，臣不得已劾之。"上曰："为政当知大体，小聪小察不足尚。人贵始终一节，尔其勉旃！"入朝觐见时，被康熙皇帝褒奖为"今时清官第一，殊属难得"。康熙帝亲自赋诗赠送给他，以示宠信，随后，于成龙被特旨授予两江总督。

二、于成龙任江南总督

康熙二十年（1681年）十二月，于成龙向康熙皇帝请假，回家葬母，准假后数日，即被提拔为江南、江西两江总督。清朝设九个地方总督，而直隶总督和两江总督最为重要。直隶总督在政治上最为重要，因属畿辅重地，担负拱卫京师的重任。清承明制，在地方设立总督"掌厘治军民，综制文武，察举官吏，修饬封疆"。两江总督无论在政治上还是经济上都举足轻重，当时有"天下财赋出于东南，而金陵为其会"之说。两江是当时的经济重心，是清朝最富庶最繁华的地区。富饶的江南，不仅是鱼米之乡，而且织造业、运输业、商业都很发达。两江总督是正二品大员。于成龙不久又被提拔为带尚书衔的从一品总督。

次年三月，于成龙奉旨回乡葬母。于成龙从保定出发，进山西奔赴老家永宁。门生李中素有"公请假在里，祭葬毕，即单骑至金陵，惟携图书数卷，直驰入署"①的记载。四月，于成龙抵达江宁，开始两江总督的任职。于成龙在得知这一任命时曾说："江左承八代之余，习尚浮靡，奸弊牢不可破。今天子命我，我必思所以易之。"②可见于成龙对治理两江是有谋划的，那就是整顿吏治，解决康熙皇帝要解决的官场奢侈之风。

此时于成龙年岁已高，小儿子陪同他赴任。他与小儿子只是赁了一辆驴车作交通工具，一路上不住驿站，不动用一文公款，而投宿旅费每人只花费数十文钱。于成龙到江南就微服私访，面对"州县各官病民积弊皆然而江南尤甚"的状况，不禁叹曰："噫！吏治败坏如倒狂澜，何止时乎？"因为两江是国家财赋重地，政务繁杂，于成龙勤勉力行，通宵达旦。

他出任两江总督后，很快颁布了《兴利除弊条约》，其中开列了灾耗、私派、贿赂、衙蠹、旗人放债等15款积弊，责令"自今伊始"，将所开"积弊尽行痛革"，总督衙门的官吏受到了严格约束。于成龙认为江南社会风气的奢侈是官风不正引起的，要求官员们从自身做起，勤俭节约，率先垂范教化百姓。同时，他制定了以"勤抚恤、慎刑法、绝贿赂、杜私派、严征收、崇节俭"为内容的《亲民官自省六戒》作为地方官的行为准则。方法上，他举优劾贪，宽严并济，时人说凡他所到之处，"官吏望风改操"。康熙帝也称他"宽严并济，人所难学"。他又废除了州县私加火耗馈赠上司的恶习，弹劾贪官污吏，政绩斐然。为深入了解民情民意、官吏操行，他还常常微服私访。属下官员无不谨慎供职，吏风大为改观。

早在于成龙出任两江总督的消息传出来以后，江宁布价骤然上涨，个中缘由不言而喻。江宁地方官员知道于成龙的清廉，担心自己以后不能穿绫罗绸缎，都要改穿布衣了，所以提前做好准备。于成龙在繁华的江宁城

---

① 李中素：《于清端公政书原序》，《于清端公（成龙）政书》，第38页。
② 沈云龙：《近代中国史料丛刊》第923册，文海出版社1973年版，第3114页。

仍过着俭朴的生活，每天的食物以青菜或豆腐为主，江南人呼其为"于青菜"。江南富庶，风俗奢华，却在于成龙的带领下，一改奢靡之风。当地官员相率改穿布衣，士大夫家出门减舆从，婚嫁不用音乐，豪猾之人再也不敢张扬，甚至率家远避。

人才是国家最宝贵的资源。在担任两江总督期间，于成龙对当时朝廷的"考成"制度提出异议，认为这是论资排辈，不利于吏治建设。为此，他屡次上疏推荐廉洁有为的人才。康熙二十一年（1682年），他向康熙推荐直隶通州知府于成龙（史称"小于成龙"）担任江宁知府。江宁知府的位置，一直以来都是肥缺。即使是外放的京官，若被皇上点了江宁知府，那也会欣然赴任。也正因如此，江宁知府很容易贪污腐败，撤换频繁。康熙皇帝南巡至江宁，发现江宁州府政通人和，老百姓十分拥戴小于成龙，都说他是个清廉的好官。康熙便亲自赏给他一轴手卷，并且要他好好向"老于成龙"学习。这是清史上的一段佳话。正如刑部尚书魏象枢所说："冰清玉洁两于公，名姓相同志亦同。"同年，于成龙又举荐了江苏布政使丁思孔，丁思孔被举卓异，升巡抚。

《大清一统志》在总结于成龙两江总督任上的作为时说道："（于成龙）总督两江，贪墨吏望风解绶，豪猾皆潜徙他境。杜苞苴，减火耗，清营伍，除蠹商，创立虹桥书院，檄取高才之士讲习其中，亲自诲训，自奉俭约。"①

三、马世济弹劾于成龙

人生不会总是坦途，于成龙遭到副都御史马世济的弹劾，是他一生中最为惊险的事。康熙二十二年（1683年）十月，马世济在江宁督造漕船，

---

① 《续修四库全书》第614册，上海古籍出版社2002年版，第247页。

江宁一些嫉恨于成龙的官僚，便向他说三道四。马世济返京后，上疏给吏部兵部，疏中称："总督于成龙素有廉守声誉，初到江南美名如故，但自从他任用中军田万侯之后，人多愤怨。臣奉差南京，目睹总督其人年近古稀，景逼桑榆，不少人暗中指责他贪图功名而恋官不去，又传言中军田万侯欺蒙总督而依仗于成龙作弊胡行。于成龙老昏衰暮不能精察，所以田万侯得以操纵摆弄于成龙，败坏吏治。再者臣到各有司衙门巡视，见衙门里到处张贴着于成龙的禁告，禁告上充满了凌辱官吏的污言秽语。如果各官不守典法，应当自检纠参，岂可凭空指责凌辱属官？于成龙断不会如此，必定是于成龙老迈昏聩，手下的小人拨弄他从中取利。根据上述情况，中军田万侯应当罢黜，并应责令于成龙退出官场。"马世济弹劾于成龙的事由是于成龙年纪大、疾病缠身，疏忽了对身边工作人员的管束。他的下属田万侯打着他的旗号为非作歹，造成了极坏的政治影响。马世济的奏疏写得很委婉，但也锋芒毕露，吏部、兵部审议马世济的奏疏后，认为马世济所言没有真凭实据，应该让于成龙明白回奏。北京的大臣们接到于成龙的回奏，兵部作出的结论是应该革掉田万侯的副将之职；吏部作出的结论是"休政"。

《清史稿·于成龙传》记载此事是"势家惧其不利，造蜚言。明珠秉政，尤与忤"。两江地区是全国的经济文化中心，大官僚大地主的势力很强，可谓盘根错节、树大根深。于成龙的新政损害了他们的利益，两江有权有势的人家，担心于成龙最终要参劾或者查办他们，便捏造出了许多谣言。而这些人又与权相明珠关系密切。权相明珠，更是与于成龙有冲突。当时朝廷有"索额图党""明珠党"。在这种背景下，才有了马世济的上疏参劾。处理意见被送到康熙皇帝手里。《清史列传》里讲到最后的处理结果是"于成龙留任，田万侯降级"。《清史稿》里说，田万侯降级，并被调走了。于成龙被降了五级，去世后才恢复原级。

第三节　对于成龙的历史评价

回顾于成龙的一生，崇祯十二年（1639 年）中副榜贡生，顺治十八年（1661 年）出任罗城知县，先后在湖北、四川、福建等地担任地方官，康熙二十年（1681 年）官至江南江西两江总督，康熙二十三年（1684 年）卒于任上。康熙撰写《于成龙墓志铭》："公卒之日，金陵日几千百人，衙舍至不能容。远近闻之，皆辍市，如丧其亲；大祭之日，士民数万人步二十里外，伏地哭，江干江水声如不闻。"于成龙为官数十年，以清廉与务实著称。他为官清廉，生活俭朴，被民间戏称为"于半鸭""于青菜"；在各地平乱缉盗、澄清吏治、发展教育、清理诉讼，深得百姓爱戴，三次被举"卓异"，清操天下传，是清初最著名的廉吏能臣之一，被康熙帝褒为"清官第一"，逝后民间常怀念之。

一、于成龙溘然长逝

康熙二十三年（1684 年），时年六十八岁的于成龙逝世，他去世前还在审理案件。对于于成龙的逝去，陈廷敬在《于清端公传》中有详细的记载："四月十八日晨起视事，未出户，疾作。召诸司语，不及家事，端坐而逝。至夜漏四十刻，坐不欹倚，颜色如生，年六十有八。"陈廷敬是用"端坐而逝"来形容于成龙的去世。从记载来看，于成龙是早晨去世的，到天黑时，大概过了四十刻，也就是十小时左右，他一直端坐在椅子上，仿佛高僧圆寂一般。在古代，大德高僧过世时常采用"吉祥卧"或"跏趺坐"，记录中常采用"端坐而逝"表示其"生死自在"的修行。一生中讲究"不昧天理良心"的于成龙，完成了他的从政誓言，实现了他的人生目标，达到了他追求的至高境界。史书记载"将军、都统及僚吏入视，惟笥中绨袍一袭、床头盐豉数器而已"。于成龙全部遗物是：箱子中有一套粗线织的袍子和一双靴子，床头上有佐餐用的几包豆子，瓦缸里有几斛糙米，还有一点盐豉。于成龙去世时，与妻儿阔别多年没有相见。

二、于成龙的身后殊荣

"一代廉吏"鞠躬尽瘁，但此时他还背负着降五级留任的处分。于成龙去世的消息传到北京，康熙帝十分震惊和伤感。他让大臣们商议于成龙的身后待遇。按惯例，受到降五级留任处分的官员是享受不到太高规格的待遇的。康熙帝撤销其处分，恢复其原来的级别，按从一品大臣的待遇，为其举行祭葬典礼。于成龙被康熙追赠为太子太保，赐谥"清端"。"清"指清廉，"端"指正直。封建时代官员的谥号最高的是"文正"或者"文"，于成龙没有考上进士，没有进入翰林院，便和这个"文"字无缘了，但"清端"仍是美谥，能够概括于成龙一生的成就和风范。康熙帝曾亲自为于成龙撰写碑文。"朕读《周官》六计弊吏曰：廉善、廉能、廉敬、廉正、廉法、廉辩。吏道厥惟廉重哉！朕用是审观臣僚有真能廉者，则委以重寄，锡以殊恩，所以示人臣之标准也。尔于成龙秉心朴直，于事忠勤，而考其生平，廉为尤着，以故累加特擢，皆朕亲裁盖拔自庶官之中，潜受节钺之任，尔能坚守夙操，无间初终。古人脱粟布被，或者嫌于矫伪。尔所谓廉，本于至诚。闻尔之风，可以兴起。乃不愁遗，忽焉奄逝！日者省方察吏，南及江表，采风谣于草野，见道路之讴思。清德在人，于今不泯。惟尔之廉，天下所知。"[1]在这篇碑文中，康熙帝给予了于成龙高度的评价，认为清正廉洁是其最大的优点，"卒后，始知其始终廉洁，为百姓所称。

---

[1] 《第一次谕祭文》《第二次谕祭文》，见《于清端公（成龙）政书》，第19—24页。

殆因素性耿直，不肖挟仇逞害"，"居官如成龙，能有几耶"？于成龙去世后的那年冬天，康熙帝南巡至江宁，对大学士们说："朕博采舆评，咸称于成龙实天下廉吏第一。"康熙四十二年（1703 年），康熙帝御书四字匾额"高行清粹"，四年之后，又有御书对联"历仕甘棠随地荫，两江清节至今传"①。对联中的"甘棠"典出《诗经·甘棠》，相传召公行政于南国，国人因怀念其人而爱其手植之树。合而观之，无论是康熙帝的第一次御制碑文，还是后两次的谕祭文，都着重阐释了"廉"字的意义，将之视为于成龙的至高品质，几乎给予了于成龙至高无上的赞美。于成龙在世时一直大力整顿官场风气，大力整顿民间风气，得罪了很多人，有很多政敌和仇家。但他去世的消息传开以后，江宁城忽然沉浸在一片悲痛之中。百姓得知他去世的消息"皆啜泣，如丧其亲"，甚至采取了"哭巷""罢市"等方式来哀悼于成龙。"卒之日，金陵人为之巷哭，相率炳香灯祭于寝"②，出殡那天，无数百姓、士兵伏地痛哭，连江中流水的声音都被盖了过去。

于成龙的灵柩回乡后，按一品大员的规格，享受了"祭葬"待遇，于第二年被隆重安葬在今方山县峪口乡横泉村。墓碑由名相陈廷敬书写。于成龙的墓地在清朝一直受到保护，享受一品大员的待遇。

三、对于成龙的历史评价

于成龙一生的成就，主要集中在两个方面。一是肃贪。习近平总书记也看过《廉吏于成龙》，并在全国文艺工作座谈会上讲话时指出，其很有现实针对性，能够起到启迪、警示的作用。这揭示了一个真理：执政者只

---

① 《于清端公（成龙）政书》，第 29—32 页。
② （清）熊赐履：《太子太保兵部尚书兼都察院右副都御史两江总督谥清端北溟于公墓志铭》，见姚启瑞修、方渊如纂：光绪《永宁州志》卷二七，光绪七年刻本，第 29—30 页。

有风清气正，政治清正廉明，才能获得百姓的信任和拥戴，才能实现国泰民安的目标。二是加强基层治理，维护社会的稳定。于成龙曾总结自己和百姓的关系是"法令太严，情谊为重"。这是于成龙为官的关键，对待恶势力像冬天一样冷酷，对违法行为没有任何姑息；对平民百姓像春天一样温和。于成龙个人的清廉固然值得充分肯定，但官员清廉更重要的意义在于，它是社会稳定的重要政治基础。三是不拘一格使用人才。于成龙反对论资排辈来选拔人才，他对清廷死板的任官"考成法"提出异议，认为不利于吏治建设，造成"问其官则席不暇暖，问其职则整顿无心，势彼然也"，常常使"远大之辞，困于百里，深为可惜"。为此，他屡次上疏推荐人才。如直隶通州知府小于成龙、江苏布政使丁思孔等都是较有作为的清廉官吏，都是由于他的举荐而受到康熙帝的重用。

中国古代"清官"或"好官"的基本标准大都是秉持"清、慎、勤"的为官之道。康熙帝说："为官之人，不取非义之财，一心为国效力，即为好官。"又说："官员各有职掌，俱宜实心任事，洁己爱民，安辑地方，消弭盗贼。"康熙帝进而指出，有的官员操守虽清，但不能办事，大小公务积年累月不能完结，"似此清官，亦何裨于国事乎"。

在清朝，对官员的考核不论是京官，还是地方官，都是根据"四格"，也就是从四个方面进行考察，一是操守，二是才能，三是政绩，四是年龄。根据清代档案文献记载，大计考核为"卓异"是有定额的，道府州县官十五选一。凡是考核"卓异"的官员，必须做到在任职期限内无摊派、无滥刑、无盗案、无钱粮拖欠、无银米亏空，而且所辖境内百姓安居、地方治理日有起色。按规定，虽然政绩突出才能优异，但任职未满年限者、受到处分革职留任者、病愈改为内用者均不得被举荐"卓异"。可见，三年一次的全国官员大考核，若能拿到"卓异"，实在是难上加难。

回顾于成龙的一生。他在清初国家动乱、百废待兴之际毅然出仕。于成龙初仕柳州之罗城知县，历经三个月跋涉千里，才抵达罗城。罗城地处偏远的烟瘴之地，人烟稀少，环境恶劣。于成龙在此做了七年知县，施行保甲法，决讼断辟，安民剿匪，劝农赈贫，由于政绩卓越最后被举为"卓异"。康熙六年（1667年），于成龙升任四川合州知州。清初四川历经多次战乱，其中有张献忠等农民起义军，南明政权的抗清义军，加上清朝的满汉军队，这一带反复打仗，导致四川合州战后人烟稀少，经济凋敝，百废待兴。于成龙在合州政绩出色，加上查采楠木有功，调任湖广黄州府同知。于成龙在任黄州府同知的四年中，清廉爱民，政绩也十分出色，获第二次举"卓异"，荣升福建省建宁府知府。康熙十三年（1674年），正值"三藩之乱"，于成龙还未上任便被调往武昌，署理武昌知府，办理军需事务。于成龙在驻守蒲圻时，因军桥被洪水冲毁而被革职留用。同年，发生黄州东山叛乱，于成龙临危受命，主持平叛。后因招抚有功，他重新被起任武昌知府。为剿灭黄州叛乱，于成龙又改任黄州知府。战争期间，特事特办。此时康熙帝也开始注意到于成龙优秀的才干。康熙十六年（1677年），于成龙任期已满，升任下江防道，一年后升任福建按察使。两年后，于成龙任直隶巡抚，康熙帝称于成龙为清代"廉吏第一"，老百姓称他为"于青天""于青菜"，史书评论他"与民相爱如家人父子"。他为官二十余载，小至七品县令，大到封疆大吏、大学士、被赠"太子太保"衔，被清圣祖康熙帝誉为"天下廉吏第一"，他的廉洁之名堪比包公、海瑞。

于成龙树立了"廉吏"的准绳。康熙帝在于成龙的碑文里写道："所以示人臣之标准也。"于成龙成为朝廷对"廉吏"的一个官方定义，代表着清朝政府所倡导的正当行为，是当时和后世的官员学习的榜样。在中国几千年的封建社会中，廉是考核官员的标准，是官员的道德底线，也是官员更上一层楼的衡量标准。人性本身存在着弱点，真正做到廉洁并不是一件容易的事情。而于成龙却成为朝廷的标榜，以循政风。如康熙二十三年（1684年），皇帝南巡，考察江南后接见了熊赐履、小于成龙等地方官员。他对江宁知府小于成龙说："尔务效前总督于成龙正直洁清，乃不为负。"①康熙帝南巡结束后又下诏，要求百官向于成龙学习，"国家澄叙官方，首重廉吏，其治行最著者，尤当优加异数，以示褒扬。原任江南江西总督于成龙操守端严，始终如一。朕巡幸江南，延访吏治，博采舆评，咸称居官清正，实天下廉吏第一。应从优褒恤，为大小臣工劝，其详议以闻"②。康熙二十七年（1688年），名臣傅腊塔被任命为两江总督。康熙帝鼓励他向于成龙学习，一定要洁己奉公。乾隆年间，山东历城县人金岳任罗城知县。知县金岳在少年时代就喜爱拜读《于清端公政书》，并以于成龙为榜样。据罗城创建于清端公祠碑记载："岳少时读我公《政书》，辄钦慕之，二十年来如一日。于公德政，民不能忘，愿剧资为公韧建。岳自捐廉俸，于入县治三十里路侧峭壁间，刻'于公旧治'四字，大如斗。"③康熙帝高赞其为"高行精粹"。乾隆皇帝继位后，曾手书赐匾"清风是式"，五次派人祭奠于成龙。

"万世风评"受人爱戴。于成龙是大清朝三举"卓异"第一人。从州县小官到督抚大臣，为官二十四载，其间参与了清朝国家大一统的众多历史事件，其一生的为官历程也是清朝由乱而治的典型缩影。"爱民者，民恒爱之"。于成龙去世之后，除朝廷的谕祭，在其历官各地，士民也多有专祠致以纪念。在两江总督的任所江宁，当地士绅和民众"一建祠于天妃宫侧，再建祠于雨花台畔"④。康熙二十三年（1684年），当地人在于成龙"卒于官"之后，因为来不及择建新祠，便"酌以权宜"地选择了"水府之神"天妃宫之侧致祭于公。为什么选择天妃宫之侧祭祀？因为于成龙曾在出剿海寇前于天妃宫祭祷，当地人以"谓公生前曾梦入天妃宫而瞻谒焉"，更因为"夫水府之神，功德参乎天地。天妃之号，精爽翕霍、状象

---

① 李志安等主编：《于成龙集》，山西古籍出版社 2008 年版，第 317 页。
② 王振川：《于成龙传》，北岳文艺出版社 2016 年版，第 316 页。
③ 李志安等主编：《于成龙集》，山西古籍出版社 2008 年版，第 284 页。
④ 丛澍：《于清端公小传》，见《于清端公（成龙）政书》，第 1323 页。

彿彷、崇奉而严事之者，森然播列于寰区"，是地方级别很高的祠祭。① 这年，江宁士民又在雨花台畔重建专祠，并在碑记中阐述了这么做的缘由是初建的"酌以权宜"未足以充分表达士民的"报德崇恩"之心，不符合"垂之久远"的期待。今为公建专祠，莫如斯土为宜。士民精心挑选了风景灵秀之地，仔细地完善了祭祀活动中的每个细节，把追思的礼意提升到了更高的层次。

康熙二十六年（1687 年），于成龙入祀山西太原的三立祠，这得益于清初"山右儒宗"范镐鼎的提议。其时范氏正致力于编刻山西先儒文集，汇集"晋人、晋文、晋诗、晋语"。雍正十年（1732 年），于成龙入祀贤良祠。

在黄州，"后人之仕于兹土者与邦之父老子弟不忍忘也，相与崇祀学宫，复于赤壁之巅建为祠宇，祀公像于其中，迄今数十年矣"。

在苏州，据同治《苏州府志》中所引乾隆年间重修祠庙时留下的碑文：金陵吴下祠宇非一，在苏郡者有二：一在府学，为于汤二公合祠；一为公专祠，在城中金母桥侧，初名立人书院，康熙中阖郡士民所建以祀公者。②

广西罗城为于成龙立祠，则迟至乾隆二十二年（1757 年），由时任罗城知县金岳推动。金岳"初任广西罗城县令，以于清端公曾宰是邑，故考其遗事，勘版流传"，他在祠碑中陈述了这次立祠的用意："今吴（楚）（之）间樴桷巑然，而罗缺焉。岳不敏，虽不敢妄希先贤，独念潮之祀韩、柳之祀柳，苟有功德及人，皆庙食百世，不以地之荒远废。"③

于成龙虽然是一个封建时代的官吏，但其廉洁从政、一心为公的精

---

① 彭定求：《江宁初建于清端公祠碑》，《于清端公（成龙）政书》，第 1375 页。
② 李铭皖、谭钧培修、冯桂芬总纂：同治《苏州府志》卷三七，见《中国地方志集成·江苏府县志辑》第 8 册，上海古籍出版社 1991 年版，第 150 页。
③ 金岳：《罗城创建于清端公祠碑》，见《于清端公（成龙）政书》，第 1451 页。

神，对于我们的学习仍有一定的借鉴意义。于成龙的一生充分诠释了为官一任身后留什么，为官一方不仅是做一个清廉能吏，更是要做一个爱民之官。为官一任，造福一方，这是为官的职责所在。虽然受到错误对待，脱去身上的官衣，但为了百姓生命，一介布衣的于成龙不惜冒着生命危险，酷暑上东山，劝说刘启祯归附朝廷，把江山社稷的安危落实到百姓的疾苦生死上。这就是于成龙的生命底色。他能够在三百多年后仍然被世人所敬仰，原因就在于其身上体现了中华民族的优秀品德和高尚人格，彰显了一股循吏的清正风气。

第六章

于成龙廉政文化内涵特点与当代价值

2013 年 4 月 19 日，习近平总书记在中共十八届中央政治局第五次集体学习时强调指出："研究我国反腐倡廉历史，了解我国古代廉政文化，考察我国历史上反腐倡廉的成败得失，可以给人以深刻启迪，有利于我们运用历史智慧推进反腐倡廉建设。"习近平总书记在党的二十大报告中进一步指出："加强新时代廉洁文化建设，教育引导广大党员、干部增强不想腐的自觉，清清白白做人，干干净净做事。"以上重要论述，既强调了要以我国古代廉政文化推进反腐倡廉建设，又强调要加强新时代廉洁文化建设，增强广大党员、干部廉政的意识，并付诸行动。罗城作为"天下廉吏第一"于成龙的初仕之地，是于成龙廉政文化的发源地，有着丰厚而弥足珍贵的廉政文化资源。如何挖掘好和整理研究好于成龙在罗城的廉政文化史料，总结提炼好于成龙罗城廉政文化的特点、启示与当代价值，是新时代党建工作者、文史工作者的担当作为，更是贯彻落实党的二十大加强新时代廉洁文化建设要求的一个具体举措。

第一节　廉政文化的内涵

中华民族自古以来就是崇尚与追求廉政的民族。在上下五千年的中华文明历史中，有西门豹、包拯、于成龙等一大批铁骨铮铮的清官廉吏；在宏伟的《二十四史》巨著中，记载了不少可歌可泣的廉贪搏斗的事迹。从某种意义上说，人类历史就是一场廉洁与腐败、进步与落后、高尚与丑恶斗争的历史。正是在这场反复的较量中，形成了有价值的廉政理念、意识，称为廉政文化。同时，文化的概念十分丰富，廉政文化又是一门崭新的学科，对廉政文化概念的表述众说纷纭。因此，厘清廉政文化概念的内涵，是加强廉政文化建设的基础性工作。

一、廉政文化概念的界定

从廉政文化研究的已有成果来看，理论界、学界对廉政文化作出了诸多界定。

我国现代历史学家、思想家、教育家钱穆先生早在 1951 年的《文化学大义》一书中指出，文化是物质的、集体的（政治法律、社会礼俗之种种规定与习惯）、精神的三部门之融合体。张利生（2008 年）在《廉政文化建设要论》一书中指出，廉政文化就是以廉政理论为统领，以廉政思想为核心，以廉政制度为重点，以廉政实践为关键，以廉政文化形式为载体的先进文化的重要组成部分。蔡娟（2010 年）在《廉政文化建设研究综述》一文中指出，广义的廉政文化指廉政物质文化、廉政制度文化、廉政精神文化，而狭义的廉政文化是人们关于廉政的知识、信仰、规范和与之相适应的生活方式及社会评价的总和。刘丽群等（2016 年）在《廉政文化概论》一书中指出，廉政文化是诚信文化，是道德文化。

黄义英等（2010 年）在《廉政、廉政文化和廉政文化建设的理论内涵》一文中指出，廉政文化就是人们廉洁从政的事实和趋势，是一切有助于人们作出廉洁从政选择的事物、制度（正式的和非正式的）和社会心理等的总和。郝峰（2014 年）在《试析廉政文化的内涵、结构与功能》一文中指出，廉政文化是关于廉洁从政和廉政建设的文化，包括廉洁知识、信仰、规范及与之相应的生活方式、社会评价及行为习惯的总和，从结构上看，现代廉政文化可分为政治文化、社会文化、职业文化和组织文化四个层面。闫哲（2014年）在《廉政文化的内涵与发展研究》一文中指出，廉政文化是一种世界观、人生观、价值观，廉政文化一旦形成和固化，其表现出来的道德约束力，往往比正式制度更有力度，对我国反对腐败、建设廉洁政治起着至关重要的作用。魏俊（2017年）在《浅谈加强廉政文化建设的现实意义》一文中指出，廉政文化是以廉政为思想内涵，以文化为表现形式的一种文化产物，是廉洁从政行为在文化和观念上的客观反映，是当今中国先进文化的重要内容，特别是通过廉政文化的渗透力、影响力和感染力将对人们的思想和行为产生深刻影响。赵绍新（2018年）在《新时代中国共产党廉政文化建设研究》一文中指出，廉政文化是以廉洁政治为根本内涵，以文化为表现形式的一种先进的政治文化，是新时代中国特色社会主义先进文化的重要内容，是新时代中国特色社会主义先进文化建设的重要组成部分，是从源头上预防和治理腐败的根本途径。王寿林（2019年）在《科学认识廉政文化的内涵特点和实践要求》一文中指出，廉政文化是廉政个性与文化共性的有机统一，是廉政内容与文化形式的完美结合，融学习科学理论、传承优良传统、强化廉政教育、弘扬新风正气为一体，是彰显我们党的性质宗旨、本色作风和精神追求的文化形态，它具有构成要素的多样性、思想内容的先进性、实践要求的针对性、传承发展的开放性、作用方式的渗透性等五方面特点。侯思言（2020年）在《中国古代廉政文化的内涵、成因及其当代价值——以山西为例》一文中指出，廉政文化，是人们关于廉洁从政的思想、信仰、知识、行为规范和与之相适应的生活方式、社会评价，其主要内容包括官员廉洁从政的思想、职业道德以及在此之下所形成的社会风化。魏变竹等（2023年）在《廉政文化融入高校思想政治理论课教学的三重维度》一文中指出，廉政文化继承了中华优秀传统廉文化，以马克思主义廉政理论为指导、吸收借鉴了西方发达国家的廉政思想和制度，属于社会主义先进文化的重要组成部分。

　　与此同时，一些专家学者还从业界、时空和地域等视角总结提炼了廉政文化内涵。

　　驻文化和旅游部纪检监察组，李雪勤、陈权、陈晓斌、杨溢、刘雪华、贺晶晶、唐鹏等一批纪委监委工作者和专家学者，从党风廉政建设视角总结提炼了廉政文化内涵。其中中央纪委《〈建立健全教育、制度、监督并重的惩治和预防腐败体系实施纲要〉辅导读本》起草组（2005年）认为，廉政文化是以廉政制度为基础，以廉政理论为统领，以廉政思想为核心，以各种文化产品为载体和表现形式的一种文化，是廉政建设与文化建设相结合的产物。驻文化和旅游部纪检监察组（2006年）在《廉政文化的内涵、特征及作用》一文中指出，廉政文化是我党把长期反腐败斗争和党风廉政建设的经验提升到文化高度的崭新认识，它是中华优秀传统文化的继承和发展，是先进文化的组成部分，是中国特色先进文化形态的拓展和丰富。李雪勤（2022年）在《关于廉政文化和廉洁文化的关系》一文中指出，廉政文化与廉洁文化是中华优秀传统文化的重要组成部分，也是"三不腐"（不敢腐、不能腐、不想腐）一体推进的重要内容之一。杨溢（2022年）在《新时代中国廉政文化建设研究》一文中认为，廉政文化建设是中国特色社会主义文化建设的重要内容，是从源头上预防和治理腐败的有效路径，是一体推进"三不腐"的基础性工程。刘雪华、贺晶晶（2022年）在《"零容忍"廉政文化建设的制约因素与破解之道》一文中指出，以零容忍为导向的廉政文化，就是要让对腐败零容忍成为一种精神自觉、行为导向和社会风尚，"零容忍"廉政文化是党和政府零容忍惩治贪腐的决心和信念，也是社会成员对腐败行为零容忍的观念和态度。

　　张岩、郑建敏、李丹、李聪科、胡新峰、黄祐、覃丽红等专家学者，从红色文化视角总结提炼了廉政文化内涵。其中张岩（2021年）在《守正与创新：红色廉政文化的时代价值与实现路径》一文中指出，红色廉政文化是中国共产党人在革命实践过程中形成的具有丰富廉政内涵的先进文化、革命文化、政治文化与精神文化，是马克思主义中国化理论逐渐成熟的重要标志，是新时期加强党风廉政建设、发展社会主义先进文化、完成铸魂育人任务的必要条件，在社会主义现代化进程中扮演着重要角色。

高卫安、郭婷、白芹、张芳、廖智、张明、赵建军等一批国企工作者和专家学者从国企廉政文化建设视角总结提炼了廉政文化内涵。其中高卫安（2018 年）在《如何加强企业廉政文化建设》一文中指出，国有企业廉政文化是以廉政为思想内涵，以企业文化为表现形式的一种文化，是廉政建设与文化建设相结合的产物。廉政建设需要以文化为载体，文化建设应包括廉政内容，国有企业廉政与国有企业文化相辅相成，缺一不可。需要从制度、从业教育、文化建设和监督机制四个方面入手展开分析。郭婷（2021 年）在《新形势下国有企业廉政文化建设的思考》一文中指出，廉政文化既表现在廉洁从政观念的树立上，也可体现在廉洁从业行为上，国有企业廉政文化从根本上反映着国有企业风险防控的意识程度，主要内涵是国有企业党员干部从业的规矩意识、职业道德和企业文化氛围。

傅文第、尹占军、任沁、吕广才、魏变竹、张有武、杨婧、杨风、吕朋朋等专家学者从高校廉政文化建设视角总结提炼了廉政文化内涵。其中傅文第、尹占军（2019 年）在《弘扬中医文化创新高校廉政文化内涵建设》一文中指出，中医高等院校创新廉政文化内涵建设必须突出中医特色，要从弘扬和传承中医文化入手，利用中医文化与廉政文化目标一致、原则趋同、理念互通、方法契合等特点，借鉴中医学的"天人合一""治未病""大医精诚"等理论思想及"三因制宜（因时、因地、因人制宜）""辨证论治""司外揣内"等治病救人的诊疗方法，丰富和发展新时代下中医院校廉政文化建设的工作模式和操作方法，创建风清气正的育人环境，为党和国家培养合格人才。杨婧、杨风等（2023 年）在《基于 4I 管理理论的医院廉政文化建设策略研究》一文中指出，廉政文化是医院奉行救死扶伤理念、构建和谐医患关系、促进组织良好运行的重要保障，加强廉政文化建设符合新时代医院发展的需要。

郑建敏、康小莉、伍康钦、刘益龄、张目等专家学者，从地域视角总结提炼了廉政文化内涵。其中郑建敏、康小莉（2015 年）在《西柏坡廉政文化的内涵及其时代价值》一文中指出，西柏坡时期是中国共产党革命历史上最辉煌的时期，形成了以"为了群众、依靠群众，谦虚谨慎、艰苦奋斗，服从大局、无私奉献，严明纪律、民主集中"为基本内涵的西柏坡廉政文化。张目（2023 年）在《岭南传统廉政文化的现代转换》一文中指出，岭南传统廉政文化是一个集清官文化、家风文化和廉政教育文化于一体的地方廉政文化体系。

此外，阙圣贵（2011 年）、陈权、陈晓斌（2023 年）等从审计视角提炼了审计廉政文化内涵。赵智宝（2020 年）提炼了召公廉政文化内涵。罗小丽（2021 年）提炼了狄仁杰文化内涵。陈登才（2014 年）阐述了毛泽东廉政文化思想内涵。刘静（2015 年）阐述了邓小平廉政思想内涵。郝佳彤（2019 年）则阐述了习近平总书记关于廉政文化重要论述的丰富内涵。

尽管历来对廉政文化内涵的提炼表述不尽一致，但根据上述对廉政文化内涵的分析，我们可以得出一个对廉政文化概念比较统一的认识：廉政文化，是人们关于廉洁从政的思想、信仰、知识、行为规范和与之相适应的生活方式、社会评价，从根本上反映着一个阶级、一个政党的执政理念、执政目的和执政方式，是廉洁从政行为在文化和观念上的客观反映，是与腐败文化相对应的"孪生体"。简而言之，廉政文化是以廉政为思想内涵，以文化为表现形式的一种文化，是廉政建设与文化建设相结合的产物，有着丰富的内涵、广泛的外延。

从廉政文化的内涵来看，揭示的是事物的本质属性，在狭义上是指以建立廉洁政府、廉洁政治或规范公职人员从政行为为目的所形成的各种思想、理论、规范、制度、价值理念、道德、法治传统以及行为方式、价值评价等的总和；在广义上则包括精神文化、制度文化和物质文化，在精神层面包括尚廉耻贪的基本理念和价值观，在制度层面包括廉洁先进典型的宣传表彰制度、腐败典型及其危害的警示教育制度以及官员廉洁宣誓制度等，在物质层面包括廉政广告、廉政书画、廉政标语口号、廉政教育场所等。

从廉政文化的外延来看，具体是指廉洁的政治文化、社会文化、职业文化、舆论文化和组织文化等五个方面。其中廉洁的政治文化，要求掌握公权力的人廉洁自律、淡泊名利、恪守宗旨、执政为民；廉洁的社会文化，要求在全社会营造良好的廉政氛围，让健康向上的廉政文化充实人们的精神世界，使优秀的传统廉政文化和道德风尚在全社会发扬光大；廉洁的职业文化，要求各职业阶层的从业人员恪尽职守、爱岗敬业、克己奉公、遵纪守法；廉洁的舆论文化，要求借助文艺、广播、影视等媒介弘扬廉政精神，引导人们树立正确的世界观、权力观和事业观；廉洁的组织文化，要求国家机关、社会团体、国有企业等公共组织处世公道正派、公正透明、诚实守信、廉洁高效。

还必须指出的是，现代意义上的廉政文化，继承了中华民族传统思想道德精华，反映了我们党廉洁从政的精神特质，体现了优秀的民族文化和鲜明的时代精神，是社会主义先进文化建设理论和思想的新发展、新探索，它的核心价值是清廉为民。在这一意义上，廉政文化的核心是各级领导干部的价值取向，而遵纪守法、廉洁奉公、为民谋利是其外在的表现。

二、廉的深刻意蕴

我国是一个有着深厚廉政文化基础的国家，早在古代廉政思想的发展过程中，就产生了大量的廉政论述，涌现出许多清官廉吏，流传着各类生动的廉政故事，积累了丰富的廉诗、廉文、廉对、廉政格言警句等。从现有的资料来看，"廉"作为一种道德观念和治国理念，其源头可上溯到西周初年《周礼》中的"六廉"。

从"廉"字的形声看，廉字从"广"，"兼"声，本义当与建筑物相关。《仪礼·乡饮酒礼》"设席于堂廉，东上"，郑玄注："侧边曰廉。"① 由于为侧屋，有棱角，进而引申出品行端方、有气节的含义，还又引申出清、俭、严厉的意思。《文选·报任安书》"临财廉"，刘良注："廉，清也。"②《老子》五十八章"廉而不刿"，王弼注："廉，清廉也。"③《大戴礼记·子张问入官》"迩臣便辟不正廉"，王聘珍《解诂》曰："廉者，洁也。"④《大戴礼记·文王官人》"观其洁廉务行而胜其私也"，王聘珍《解诂》曰："廉，不贪。"⑤《楚辞·招魂》"朕幼清以廉洁兮"，王逸注："不受曰廉。"⑥ 可见"廉"字由品行端方、严厉峻刻引申出不贪财、人格高洁。这些都是有迹可循的。因此"廉"必然包括清廉不贪的义项在内。在廉政文化中，还没有一个贪污腐化的官员，因为其优异的政绩而被归为廉吏的先例。

"廉"字从"兼"得声，则字可与"兼"相通。《韩非子·五蠹》即有"而信廉爱之说"⑦，这里的"廉"即与"兼"相通。可见"廉"字有"兼有数项"之意。这从古代廉吏的内涵即可窥见一二。古代的廉吏一般刚直不阿，敢于打击豪强，又为政有方，随机而变。这就是典型的兼有数项，而不仅仅只有不收受财物一项。这也可见古人对"廉"字造字、用字的良苦用心。

同时，早在《周礼·吏治》里就对古代官员的道德底线提出"六廉"的要求。《周礼·天官》："以听官府之六计，弊群吏之治：一曰廉善，二

---

① 《仪礼注疏·乡饮酒礼》卷九，上海古籍出版社 2008 年版，第 222 页。
② （梁）萧统编：《六臣注文选·报任少卿书》卷四十一，《四部丛刊初编》本。
③ （晋）王弼：《诸子集成·老子注》，中华书局 2006 年版，第 36 页。
④ （清）王聘珍：《大戴礼记解诂·子张问入官》，中华书局 2011 年版，第 139 页。
⑤ （清）王聘珍：《大戴礼记解诂·文王官人》，中华书局 2011 年版，第 187 页。
⑥ （汉）王逸：《楚辞章句·招魂》卷九，上海古籍出版社 2017 年版，第 202—203 页。
⑦ （清）王先慎：《诸子集成·韩非子集解·五蠹》，中华书局 2006 年版，第 345 页。

曰廉能，三曰廉敬，四曰廉正，五曰廉法，六曰廉辨。"[①] 其中"廉善"的意思是清廉而政绩优异；"廉能"则意为清廉而能干，亦即有才能，肯下功夫，能做事。这表明，"廉"兼有数项意义在内，至少除了品行端方之外，在实际政务的治理等层面还要有所作为。因此，一个官员如果只是洁身自好，无所事事，尽管一钱不取，两袖清风，那也不能达到廉吏的标准。

于成龙具有廉吏担当作为的思想品德。作为传统儒家知识分子，他在求学时就素有务实为民的问学态度，他"以帖括无益经济，遂专精经史之学，于程朱源流尤多发明，为诸生时已负大儒之望"。这为他之后的仕途功名打下了良好的基础。专务经济，才能实事求是，有大儒之望，才能摒弃成见，为民请命。这个结论可从于成龙在书信中所坦露的心迹得到印证。他给友人写信时就曾谈到自己"数年来，一举一动，原非为功名富贵计"，他这种"为官不为富贵利禄"的心态，在为官的动机上就显得与众不同。以罗城当时的情形来看，甚至与富贵绝缘，他为的就是一展平生所学，真正做到见利勿趋，见害勿避，爱民弭盗。这是廉吏需要具备的基本道德操守。同时，由于当时罗城刚纳入大清版图不久，加上地处少数民族地区，局势十分不稳。据史料记载，于成龙的前任知县许鸿儒"随征战四载，缘兵燹城荒，土司叛乱，桂林又屡为伪党窃据，罗城孤立无援，城陷不屈，骂贼而死"。等到于成龙到任时，罗城"方兵后，遍地榛莽，县中居民仅六家，无城郭廨舍"。也就是说战火尚未完全熄灭，城中百姓或逃或死，城郭化为丘墟，堂堂知县连个办公地点都没有。对此，他在《治罗自纪并贻友人荆雪涛》中有着详细记载："一如郭外，居民六家，茅草数椽。寄居关夫子庙，安床于周仓背后。夜不瞑目，痛如刀割。黎明上任，无大门，无仪门，两墀茅草一如荒郊。中堂草屋三间，东边隔为宾馆，西

---

① （清）阮元校刻：《十三经注疏》，中华书局 2009 年版，第 1408 页。

边隔为书办房。中开一门，入为内宅，茅屋三间，四围俱无墙壁。"① 可见当时罗城遭受战火摧残的惨烈情形。需要指出的是，由于当时罗城"地瘠民贫，田土荒芜，衙舍倾倒，无夫无役，其何以治"，可以说，一直以来都存在着治理难题，即使不遭受战火的摧残，一般官吏对于治理"夷民"杂处的罗城也毫无头绪，何况劫后的穷县。于成龙就是在这样艰苦的环境下，展开了他的为官生涯。特别是在他来罗城之前，就已经大概从友人处得知了罗城的相关情况，在这种情况下他还能坚持"以一仆一驴赴任"（这是指他和仅剩下的一个仆人一起留在罗城，而不是说从山西赶往罗城的路上只有一个仆人），可见其完全符合"廉"的道德操守要求，也可以看出于成龙作为著名廉吏的人格出发点。

　　于成龙有着廉吏担当作为的显著实绩。考察诸种文献，我们还是可以发现于成龙在县域治理层面的独特之处。第一，面对文化落后的少数民族居民，他采取多种方法让他们产生文化认同感，从而教化地方，以形成共同的价值观认同感而增强凝聚力。这是当前党和国家提倡的铸牢中华民族共同体意识的深厚历史文化底蕴。第二，于成龙有很强的民本思想，在他心中连朝廷眼中的盗贼匪徒都是人民，不应该武断地采取镇压的方式粗暴对待。于成龙认为老百姓沦为盗贼是朝廷有关部门的责任，任何老百姓都不会愿意当盗贼，所以官府应该让他们能够安居乐业，这样盗贼自然就消亡了。第三，发展生产、革除弊政，使民众安居乐业。于成龙在经济上提出"疏盐引""垦荒田"，使得老百姓能够从事一定的商品经济活动，贩卖食盐，开垦荒地获取粮食。同时强调在赋税上予以改革，使得赋税要偏向老百姓。总之，于成龙到任后采取劝教兴学、安民缉盗、革除弊政、化解矛盾等四大措施恢复民生，推动原本一片荒芜的罗城经济社会大

---

① （清）于成龙：《于清端公政书·罗城书》，影印文渊阁《四库全书》第1318册，台湾"商务印书馆"1986年版，第540页。

力发展，更使地处僻壤的罗城成为当时广西的典范。于成龙在罗城为政的治理举措，在今天对实现县域的良性治理仍有参考价值。通过于成龙的例子，再次明晰了"廉"在廉政文化中的深刻含义，既要清廉自守，又要为官有为。

三、廉洁、廉政的异同

廉洁主要是个人层面，即广泛地指个人在日常生活和工作中，保持廉正正直，不搞权钱交易，不接受礼品贿赂，不滥用职权。也就是说做人要有清清白白的行为、光明磊落的态度。廉政则是政府层面，即主要指掌握公权力的党员干部和公职人员遵守法律法规，恪守道德规范，不贪污腐败，不违法乱纪。也就是说掌握公权力的党员干部和公职人员，在履行其职能时不以权谋私，办事公正廉洁。由此可说，廉洁包括廉政，廉政是廉洁的一部分；官员的廉洁产生政府廉政，个人的廉洁行为推动政府的廉政发展。同时，廉政建设以强化法治、建立公正透明的政府机构为核心价值，通过确保权力的合法性和合理性，为社会创造公平竞争的环境；而廉洁则更强调社会公德，要求个人在日常生活和工作中遵循道德准则，做到廉洁奉公、秉公执法，以身作则，树立良好的社会风尚。

从廉洁、廉政词的源自和词义来看，廉洁，最早出现在《管子·明法解》："如此，则愬愿之人失其职，而廉洁之吏失其治。"[1] 这里廉洁是指清白、高洁。战国时期伟大的诗人屈原在《楚辞·招魂》中说："朕幼清以廉洁兮，身服义尔未沫。"东汉著名学者王逸在《楚辞·章句》中注释说"不受曰廉，不污曰洁"，也就是说，不接受他人馈赠的钱财礼物，不让自己清白的人品受到玷污，就是廉洁。这在《管子》的基础上又具体化了。

---

[1]（清）黎翔凤撰：《管子校注·明法解》，中华书局 2004 年版，第 1215 页。

到王充《论衡·非韩》："案古纂畔之臣，希清白廉洁之人。"① 这里的廉洁指公正、不贪污，范围虽有缩小，但基本义项则为清廉、正直。"廉政"一词最早出现在《晏子春秋·问下四》："廉政而长久，其行何也？"② 王念孙曰："'政'与'正'同。《文选·运命论》注引作'廉正'。《史记·循吏传》'坚直廉正。'"③ 可见，"廉政"这个词古代多写作"廉正"，也就是说在古代没有今天意义上的"廉政"。古代的"廉政"一般是指个人道德品质上的廉洁正直，如果用在官员身上那就是官员个人的廉洁正直，这里就不仅仅是道德品质上的要求，而是一般的为官准则了。所以《周礼·天官》说："以听官府之六计，弊群吏之治……四曰廉正。"郑玄注："正，行无倾邪也。"④ 主要指处在公共权力机构的人员，应该廉洁不贪、正直守法。

廉洁文化是就整个社会层面而言的，它以一种泛文化的形式出现，比如廉洁的职业文化、廉洁的家庭文化、廉洁的企业文化、廉洁的行为文化、廉洁的校园文化等。它们都是将主体赋予廉洁的道德属性，形成廉洁的道德文化、行为规范。而廉政文化比廉洁文化的内涵要小，它是廉洁文化的一部分。更重要的是，廉洁文化与廉政文化的实施方式是不同的。廉政文化的实施推行有明确的目的性，有各种强制性机关做后盾，是一种以他律为主导并与自律性相结合的行为模式。在实施廉政建设的过程中，当各种预防腐败、制约权力、激励廉政的措施转化为体制性或制度化的运行机制后，经过各种实践强化，就会得到广大公职人员的认同，成为公共权力机构人员的认知模式与行为模式，最终也就成为廉政文化的一部分。而

---

① 黄晖：《论衡校释·非韩篇》，中华书局 1990 年版，第 440 页。
② 张纯一撰：《诸子集成·晏子春秋校注·内篇·问下第四》，中华书局 2006 年版，第 102 页。
③ （清）王念孙：《读书杂志·〈晏子春秋〉第一·内篇问下·廉政》，上海古籍出版社 2014 年版，第 1383 页。
④ （清）阮元校刻：《十三经注疏》，中华书局 2009 年版，第 1408 页。

廉洁文化主要是一种自律性的行为模式，这与其源于"廉洁"这一道德属性有关。

而"廉政"中，"廉"蕴含的清白不苟取是对主体的基本要求，"政"是根本目的。"廉"为"政"服务，"政"因"廉"而优化长存，这是"廉政"的语义内涵。廉政文化则是指在以国家权力机关为核心的政治组织中，所达到的以廉洁勤政为核心价值的认知模式和行为模式。廉政文化是一种组织文化，而这个组织就是政府。而关于廉政建设《辞海》（第七版）的解释为："中国共产党和中国国家机关为保证其各级组织和成员无私清正履行职责所进行的思想、政治和法治建设。主要内容有：要求各级干部特别是领导干部清正廉洁，勤政为民，严守法纪，艰苦朴素，不贪污受贿，不以权谋私，不铺张浪费等；不断制定和完善各项制度规定并加以落实；领导班子定期召开民主生活会议；不断开展反腐败斗争，并加强组织和群众的监察和监督等。中国共产党强调党风廉政建设和反腐败斗争的重要性，要求做到干部清正、政府清廉、政治清明。"因此无论是"廉政"还是"廉政文化"、"廉政建设"都强调把"廉洁"这种纯粹的道德属性政治化、组织化和功能化。也就是把古汉语中涉及个人道德的"廉正"转化为现代汉语中涉及组织机关的"廉政"。这是二者的最大不同。

从新时代党建视角看，在新时代我们党和国家实现了从"廉政文化"向"廉洁文化"的转变。从"廉政"到"廉洁"，虽然只有"一字之差"或者说"一字之变"，但其中却有深刻含义。一方面廉洁文化是廉政文化的进一步深化与拓展，廉政文化是廉洁文化的一部分。廉洁文化的内涵更为深刻，即"廉洁"的"廉"字包含了廉政，而"洁"字进一步强调思想精神和行为的纯洁无瑕，更进一步展现了共产党人的先进性和纯洁性。廉洁文化的外延更为宽泛，廉政文化针对的对象是掌握公权力的党员干部和公职人员，重点在党政机关党政干部中开展，具有特殊性；廉洁文化则可以面向全社会各个阶层各个团体各个人群，针对的对象比较全面，更具有普遍性；廉洁文化的文化属性更为突出，廉政文化是政治文化，廉洁文化则是社会文化，其中也包括了政治文化，即廉洁文化的内容，除了包括廉政文化的内容外，还包括企业员工的廉洁守职、社会大众的家风家教等在内的整个社会环境和社会风气的改造。另一方面廉政文化对廉洁文化具有示范与引领作用。一是廉政文化相对更加成熟。尽管廉政文化、廉洁文化的核心都在于一个"廉"字，两者的核心要义相同，都是不断实现不敢腐、不能腐、不想腐一体推进战略目标的重要举措，但无论从理论研究，还是从实践层面，廉政文化提出的时间更早，探索也更多，各地都有很多好的经验和做法，可以指引廉洁文化建设。二是廉政文化的重点更加突出。廉政文化主要是指在以国家权力机关为核心的政治组织中所达到的以廉洁勤政为核心价值的认知模式和行为模式，主要针对党政机关和党政干部。三是廉政文化的约束性更强。廉政文化相比于党纪法规和制度的刚性约束，同样带有一定的硬性教导的特点；而廉洁文化是在全社会着力倡导的和鼓励的，更呈现出软性说服教育的特点。以上两大层面的深刻内涵要求表明，从"廉政文化"到"廉洁文化"，关注更加全面、意蕴更为深厚，即"廉洁"涵盖的范围更广泛、"廉洁"指向的内涵更深刻；从廉政文化向廉洁文化的转化，实际上反映了我们党和国家对推进党风廉政建设和反腐败斗争认识的深化，表明反腐倡廉工作由制度建设向文化建设推进，由党政机关向全社会推广。

四、清流、酷吏、循吏、能吏与廉吏

考察我国古代廉政文化史，涉及的官员形形色色，"好官"各有各的类型，"贪官"也各自心怀鬼胎。其中被人们称作"好官"的代表大概有这样几种类型：清流、酷吏、循吏、能吏、廉吏，其中的循吏、能吏、廉吏同当今的廉政文化的关联度比较高。

清流最初之意是清澈的流水。比如，《汉书·礼乐志》："郑卫之声兴，则淫辟之化流，而欲黎庶敦朴家给，犹浊其源而求其清流，岂不难哉？"（晋）左思《吴都赋》："树以青槐，亘以绿水，玄荫耽耽，清流亹亹（同娓）。"（唐）钱镠《建广润龙王庙碑》："况镜水清流，烟波浩渺，其湖周百余里，其派数十余川。"（宋）苏轼《和子由闻子瞻将如终南太平宫溪堂读书》："譬如倦行客，中路逢清流。"（清）王士禛《池北偶谈·谈异四·内江石壁鱼》："后破之，乃有一鱼跃出，其中泓然清流也。"为此，清流喻指德行高洁、负有名望的士大夫。比如，《三国志·魏志·桓阶陈羣等传评》："陈羣动仗名义，有清流雅望。"《晋书·刘毅传》："故能令义士宗其风景，州闾归其清流。"（宋）欧阳修《朋党论》："唐之晚年，渐起朋党之论。及昭宗时，尽杀朝之名士，或投之黄河，曰：'此辈清流，可投浊流。'而唐遂亡矣。"明末清初，顾炎武《梓潼篇赠李中孚》："读书通大义，立志冠清流。"清流在晚清则是特指统治阶级内部的一个政治派别的名称，一般是指 1880—1910 年，清朝朝廷不畏当权者、敢直言上谏之朝官。他们评议时政，上疏言事，弹劾大臣，指斥宦官，对外反对列强蚕食，对内主张整饬纪纲。在中法战争前后，清流繁衍为前后两辈，前清流以军机大臣李鸿藻为代表，后清流则以户部尚书翁同龢为代表。

必须指出的是，在我国古代，司法制度不健全，百姓切身利益仅能依靠地方长官个人的德行维系，在这种情况下，清流一类的官员无疑是最受百姓欢迎的，老百姓将其冠以"青天大老爷"的称号。其中比较有代表性的是明代一生居官清廉的海瑞。与此同时，清流一般都清正廉洁、痛恨腐败、刚直不阿，但有书生气重的一面。虽然品行端正，但能否真正给老百姓带来实际利益，还要看他们自身能力的大小。

酷吏是我国古代对用严刑峻法的官吏的称呼，其中包括利用酷刑草菅人命的官吏，也包括执法严格的正直官员。因此，"酷吏"的称呼也不尽然都是贬义的，一方面是指执法严酷的官吏，另一方面则是指用残酷的方法进行审讯、统治的官吏。酷吏文化，在中华五千年历史上从未中断过。我国古代很多朝代的史书中都有《酷吏列传》，记载了历朝历代的酷吏。其中西汉司马迁写《史记》时对其有专章记载，名之为《酷吏列传》，以后《汉书》《后汉书》《隋书》《新唐书》等历代正史多沿袭。比如《后汉书·列传·酷吏列传》《隋书·列传三十九酷吏传》《新唐书·列传第一百三十四酷吏》。

酷吏是极具时代性的官吏，是皇权统治的工具，成为两汉历史的独特风景。《史记》和《汉书》所载的酷吏中，详细记录事迹者有晁错、郅都、宁成、周阳由、赵禹、张汤、义纵、王温舒、尹齐、杨仆、咸宣、杜周、田广明、田延年、严延年、尹赏等十六位。《后汉书》中所记载的东汉酷吏，有董宣、樊晔、李章、周纡、黄昌、阳球、王吉、张俭等八位。我国古代"酷"的对象、内容、组织形式或有不同，但过段时间，总会有一茬酷吏冒出头来，有的是对百姓而言，有的是对官员而言。酷吏政治到了明清时期达到了登峰造极的地步，酷吏的侦查网遍布全国各地，除了是官场钩心斗角的一种常态现象，还成为对付文人甚至吓唬民间普通大众的特务手段，如明代的三厂一卫（东厂、西厂、大内行厂和锦衣卫）制造了诸多冤狱，清代康雍乾时期制造了大量的文字狱。

循吏是指奉公守法、守法循理的官吏。他们做事谨慎有度，有知识，有方法，主张在复杂的环境下找到解决问题的方法。循吏在《二十四史》中被称为奉职守法、清廉贤能的人物。循吏之名最早见于《史记》的《循吏列传》，司马迁说："法令所以导民也，刑罚所以禁奸也。文武不备，良民惧然身修者，官未曾乱也。奉职循理，亦可以为治，何必威严哉？"①如果官员能够以身作则严格遵守法律法规，那么老百姓即使在社会不稳定时

---

① （汉）司马迁：《史记·循吏列传》，中华书局 2013 年版，第 3741 页。

也会遵纪守法。循吏是司马迁理想中的官员标准，也为后世理想官员的养成树立了准则。此后，历代官修的正史《史记》《汉书》《后汉书》《北齐书》《南史》《北史》《隋书》《新唐书》《宋史》《金史》《明史》《清史稿》等 19 部史书都设有《循吏列传》。

《史记·循吏列传》记叙了春秋战国时期五位贤良官吏的事迹。五人中，四位国相、一位法官，都是居高权重的社稷之臣。其中，孙叔敖与子产，仁厚爱民，善施教化，以政宽得人和，国泰而民安；公仪休、石奢、李离，皆清廉自正，严守法纪，当公私利益发生尖锐冲突时，甚至甘愿以身殉法，维护君主和纲纪的尊严。《汉书》中的《循吏传》起首是文翁。他是景帝、武帝时人，因为在蜀地成功发展教育事业，推广大汉文化而被载入史册。明清时期的循吏主要有张居正、黄希宪、胡宗宪、白登明、李拔、陈熙晋等，其中明代张居正在为官上就主张"宁为循吏，不做清流"，做清流容易，做循吏难。清流只需在"对与错""是与非"之间作选择就可以了，不必对结果负责。而循吏则不同，循吏不但需要把事情做对，还需要把事情做好。也就是说，循吏不但要有知识，更要有方法，要有在风口浪尖上审时度势，达成所愿的操控能力。循吏不一定全都是廉吏，比如张居正作为一位循吏，曾推行万历新政，颇有建树，但私德上也有很多不检点的地方，曾被人评价为"工于谋国，拙于谋身"。但他们能办实事，在大节上也不失为"好官"，生前身后都受颇多争议。白登明是《清史稿·循吏传》中的第一位传主。他先后任河南柘城知县、江苏太仓知州、高邮知州，三任地方官，均奉法循理、察乱减赋、清勤惠民，深受当地百姓爱戴。

能吏是指能干的官吏。能吏娴于吏道，善于规避法令，善于解决棘手疑难问题，善于改革前进。为此，"能吏"常用于形容政治、管理或领导方面的人才，可以用来赞扬那些善于处理问题、有决断力和领导能力的人。在现代社会中，能吏不仅指政府机构中的官员，还泛指各行各业中能胜任管理、协调工作的人。从现有资料来看，"能吏"一词较早见于《汉书·刑法志》云："故俗之能吏，公以杀盗为威，专杀者胜任，奉法者不治，乱名伤制，不可胜条。"

能吏是我国传统文化中的一个重要概念，它强调的是治理国家需要以能力为先，而不是以家世、财富等因素为先。在历史长河中，有不少著名的能吏，例如秦汉时期的商鞅、张敞，唐宋时期的魏徵、沈括，明清时期的张居正、张之洞等。他们因为出色的才干和为民造福的治政手段，成为人们的楷模和典范。在我国历史上的能吏中既有"廉吏"，比如被后人称为"唐室砥柱"、德才兼备的狄仁杰；也有"贪官"，比如曾经因才华出众而令外国使臣马戛尔尼大为叹服，却因贪污落马的和珅。他们大多身居要职，才能过人，但正因其位高权重，面临的诱惑也很多。如果能吏能够同时扮演好廉吏的角色，那才真正是人民群众之福。

廉吏是指清廉守正的官吏。"廉"在东汉许慎的《说文解字》中，是指"堂之侧也"，其特点是平直、方正、有棱角，所以"廉"被引喻为人的品行端方不苟、方正刚直。两汉时期的《周礼·天官·小宰》曾从六个方面阐明"廉"的内涵，"一曰廉善，二曰廉能，三曰廉敬，四曰廉正，五曰廉法，六曰廉辨"。其中"廉善"是指为官之人善于处理各种事务，得到百姓赞誉；"廉能"是指官员能有效施行政令，有较高的政治素养；"廉敬"是指恪尽职守，毫不懈怠；"廉正"是指为官者公正无私，不徇私舞弊；"廉法"是指秉公执法，遵守法纪；"廉辨"则要求官员善于辨明是非曲直。以上六种要求各不相同，但都以"廉"为本，要求为官者不仅要具备才能，更要做到守"廉"。我国古代历朝历代长期把"六廉"奉为考察识别官吏的准则。举凡修养有德、勤勉为政、爱民惠民、刚直不阿、清廉俭朴、执法如山的官吏都被列入"廉吏"的范畴。为此，清廉而政绩优异也就成为古代廉吏的标准。

在清正廉洁为官之道思想的影响下，中国古代出现了许多至今为人称颂的清官廉吏。一方面有"一钱太守"刘宠,"二不尚书"范景文,"三汤道台"汤斌,"四知先生"杨震,"五代清郎"袁聿修,"八一巡抚"张伯行;另一方面有"唐室砥柱"狄仁杰,"包青天"包拯,"海青天"海瑞,"于清端"于成龙。其中有"于清端""天下廉吏第一"之誉的于成龙,出任广西罗城知县时,典田卖房,凑银百两,买毛驴一头,跋山涉水前去上任。在任期间,日食粗米一盂,粥一碗,配以青菜,常年不知肉滋味。

第二节 于成龙廉政文化的内涵特点

于成龙是我国古代有名的廉吏,有着丰富的廉政文化内涵。广西罗城作为"天下廉吏第一"于成龙的初仕之地,是于成龙廉政文化的发源地,有着丰厚而弥足珍贵的廉政文化资源。挖掘好和整理研究好于成龙在罗城的廉政文化史料,总结提炼好于成龙罗城廉政文化的特点启示,是罗城贯彻落实党的二十大加强新时代廉洁文化建设要求的一项具体举措。

一、崇德教化

良好道德素养的养成和注重儒家教化的践行是于成龙廉政文化的第一大特点,这个特点说明崇德教化是廉政文化建设的前提和基础。

"德"字是《论语》《孟子》中的一个高频词,这在很大程度上突显了儒家对道德的尊崇。儒家思想作为我国传统文化中的主流意识形态,是当时社会价值取向的核心。因此古人在施政牧民的同时十分注重运用儒家德治思想,是否运用德治成为衡量地方治理好坏的重要判断尺度。于成龙作为传统儒家知识分子,对个人道德水平的提升也十分注意。他在求学之时就把务实为民作为求学的终极目标，在罗城初仕中更体现出较高的道德标准。当时的罗城饱受兵燹摧残，百姓填沟壑，城郭化丘墟。一方面他谢绝亲朋好友的劝解，仍然坚持赴任；另一方面他在处理完公务之后"日夕坐卧读书"。在这样艰苦的环境下坚持办公、阅读，足见其有极强的道德定力。于成龙初仕罗城具有生活俭朴、清心寡欲、问心无愧的道德定力。需要指出的是，于成龙提到自己"无亏心事一点"，在古代的官场体制中，真能做到无亏心事一点者寥寥无几，有关于成龙在罗城为官期间的史料，无疑突显了他良好的道德素养。同时，于成龙在罗城的显著为治实绩，还表明为官一任要无愧于心，仅靠私德无亏是不够的，只有当一县大小事务处理妥当，才能无愧于心，无愧于民。

在当前考察"以德为先""政德""德才兼备"等这些时代话题中，于成龙在罗城知县任上的良好道德素养为这些时代准则提供了丰富的注脚和历史支撑，是研究于成龙廉政文化建设的重要材料。党的十八届四中全会提出的"形成不敢腐、不能腐、不想腐的有效机制"，《关于新形势下党内政治生活的若干准则》再次强调的"着力构建不敢腐、不能腐、不想腐的体制机制"，其中"不想腐"的实现就离不开对个体实施思想教育以提高个体的人格品质、道德水平。具体到廉政文化建设层面就是要大力推行廉政文化教育，促使广大受教育者牢固树立正确的世界观、人生观、价值观，最终做到"不想腐"。这在于成龙的成长历程中也体现得淋漓尽致。

初仕罗城，于成龙十分注重践行儒家教化。《论语·颜渊》提到："子贡问政。子曰：'足食，足兵，民信之矣。'子贡曰：'必不得已而去，于斯三者何先？'曰：'去兵。'子贡曰：'必不得已而去，于斯二者何先？'曰：'去食。自古皆有死，民无信不立。'"[1]在孔子看来，使民众具备诚信

---

① 佟平：《半部论语学做人》，金城出版社 2005 年版，第 94 页。

的道德品质同足食、足兵一起是治理好国家必须遵循的三大基本准则。为此，是否重视教化也成为一个地方官员为政的重要价值判断。诚如孟子所说"善政不如善教之得民也"。有"天下廉吏第一"之称的于成龙秉承儒家士大夫价值理念，修身齐家，并认为这是治理天下的前提条件。治天下当以廉洁为务，而要使廉洁的理念深入人心则必须通过家规家训规范自己身边的族人。只有自己做了表率，影响到族人，才能再进一步推己及人，形成一整套完整的价值和行为规范来教化民众。

于成龙早在初仕罗城的任上，就采取两大举措加强对罗城民众的教化。第一，开设学馆教化民众。他在《对金抚台问地方事宜》中指出："狑狯狼獐，不事诗书，不谙礼法，骄悍固其素习，责在有司。"他认为当时少数民族的不通汉法汉俗、骄悍不驯是地方官员不重视教化的原因。因此他在罗城知县任上，针对当地瑶、壮等少数民族不识汉字、不知朝廷礼法、不通儒家大义的现状，积极开设学馆，根据朝廷典章制度和当地实际情况简化出一套礼仪制度，把儒家文化传播到罗城各地，普及于民众，初步改善了当地文化落后、知识匮乏的状况，以儒家思想教化民众，统一了百姓思想，维护了社会的稳定。儒家道德观念的传播普及也促使廉政观念在官吏群体中进一步固化，促进了廉政文化的形成。

第二，移风易俗教化民众。他在《严禁赌博谕》中指出："四民之中，各有本业，咸宜安分以保身家。乃有奸猾之徒，希图厚利，开设赌场。贪痴之辈，堕入局中，相聚赌博，昼夜不息。开场之家，独得其利。赢者百无一二，输者比比皆是，以致赀财荡尽，田房准折一空。栖止无所，谋生无策。或情急自尽，或身为乞丐，或自卖旗下，或将妻女子媳卖为奴婢，终身沦落，或为盗贼，致被擒获，身罹重辟……当聚赌之时，还有互相争竞被人殴死者。"可见赌博危害极大，这种对金钱利益的投机如果存在于官场无疑是滋生腐败的温床，而在民间也是有百害而无一利。因此为推行教化，于成龙严禁赌博。对赌博者，一并按律治罪，有举报赌博并查实者，予以奖励，从而杜绝赌博这种歪风邪气，使民风复归淳朴。此外他还在《驱逐流娼檄》中针对娼妓申明禁令，又在《劝民节俭歌》《忍字歌》等歌谣中提倡节俭、忍耐等，敦促官员，教化百姓。尽管这些措施不全是其于罗城知县任上的举措，但从其为官的经历来看，于成龙几十年如一日，秉承儒家道德准则，并以身作则教化民众，取得了很好的社会效果。如果纯粹以行政手段强制执行，确实能在短期内取得一定成效，但是却不能治本。只有大力推行廉政教育、道德教育，结合具体制度建设，大力惩处贪腐，才能真正做到标本兼治。

二、立规明矩

要推行廉政文化，使廉政文化成为政府行政的根本指导，廉政教育只是第一步，如果没有制度约束，一个廉洁高效的政府是很难出现并正常运转的。正是因为这样，于成龙为政很注重立规明矩，通过颁布政令，完善制度，对具体的行政事务作出指导和规范，同时与教化民众形成互补，最终推进廉政文化的深入。可以说，立规明矩是于成龙廉政文化的第二大特点，启示我们廉政文化建设须有法律和制度保障。

于成龙在为官实践中比较注重礼治。儒家政治思想倾向于以礼治形成社会统一的风俗习惯、思想意识，从而促成社会共识的形成，维系社会稳定。他多次提倡兴复礼典，制定祭祀仪式。如在罗城知县任上，面对残破的局面，他在努力恢复生产，打击盗贼的同时，还根据中央王朝的祭祀大典设置了一套典礼，让当地老百姓认识朝廷礼仪，从而形成强大的政治向心力，罗城的局势很快稳定。他在后来的地方官任职内均大力提倡礼治，兴修礼典，如在合州颁布《请复祀典详》《请正朝仪详》均极力以儒家礼治思想形成社会共识来维系当地社会的稳定。特别是在《请正朝仪详》中，于成龙明确提到了山西和广西的礼典不同，要结合当地实际需求颁定大礼，维系人心。这一思想境界对当前的廉政文化建设也具有积极意义，全面从严治党、社会主义核心价值观的学习也应该结合各地实情形成长效机制，制度化、常态化，从而将廉政文化建设推向纵深。

于成龙初仕罗城在廉政制度建设方面的主要措施，是制定了一系列关于盐引、火耗等方面的规章制度，直接打击和防治了贪腐行为。在盐引方面，清代广西的盐政问题一直比较严重，早在金光祖担任广西布政使的时候，便对全省的盐政弊端看得十分清楚。后来他升任广西巡抚，便积极与户部协商减少国家对盐引的持有量，从而减少了各级官府和百姓的负担。于成龙在任罗城知县后，他在《条陈引盐利弊议》中，对罗城乃至广西的盐政弊端进行了全面的分析。据《罗城县志》记载，罗城"原无盐税，因粤东盐课缺额，贻累广西各州县均派盐引，罗城竟派盐七百包，吏民竟惊惶无措"。一个偏僻穷困的小县城要销售七百大包盐，民众和官吏当然都焦头烂额。为了完成上级规定的盐课任务，"不得不赊借于有盐之处，以救考成之急"。而广西本地的一些盐商趁机与官府勾结刻意提高盐价，造成了更加严重的后果，盐价暴涨乃至"民无贱盐可食，而民愈穷"，"官与民皆沉沦盐引之中而莫之救"。于成龙认为埠商与官府勾结是导致盐价不断抬高的重要原因之一，为此他有针对性地制定了新的办法条例，提出了具体的措施，对罗城盐政产生了重要的影响。第一，以市场调节盐价，使盐价趋于平缓，于是"民穷稍苏，流商喜于疏销有利，而来之必广；穷民一旦得食贱盐，而销之必多"，这样一来百姓可以得到平价食盐，官员们也完成了销售食盐的任务。第二，简化盐引审批手续，打破官府管制、商业贸易中的地域限制。第三，破除私盐禁忌，减少对私盐的管控。特别是简化食盐的流通环节，减少了其中贪腐行为的发生。

在革除火耗等方面，他制定颁布了关于火耗方面的条例制度《兴利除弊条约》。于成龙力主不仅要求禁止收取火耗，甚至明确规定如果发现收取火耗而不举报者一经发现也要严惩，极大地打击了这些中饱私囊者的嚣张气焰。在于成龙任罗城知县时，罗城的火耗比其他地方有过之而无不及。不仅有火耗，还有大耗。为此，于成龙通过整顿吏治，严格制定规章制度革除"两耗"。这些制度的制定既有利于兴利除弊，又在廉政建设上取得实际效果，因此罗城百姓在得知革除"两耗"后，无不欢心缴纳赋税。有了罗城革除火耗的经历，于成龙后来在直隶巡抚任上就有了更为成熟的禁止火耗措施。他在直隶巡抚任上颁布了《严禁火耗谕》，规定地方官员不得肆意随便加征火耗。值得注意的是，于成龙一方面设规明矩，三令五申以制度约束官员，另一方面以道德来约束官员，对他们晓之以理，动之以情，分析火耗给百姓带来的坏处，将思想教育与制度建设紧密地结合在一起，取得了明显的成效。

从于成龙的为官经历可以看出，他十分注重廉政制度建设，设立祭祀大典、礼仪大典以凝聚民心、革除盐政弊端、革除火耗弊端，设立条例禁令以移风易俗、设立规矩条约来提高民众道德水平。于成龙既注重思想道德教育，又注重以具体的规章制度来约束官吏和民众，保障教化的成果得到进一步巩固，这在封建统治时期是尤其难得的。从于成龙的显著政绩可以看出制度建设是廉政文化建设的根本保障，在新时代推进廉政文化建设必须进一步完善规章制度、法令法规并严格执行，才能进一步推进反腐败工作产生更大成效。

第三节　于成龙廉政文化的当代价值

中华优秀传统文化中蕴含着深邃的国家治理、治吏官事的思想理念，有丰富的礼法相依、重德崇礼、修身正心的历史文化智慧。《大学》强调："古之欲明明德于天下者，先治其国。欲治其国者，先齐其家。欲齐其家者，先修其身。"将国家、社会、家族和个人连成一个密不可分的整体，奠定了修齐治平的道德理想和行为准则。因此，中华优秀传统文化也蕴含着丰富的廉洁文化基因。被誉为"天下廉吏第一"的于成龙生活于社会动荡的明末清初时期，广泛研读过儒、墨、道、佛等各派学说，通过实践形成了一套符合其自身特点的廉政思想：推崇爱民廉政，恪守公道法纪。我们学习研究于成龙治理罗城的廉政文化史，就是要从中汲取能为现代所用的营养。

一、正确对待财富是廉洁自律的第一关

"于青菜""于半鸭""于豆腐"是于成龙众多名号中的一部分，从这些名号中可窥探出于成龙异于常人的艰苦生活。他曾在罗城、合州等当时最艰苦的地方任基层官员，也曾在直隶、两江等当时最繁华富庶的地方做"封疆大吏"，但刻苦廉洁的生活作风始终如一。在罗城，他蓬头赤脚或布衣草鞋，把自己融入当地民众之中。个人生活是"日食一餐或两餐"，"夜晚酒一壶，值钱四文，并无小菜，也不用筷箸"。他离开广西罗城远赴四川合州（今重庆合川区）任知州，窘迫到没有赴任的路费。后来又先后任直隶巡抚和两江总督，他虽居封疆之位却依然是"布衣蔬食"。在直隶"屑糠杂米为粥，与同仆共吃"；在江南"侑以青菜，终年不知肉味"，因之被江南民众称呼为"于青菜"。于成龙宦海20余年，从南到北，却是只身天涯，不带家眷，一个结发妻也是阔别多年后才得一见。过世后，他的居室中只有"冷落菜羹""故衣破靴"。于成龙的清操苦节享誉当时，对端正当地社会风气，尤其是约束社会上层的奢靡之风发挥了积极作用。

习近平总书记指出："一个人廉洁自律不过关，做人就没有骨气。要牢记清廉是福、贪欲是祸的道理，树立正确的权力观、地位观、利益观，任何时候都要稳得住心神、管得住行为、守得住清白。"新时代共产党人

要树立正确的财富观，就要守好清廉的财富关，这是廉洁自律的第一关，在思想和灵魂深处恪守老老实实做人、清清白白为官的道德信念。

二、以清廉塑造高尚的品德

清正廉洁从根本上讲是一种道德觉悟、道德情操、道德准则。据记载，于成龙去世后，江宁百姓十分悲痛，"士民男女无少长，皆巷哭罢市。持香楮至者日数万人。下至莱庸负贩，色目、番僧也伏地哭"。康熙帝亲为撰写碑文，老百姓的口碑和朝廷的认可，是对他廉洁刻苦一生的最高表彰。康熙帝在写给于成龙的碑文里盛赞其品德"朴直"，做官"忠勤"，"廉洁"是其平生最大的优点，而且能够"坚守夙操，无间初终"，更是"本于至诚"的廉吏。这就是说于成龙为官二十余载，始终保持了廉洁品质，终身将清廉作为高尚的品德来塑造，实实在在不"矫伪"，不做表面文章，是"本于至诚"、发自内心的廉吏。

于成龙作为一个古代的官员把清白名声作为最好财富留给了家庭、留给了社会、留给了历史。那我们作为新时代党员干部身后留下了什么？正如 17 岁的马克思在他的中学作文中写道："如果我们选择了最能为人类福利而劳动的职业，那么，重担就不能把我们压倒，因为这是为大家而献身；那时我们所感到的就不是可怜的、有限的、自私的乐趣，我们的幸福将属于千百万人，我们的事业将默默地、但是永恒发挥作用地存在下去，面对我们的骨灰，高尚的人们将洒下热泪。"[①]"见贤思齐"涵养道德操守，保持严肃的生活作风、培养健康的生活情趣，作为追求的道德境界，以"心怀敬畏"作为坚守的道德底线，始终以德修身、以德立威、以德服众。入党为什么、当了领导做什么、身后留什么，是共产党员的人生三部

---

① 马克思：《马克思恩格斯全集》第 40 卷，第 7 页。

曲。贯穿这三部曲的主旋律只能是一个，那就是全心全意为人民服务。共产党员只有全心全意为人民服务，才能成就崇高的人生境界，历史才会记住他，人民才会想念他。为此，我们应该留下两样宝贵的东西：在物质层面，干实事，出实绩，干出有益当下、惠及后人的事来；在精神层面，要培养出良好的作风和高尚的情操，为推进全面建设社会主义现代化国家凝聚磅礴的精神力量。有这两样东西留下来，我们就无愧于新时代共产党人这个光荣称号。

三、以清明锤炼敢于担当的政治品格

《周礼·天官》中的"廉能"是指遇事能够明察，有解决困难的能力，故有"廉明"一说。一些官员能做到不贪不腐，显得清廉，却疏于职事、怠政懒政，因而不能称之为"清官"。以于成龙等清官情结为代表的传统廉政文化，要求领导干部对待工作事务要做到清明，面对困难迎难而上，发挥聪明才智，做到明察秋毫、明辨是非，还老百姓以清明世界，树清明形象。一方面为官者要有一颗为民办事的公心。"公生明，廉生威"。于成龙45岁首次致仕，到遥远的边荒之地广西罗城为知县。他怀着"此行绝不以温饱为志，誓勿昧天理良心"的抱负，治理罗城。另一方面为官者要有解决问题的能力。于成龙前期的官宦生涯是在贫困地区度过的。比如，他初仕所在的罗城，不仅经济萧条、遍地荒草，城内只有居民六家，茅屋数间，县衙也只是三间破茅房，而且城外的匪寇不时侵扰滋事。他到任不久，便以雷霆之势推出"保境安民，打击强盗土匪""革除弊政，减轻农民负担""劝教兴学，推行移风易俗"等系列重大举措。短短几年间，他就使得萧条的罗城呈现出了有活力的新气象。他赴任的合州虽有三个属县，但因战乱的影响，合计只有100余户。如何召集流民以恢复生产、发展经济成为治理合州的当务之急。于成龙刚到任后以"招民垦荒为急务"，

首先，革除宿弊，严禁官吏勒索百姓；其次，推行对无主的房屋田产"凡一插占即为己业，后亦不得争论"的政策；再次，亲自为新附居民区划田亩、分配牛只籽种。由于措施得当，不到两年，他就使合州迅速出现了流民集聚、安居乐业的新局面。

于成龙为官清明的事例警醒我们党员干部，除了要有"为民"的态度之外，还要有超强的能力和解决问题的方法。必须指出的是，敢于担当，是习近平总书记对新时代党员干部的明确要求，是共产党人应有的政治品格。中华民族伟大复兴事业，绝不是轻轻松松、敲锣打鼓就能实现的，全党必须准备付出更为艰巨、更为艰苦的努力。这就要求全体党员干部要敢担当有作为，要做起而行之的行动者，当攻坚克难的奋斗者，保持奋发有为，干事创业敢担当。

四、以清正涵养正直、正气、刚正的品格

《周礼·天官》中的"廉正"是正直、刚直、品行方正之意，即廉洁正直，故有"廉直"一说。以于成龙等清官情结为代表的传统廉政文化，就是要培养官员廉直的操守，对待人为压力，要有正直、正气、刚正的品格，要讲原则，做到刚直不阿、公正执法。于成龙在为官20多年的生涯中，无论官职大小、面对何事何人，只要是符民意、顺民心、关切民生利益的事，都敢于直面突出矛盾，敢于触及难点热点，敢为别人所不愿为不敢为，做到实心实意、立说立行，心无羁绊、全力以赴。比如，于成龙在罗城担任知县的任上，针对杀掠成风的社会治安问题，敢于动真碰硬，大刀阔斧地推出打击强盗土匪整顿治安、革新吏治减轻群众负担等有力举措，特别是甘冒触犯清廷法令"未奉命而专征"为不赦之罪的后果，组织乡民练兵并亲率征讨到罗城杀掠的邻县土匪，迫使对方退还掳走的丁口耕牛，保证再不犯界。在担任福建按察使期间，不畏权贵重审"通海"罪

案。当时清廷为对付台湾抗清势力实行了严格的"海禁"政策，对众多迫于生计下海的渔民以"通海"罪问斩。于成龙在查阅已核准的案卷时，发现"通海"罪案中殃及众多无辜者，不畏权贵阻力坚持重审。正是他面对王公将军们的据理力争，使得上千百姓免遭杀戮而获释，还发给贫困者回乡路费。

"得民心者得天下，失民心者失天下"的道理很简单，但要真正赢得民心并不容易。广大群众不但要看一个党举什么旗，而且要看其走什么路；既要听党员干部怎样说，更要看党员干部怎样做和做了什么。在革命战争年代，人民群众从"不拿老百姓一针一线"的纪律中感受到了党和人民军队对群众利益的维护和尊重。在新时代，广大人民群众既从脱贫攻坚、抗洪抢险一线的党旗上看到共产党员的勇气和魄力，也从门难不难进、脸难不难看、事好不好办的政风中看到了一些党员干部的作风好坏。因此，党员干部以什么样的姿态和面貌出现在群众面前，关系党的声誉和形象，关系民心的凝聚和背离。这就要求新时代的党员干部要始终牢记我们党的根基在人民、血脉在人民、力量在人民，不断加强自身的作风建设，以呈现出政风之实、党风之正。

五、清正是敢于亮剑的胆识

《广雅》曰："廉，棱也。"意指正直、刚直、品行方正，故而常有"廉直"的说法。传说包拯担任开封府尹，有三口铡刀：龙头铡专铡皇亲国戚、凤子龙孙；虎头铡专铡贪官污吏、祸国奸臣；狗头铡专铡土豪劣绅、恶霸无赖。于成龙在其奏牍中曾言："父不慈则子不孝，官不清则民不良。"可见其胆识和操略，他胸怀经世之志，心存恤民之念，拥有做一名廉吏清官的决心。于成龙任直隶巡抚时，已经60多岁，但他仍然整肃吏治，刚正不阿，"编保甲，严连坐，以清盗源；锄豪强，严隐占，以甦穷困。令下各属奉行惟谨。公仍不时单骑行旅肆中，密切廉访。诸有违抗，立置之法，无所假贷，自是人人惴慄，无敢有干公令者。而盗以息，民以安"。

面对大是大非，于成龙为了老百姓的利益敢于亮剑，面对矛盾冲突敢于迎难而上，面对危机困难敢于挺身而出，面对失误敢于承担责任，面对歪风邪气敢于坚决斗争。习近平总书记要求领导干部特别是高级干部要带头落实关于加强新时代廉洁文化建设的意见，从思想上固本培元，提高党性觉悟，增强拒腐防变能力。习近平总书记强调："一个要有情操，这是一道防线；一个要有戒惧，一定要有敬畏之心。一旦犯事，什么都没了，倾家荡产，甚至家破人亡。那些大贪巨贪，最后不就当了一个财物保管员吗？"①因此，全党同志都要做到不以功臣自居，不计较个人得失，不贪图享受，守纪律、讲规矩，明大德、守公德、严私德，清清白白做人、干干净净做事，做到克己奉公、以俭修身，永葆清正廉洁的政治本色。

经验既是对历史实践的科学总结，也是新时代继续推进党风廉政建设和反腐败斗争的坚强基石。面向新时代新征程，我们党必须充分运用这些宝贵的经验，建设海晏河清的社会主义现代化国家。

第四节　弘扬于成龙廉政文化
助推新时代廉洁文化建设

2022年2月，中共中央办公厅印发的《关于加强新时代廉洁文化建设的意见》要求"用中华优秀传统文化涵养克己奉公、清廉自守的精神境界"。同年，广西颁布了《中共广西壮族自治区委员会关于大力推进清廉

---

① 《习近平关于党风廉政建设和反腐败斗争论述摘编》，中央文献出版社、中国方正出版社2015年版，第147页。

广西建设的意见》，提出清廉要成为新时代中国特色社会主义壮美广西的金色名片。于成龙廉政文化有着悠久的历史沉淀，是中华廉政文化的重要组成部分。罗城作为有着"天下廉吏第一"之称的于成龙的初仕之地，是于成龙廉政文化的发源地，广西应当将其作为独一无二的品牌加以推广和打造，以教育引导广大党员干部用廉洁文化滋养身心，用优良传统正心明德，培养廉洁自律的道德操守，做清正廉洁的好干部，为凝心聚力建设新时代中国特色社会主义壮美广西作出罗城贡献。

一、以于成龙廉政文化推进新时代罗城廉洁文化建设

在贯彻落实中央关于加强新时代廉洁文化建设的要求实践中，广西形成了自己独特的廉政文化建设体系：清官廉吏体系、家风家教体系、乡风社风体系。在清官廉吏体系中，被康熙帝赞誉为"天下廉吏第一"的于成龙是典型代表，广西要充分运用好于成龙廉政文化这个弥足珍贵的历史文化遗产。虽然作为于成龙从政的首发地罗城仫佬族自治县的于成龙廉政文化展示馆被列入广西廉政教育基地，取得了一些成效，但仍存在一些短板。比如，研究方法还是碎片化的，没有形成体系的于成龙廉政文化研究宣传；广西对于成龙廉政文化的宣传力度不够；于成龙廉政文化进党校课堂不够多；于成龙廉政文化进党校教学基地不够多；以于成龙廉政文化推进新时代罗城廉洁文化建设的举措力度仍有待加强。

第一，总结研究于成龙廉政文化和加强新时代廉洁文化建设，要坚持以习近平新时代中国特色社会主义思想为指导。习近平总书记在中共十八届中央政治局第五次集体学习时强调："研究我国反腐倡廉历史，了解我国古代廉政文化，考察我国历史上反腐倡廉的成败得失，可以给人以深刻启迪，有利于我们运用历史智慧推进反腐倡廉建设。"党的二十大报告鲜明指出："加强新时代廉洁文化建设，教育引导广大党员、干部增强不想

腐的自觉，清清白白做人、干干净净做事。"习近平总书记的重要论述，既强调了要以我国古代廉政文化推进反腐倡廉建设，又要求加强新时代廉洁文化建设，为推进新时代党风廉政建设提供了根本遵循和行动指南。

文化具有时代性，任何文化都是特定社会历史条件的产物。政治性是廉洁文化的根本属性，是廉洁文化建设的方向和灵魂。在总结研究于成龙廉政文化实践工作中，我们必须以习近平新时代中国特色社会主义思想的世界观和方法论为指导，书写好于成龙廉政文化这篇文章。重要的是以习近平新时代中国特色社会主义思想为指引，增强"四个意识"，突出廉洁文化这条主线，积极构建全方位、多层次、宽领域的宣传格局，遵循宣传规律、传播规律，让于成龙廉政文化研究宣传同廉洁文化真正"动"起来、"活"起来，与时代同频共振，切实把加强廉洁文化建设作为一体推进不敢腐、不能腐、不想腐的基础性工程抓紧抓实抓好，展示出罗城廉洁文化建设新作为。

第二，研究好于成龙克己奉公、清廉自守的精神境界，组织出版于成龙廉政文化系列研究成果。传统是文化和历史的积淀。中共中央《关于加强新时代廉洁文化建设的意见》要求各地结合实际实施中华优秀传统文化传承发展工程，汲取崇德尚廉、廉为政本、持廉守正等传统廉洁文化精华，坚定信仰信念信心，筑牢拒腐防变思想防线。于成龙为官 23 年，始终坚守清贫、廉洁公正、勤政为民，被康熙皇帝赞誉为"天下廉吏第一"，被老百姓尊称为"于青天"。于成龙虽然是封建官吏，但其身上勇于担当、清廉勤政的作风体现的是中华民族文化的优良传统，如果摒弃了优良传统就失去了前进的历史文化基础。

挖掘和整理研究于成龙廉政文化资料，建议从三个方面着力推进。一是挖掘历史文献、文化经典、文物古迹、民间传说、家规家训中关于于成龙的廉洁思想，整理出于成龙的嘉言懿行，来推动于成龙廉政文化创造性转化、创新性发展。二是梳理出于成龙廉政文化的精髓和主线。作为研究者，我们应该从于成龙廉政文化的"勤、清、慎"三个维度，提炼出一条主线——仁德与爱民，为政以德与以上率下的仁德激发百姓的仁善与自尊自爱。三是研究好于成龙廉政文化在罗城的融合发展，即主要研究好于成龙廉政文化与仫佬族文化的交融对当地少数民族文化的影响、价值遵循、行为准则及其对构建中华民族共同体意识的借鉴意义。

第三，加大宣传扩大罗城于成龙廉政文化影响力。罗城是于成龙的初仕地，也是他事业成功的起点。罗城成就了于成龙，于成龙也为罗城留下了宝贵的精神遗产。罗城加强于成龙廉政文化建设，不仅全面展示了于成龙廉洁奉公、勤政为民的无私精神，更是向人们传播了"天下廉吏第一"于成龙廉洁奉公、勤政为民的感人故事，弘扬中华优秀的廉政文化。

多举措探索，以群众喜闻乐见的方式，让廉洁"清风"吹入千家万户，让群众在享受文艺魅力的同时接受清廉文化的熏陶。一是在罗城组织一系列关于"廉洁文化"高端学术论坛，打造罗城于成龙廉政文化品牌。比如，由中共广西壮族自治区委员会党校牵头，每年在罗城举办党校系统研究于成龙的廉政文化的学术论坛；由广西传统文化研究会牵头，在罗城举办关于传统文化中廉政思想研究、传统节日中廉政文化思想研究、少数民族图腾文化中廉政思想研究等活动；由自治区文联牵头，在罗城举办廉政文学创作论坛。二是借助"三月三"活动平台，开发罗城传统节日，推广罗城廉政文化、营造社会清朗风气。于成龙廉政文化代代相传，与罗城民族文化融合在一起，形成了独特的罗城廉政文化。如罗城仫佬族"祖先节"，老年人都要写好"勤俭持家""乐善好施"等字，并贴在纸钱包上，叫青年人跑到供台前读，然后才送给祖先，以此培养后人勤俭节约的生活习性；婴儿满月时，会在婴儿手腕上系上一根红绳，以告诫人们"勿贪勿盗，伸手必被捉"；还有传颂罗城民间流传的很多劝官廉政的山歌等。为此，罗城仫佬族的"三月三祭树节"，应以打造"廉洁文化"为重点，从而打造仫佬族文化展示区，形成"仫佬族山歌文化圈""印象罗城"，进而将其发展为"文化罗城"。同时可借鉴桂林灵川九尾江头村周敦颐后裔的"清官村"教学旅游一体式开发模式。三是由自治区妇联或自治区纪委牵头，把于成龙家训学习纳入"清廉家庭"的活动。于成龙认为，国风之正，始于家风，尤其是官员之家风。基于此，于成龙长孙于准，秉承先祖遗风，总结汲取于氏先祖的家风家训，编订族规、家训。于成龙家训的高远立意是家国共建，改变官员之家风，进而改变整个国家的风气。还可借鉴山西做法，2016 年 6 月，山西省纪委、吕梁市纪委等联合制作的《一代廉吏于成龙》族规家训专题片，在中纪委网站和客户端播放。

第四，将于成龙廉政文化与清廉广西建设相结合。借力清廉广西建设，整合资源和力量，形成罗城于成龙廉政文化建设合力。一是要以建设"清廉广西"为契机，深入推进广泛挖掘、总结提炼本地区文化中的廉洁文化基因和脉络，用好用活古代清官廉吏"勤廉"历史印记文化资源，古为今用讲好于成龙故事。二是河池市纪检委、河池市委党校和罗城县委党校形成于成龙廉政文化研究联合团队。组织骨干教研人员研发好于成龙廉政文化的精品课程和体验式教学线路开发，形成市县一体、开发一体、研究教学一体的联合体系。三是将于成龙的廉政文化浸入到理论学习和组织生活中，通过主题党日结合典型案例深入开展警示教育和廉政教育，以案促改、以案促建、以案促治，教育引导广大党员干部用廉洁文化滋养身心，用优良传统正心明德，培养廉洁自律道德操守，做清正廉洁的好干部，为凝心聚力建设新时代中国特色社会主义壮美广西多作贡献。

二、把罗城打造成广西党校廉洁文化研究中心基地

习近平总书记强调指出："研究我国反腐倡廉历史，了解我国古代廉政文化，考察我国历史上反腐倡廉的成败得失，可以给人以深刻启迪，有

利于我们运用历史智慧推进反腐倡廉建设。"[1] 在党的二十大上，习近平总书记又进一步提出了加强新时代廉洁文化建设的新要求。同时，党的十八大以来，廉政文化教育成为党校系统主课主业之一，是党性教育的重要组成部分。因此，在这一背景下，把具有珍贵廉政文化遗产的罗城打造成广西党校廉洁文化研究中心基地，是十分必要和可行的，要用新思维新举措打造好这个基地，为提升新时代党校廉政教育水平提供现代营养。

第一，把罗城打造成广西党校廉洁文化研究中心基地十分必要。这项工作的开展具有深刻的政策必要性和现实必要性，亟待推进。

首先，把罗城打造成广西党校廉洁文化研究中心基地，是贯彻落实党的二十大关于加强廉洁文化建设要求、推进清廉广西建设的具体举措。2022 年 1 月，中共中央办公厅印发的《关于加强新时代廉洁文化建设的意见》指出，党中央高度重视廉洁文化建设，强调反对腐败、建设廉洁政治，是我们党一贯坚持的鲜明政治立场，是党自我革命必须长期抓好的重大政治任务。党的二十大报告进一步指出："加强新时代廉洁文化建设，教育引导广大党员、干部增强不想腐的自觉，清清白白做人、干干净净做事。"加强于成龙罗城廉政文化研究为新时代廉洁文化建设提供现代营养，推动廉洁文化研究在广西落地生根。同时，以罗城为广西党校廉洁文化研究中心基地，也是贯彻中共广西壮族自治区党委推进清廉广西建设，建设红色文化、廉洁文化一体融合基地，拓展清廉文化阵地，加强清廉文化理论研究和宣传阐释，讲好清廉广西故事的具体措施。

其次，把罗城打造成广西党校廉洁文化研究中心基地，是贯彻《中国共产党党校（行政学院）工作条例》的重要措施。在 2019 年颁布的《中国共产党党校（行政学院）工作条例》中，第八条第五款指出："加强党校（行政学院）基础设施建设、师资培养、经费保障、现场教学基地建设

---

① 习近平：《习近平谈治国理政》，外文出版社 2014 年版，第 390 页。

等，支持党校（行政学院）实施综合性的教学科研、决策咨询、管理服务创新。"第十一条第三款指出："对下级党校（行政学院）教学、科研、智库建设、师资培训、服务保障等工作进行调研，提出改进意见和建议。"这两款内容对加强党校（行政学院）的现场教学基地建设、上级党校加强对下级党校（行政学院）教学科研和智库建设的工作指导都有明确要求。因此，把罗城打造成广西党校廉洁文化研究中心基地，不但是把新时代《中国共产党党校（行政学院）工作条例》落地落实的一个重要举措，更是为提升新时代党校廉政教育水平提供现代营养。

最后，把罗城打造成广西党校廉洁文化研究中心基地，是广西党校廉政教育区域布局优化的必然要求。以自治区纪委监委命名的党风廉政教育基地目前只有桂林一处——广西党风廉政教育基地（桂林），广西党校的廉政教育现场教学基地主要放在桂林进行。从教学内容来看，百色、贺州乃至桂林除广西党风廉政教育基地（桂林）之外的廉政教育基地均偏重红色革命教育、党性教育，没有一个独立的、专门涉及廉政教育的教学基地。一些教学基地还存在教学内容同质化、教学模式单一化的趋势，也较难发挥廉政教育功能。究其原因，这些教学基地都缺少廉洁文化研究，对廉洁文化的价值内核缺乏深刻的认识。把罗城打造成广西党校的廉洁文化研究中心基地，以研究于成龙廉洁文化为中心，进而挖掘红色文化中的廉洁资源，积极探索什么是廉、能、勤、绩，对提高廉政教育、推广廉洁文化、营造风清气正的政治风气有着极为重要的促进作用；同时也是促进广西党校廉政教育区域布局进一步优化，确保廉政教育提质增量的重要措施。

第二，把罗城打造成广西党校廉洁文化研究中心基地切实可行。选择罗城作为广西党校廉洁文化研究中心基地，是因为罗城本身具有诸多有利因素，是实现这一战略规划的可行性条件。

一是罗城为于成龙初仕之地，保存着大量的廉洁文化资源。罗城有大量有关于成龙廉政文化的文献，它们是极为珍贵的廉洁文化遗产。于成龙如何克服重重困难，坚守自己的政治底线，廉洁自守，同时在清廉的前提下为老百姓谋福利，实现县域大治，获得优秀的政绩，这些珍贵而鲜明的例子恰好能作为新时代党校进行廉洁文化研究，实施廉政教育的重要营养源。

二是罗城县委、县人民政府高度重视，相关研究的软件硬件准备充分。罗城县委、县人民政府一直高度重视于成龙廉政文化资料的搜集，多次派人赴区内外搜集于成龙相关史料，大力推进于成龙廉政文化基地的建设，特别是于成龙廉政文化展馆的建设从项目设计、项目承建企业等各个环节都严格把关，因此展馆中的软硬件设施都有较好的基础。这为进一步开展于成龙廉政文化研究打下了坚实的研究基础。

三是罗城与广西党校配合密切，已经取得一系列重要成果。罗城县委、县人民政府积极推动于成龙廉政文化研究工作的开展，加强同广西党校专家学者联系合作，并委托广西党校专家组建研究团队，着手相关研究，取得了一些富有影响力的研究成果。研究成果在国家级报刊发表后，被人民网、新华网、光明网、中国新闻网、国史网、马克思主义研究网、《广西日报》《当代广西》、广西卫视新闻等数十家国家级或省级重要媒体转载和播出，产生了积极的影响。同时，于成龙廉政文化研究相关专著、咨政报告、学术论文正在紧锣密鼓、有条不紊地撰写中。这为下一步打造廉洁文化研究中心基地奠定了厚实的学术研究基础，便于继续开展研究。

四是在于成龙廉政文化的普及方面，罗城县作出一系列实际贡献。罗城县委党校、河池市委党校均在罗城打造现场教学基地，开展于成龙廉政文化的现场教学工作，为进一步推广于成龙廉政文化作出了实际贡献。因此在这些教学基地和教学成果的基础上将罗城打造成广西党校廉洁文化中心基地，水到渠成。

五是罗城民族团结、县域治理成绩同于成龙廉政文化建设相得益彰。于成龙治理罗城的业绩中蕴含有丰富的县域治理思路，体现出他处理民族关系、县域治理方面的高超政治能力，这恰好与有着民族团结、乡村治理典范的罗城的实际治理经验相契合。打造罗城广西党校廉洁文化研究中心基地，便于从于成龙治理罗城的实绩中总结经验，促进县域治理研究的开展；更能结合罗城经验，拓展新时代党校廉政文化教育的内涵和途径，从而将廉洁文化研究推向深处、走向实处。

第三，关于打造罗城广西党校廉洁文化研究中心基地的建设性意见。

将罗城打造成广西党校廉洁文化研究中心基地有必要性和可行性的支撑，针对如何打造好罗城广西党校廉洁文化研究中心基地，特提出如下建议。

一是整合广西各级党校科研资源，以高端学术论坛推出廉洁文化品牌。整合广西党校、河池市委党校、罗城县委党校及罗城其他科研人员的力量，以项目为突破点，进一步挖掘、整理、研究罗城相关时期地方志、笔记、小说，并赴山西及于成龙任职地搜集文献，结集为于成龙廉洁文化史料汇编，便于下一步开展深入研究。特别是于成龙如何克服困难，廉洁自守，面对困难展现出来的真实心境，如何针对少数民族地区的现状团结各族群众恢复生产，如何平抑物价、打击豪强土匪，等等，这些重要的历史细节都能在史料的挖掘中得到体现，这样既可以还原一个真实的清官形象，又能凸显廉洁深刻的政治内涵和价值外延，有利于今天进一步推进廉政文化建设。

以建设"清廉广西"为契机，联合区内外高校、核心期刊在罗城举办以廉洁文化、循吏文化、清官文化、县域治理、中华民族共同体意识为主题的高端学术论坛。相关研究成果一方面择优刊发在合作期刊上，一方面利用参会学者影响力进一步扩大罗城廉洁文化基地在学术界的影响力，最终形成独具特色的学术矩阵。其中"于成龙廉政文化课题"成果发布会在罗城的召开，就是一个良好的开端。

进一步建设罗城于成龙廉洁文化展馆、于成龙廉政文化现场教学基地、于成龙罗城县域治理研究中心，打造罗城于成龙廉政文化品牌，积极传播于成龙廉政文化。以罗城古城、《于成龙》影视拍摄地为中心举办廉洁文化节，扩大罗城于成龙廉政文化的社会影响力，从而在推动廉洁文化深入人心上作出实际贡献，又对经济活动产生带动作用，进而扩大罗城知名度。

二是整合广西各级党校师资力量，打造于成龙罗城廉洁文化精品课程。以广西党校罗城廉洁文化研究中心基地为实体，特聘广西党校、河池市委党校、罗城县委党校的优秀教师，同时外聘区内外著名专家作为学术、教学顾问，确保教学质量。同时结合广西党校"导师制"相关规章制度，以导师（自治区党校教师）—学员（市、县党校教师）模式把三级党校师资力量整合起来，定期召开学术、教学碰头会议，形成有凝聚力、团结的教学科研团队。

打造于成龙罗城廉洁文化精品课程。党校是廉洁文化研究和传播的重要阵地，廉洁文化能否得到顺利、迅速的传播离不开党校的精品课程。结合打造清廉广西这一主题，与自治区党委组织部密切配合，打造一批组织急需的廉洁文化课程，并通过研究中心三级教师和外聘顾问不断打磨，力争打造出相关精品课程，从而将教学与相关研究紧密地结合起来，相互促进，进一步推动廉洁文化的传播。

三是运用罗城红色文化中的廉洁文化资源，总结和提炼其当代价值。罗城是一方红色的热土，2013 年被列入全国革命老区县。这里有河池市第一个中共党员韦一平烈士的故居和陈列馆，有佛子坳红七军战斗遗址，有仫佬族博物馆革命文物展厅，红色文化遗产丰富，便于用革命文化淬炼公而忘私、甘于奉献的高尚品格。特别是其中蕴含的廉洁文化资源也可以进一步挖掘提炼，如红七军将士们克服困难、安于清贫、远离故土进行千里征战，赶赴苏区，这期间涌现出韦一平等优秀共产党员，他们用自己的生命阐释了什么是清、什么是廉。运用好这一廉洁文化资源能充分发挥红色资源的作用，鼓舞斗志、指引方向、坚定信念、凝聚力量。

罗城是仫佬族自治县，2020年入选第四批广西壮族自治区民族团结进步示范区，在铸牢中华民族共同体意识方面有着丰富的经验和巨大的成绩。以这些成绩为启示能够丰富罗城于成龙廉洁文化的研究，特别是于成龙在治理罗城时抚蛮夷、与民休息，在铸牢中华民族共同体意识、乡村振兴、县域治理方面都有一些探索。结合罗城这些方面的经验启示，并加以总结提炼，进一步丰富罗城于成龙廉政文化建设内涵，从而使罗城广西廉洁文化研究中心基地在大力涵养廉洁文化上发挥最大作用。

三、把罗城打造成"清廉广西"教育基地品牌

党的二十大报告指出："加强新时代廉洁文化建设，教育引导广大党员、干部增强不想腐的自觉，清清白白做人、干干净净做事，使严厉惩治、规范权力、教育引导紧密结合、协调联动，不断取得更多制度性成果和更大治理效能。"这一重要论述为推进廉洁文化建设实起来、强起来提供了根本遵循。廉吏文化是廉洁文化教育的重要内容，加强对广西罗城于成龙廉政文化的挖掘提炼，对推动"清廉广西"建设具有重要意义。

第一，提高政治站位，把握廉洁文化建设的政治方向。廉洁文化是中国共产党的政治品格运用于政治实践的生动反映，推进廉洁文化建设，必须提高政治站位、把握政治方向。

一是加强党的全面领导，确保政治方向。把廉洁文化建设纳入管党治党和国家治理体系与治理能力现代化建设总体框架，寓于惩治和预防腐败体系建设的各个环节，健全和织密廉洁文化建设责任体系和运行机制，确保廉洁文化建设政治方向、舆论导向、价值取向正确。

二是强化理论武装，筑牢思想防线。引导党员干部筑牢信仰之基、补足精神之钙、把稳思想之舵，不断提高政治判断力、政治领悟力、政治执

行力，坚定自觉筑牢拒腐防变的思想防线，以理论上的清醒保证政治上的坚定，以思想上的清醒守住为政之本。

三是系统施策，提高治理实效。增强工作的系统性、整体性、协同性，一体推进"三不腐"工作，把不敢腐的强大震慑效能、不能腐的刚性制度约束、不想腐的思想教育优势融为一体，在统筹联动中提高治理腐败的整体质效和综合效能。

四是治标治本有机结合，实现长远发展。紧紧围绕新时代党的自我革命伟大实践，深刻认识到腐败问题具有顽固性、反复性、长期性，以廉洁文化建设助推新时代全面从严治党，全方位、多维度培育清正廉洁的价值理念，真正实现治标与治本的高度统一。

第二，加大历史研究，总结于成龙廉政文化的当代价值。罗城是于成龙廉政文化的发源地，有着丰厚而弥足珍贵的廉政文化资源。总结提炼好于成龙罗城廉政文化的特点、启示与当代价值，对推动新时代廉洁文化建设具有重要意义。

一是加大对于成龙治理之道的研究。当时罗城盗患匪患严重，于成龙一方面严厉打击，制服罗城外部匪患，使得罗城百姓可以安心生产、生活。另一方面坚持按当地风土人情，因势利导，注意恢复地方秩序与经济，以人为本，与民同乐，最终消除了盗患匪患。这同我们党倡导的人民情怀、实事求是、因地制宜等思想主张有着契合的一面，对今天推进治国理政具有重要意义。

二是加大对于成龙从政初心思想的研究。于成龙进入仕途立志：决不以温饱为志，誓勿昧"天理良心"。这反映出其从政是基于爱民、利民、重民的民本之道。这种强调实学、注重实际的思想成为其以后入仕的思想基础。这种思想与中国共产党人"为中国人民谋幸福，为中华民族谋复兴"的初心使命是一致的。

三是加大对于成龙治贫之方的研究。于成龙在罗城当知县时，罗城刚纳入清王朝版图不久，"盛瘴疠，民犷悍"，"遍地榛莽，县中居民仅六家，无城郭廨舍"。他采取"赏罚分明"的策略鼓励人民发展生产，深入民间，体察民生。这种思想对今天推进乡村全面振兴、实现共同富裕具有重要启发意义。

四是加大对于成龙奉公守法、公正司法思想的研究。古代的地方官往往是集行政权和司法权于一体的，其主张"法德兼用、以德为先，恩威并施、以恩为主"。在罗城任职期间，于成龙为遏制城内盗贼横行的情况，坚持依法行事，宽严并济，其实践和思想对今天践行习近平法治思想，推进法治国家、法治政府、法治社会一体建设具有重要的参考意义。

五是加大对于成龙"勤、清、慎"廉洁作风的研究。于成龙在罗城为官期间，始终简衣清餐、慎独自律、修身养性，做到始终严格要求自己和身边人，并教化民众讲究礼仪，节俭办事。这对于践行习近平总书记提出的领导干部要"明大德、守公德、严私德"具有重要的历史借鉴意义。

第三，多举措让廉洁文化充满时代活力。独特的地域文化有着穿越时空的精神力量，是一座城市鲜明的文化特质，是廉洁文化建设取之不尽、用之不竭的源头活水。对于富有特色的廉洁文化，要采取多项举措，真正让文化"活起来"。

一是把廉洁文化建设同广西实际情况相结合。于成龙廉政文化代代相传，与罗城民族文化融合在一起，形成了独特的罗城廉政文化。如罗城么佬族"祖先节"，老年人写好"勤俭持家""乐善好施"等字帖，让青年人到供台前读后送给祖先，以培养后人勤俭节约的生活习性；婴儿满月时在手腕上系上红绳，告诫人们"伸手必被捉"；同时民间还流传很多劝官廉政的山歌等。可借助"三月三"等活动平台、开发罗城传统节日、打造罗城廉洁文化区，做到将廉洁文化寓于群众休闲娱乐，让干部群众沉浸式观赏体验感悟廉洁之风。

二是积极推动地域文化创造性转化、创新性发展。广泛搜寻在罗城建设发展过程中蕴含的廉洁元素，深度挖掘罗城廉洁文化产生根源、重要特征、当代价值，溯源清廉根脉，让厚重廉政历史成为生动教材。用鲜活的语言、新鲜的形式，积极打造廉洁文化IP，编印本土清廉人物故事读本、出品廉洁专题片和廉洁微电影，将历史名人家规家训、经典故事通过多种形式呈现，不仅让清廉为官、以德化民、公正执法的廉吏人物"活"起来，更使其蕴含的优秀传统文化成为涵养、哺育当代反腐倡廉价值观的重要源泉。

三是把于成龙家训学习纳入"清廉家庭"活动。由自治区妇联或自治区纪委牵头，把于成龙家训学习纳入"清廉家庭"活动。于成龙认为，国风之正，始于家风，尤其是官员之家风。这些思想与习近平总书记提出的"领导干部的家风，不仅关系自己的家庭，而且关系党风政风"是一致的，以此为切入点，教育引导广大党员干部切实加强家教家风建设，以良好家教家风促建优良的党风政风。

四是强化廉洁文化学术研究。以建设"清廉广西"为契机，在罗城组织一系列关于"廉洁文化"高端学术论坛、打造罗城于成龙廉政文化品牌。具体可尝试打造以下三个廉洁文化学术品牌：由自治区党校牵头，每年在罗城举办党校系统研究于成龙廉政文化的学术论坛；由广西传统文化研究会牵头，在罗城举办传统文化中的廉政思想研究、传统节日中的廉政文化思想研究、少数民族图腾文化中的廉政思想研究等学术论坛；由自治区文联牵头，在罗城举办廉政文学创作论坛。

第四，走好群众路线，激发廉洁文化生机活力。廉洁文化建设的基础是人民群众，没有人民群众参与支持，就等于无源之水、无本之木。廉洁文化要坚持面向大众、面向基层，让廉洁文化更具传播力和泥土味，真正受百姓欢迎、融入群众日常生活。

一是用群众喜闻乐见的形式讲透讲活。以满足群众廉洁文化需求为导向，紧贴群众、依靠群众、扎根群众，用群众听得懂的方言俚语讲述群众喜欢听、听得进、用得好的内容，多用群众身边生动、鲜活的事例和实在的数据去说话，把道理讲成故事、把大道理化为身边理，将理论煮成"麻辣烫"。

二是用群众易接受的方式讲新讲深。运用方言土语演绎，利用故事传达，以文学艺术、影视作品、书画展览和公益广告等形式表现廉洁文化的丰富内涵，推出一批紧贴时代脉搏、反映人民心声、独具地方特色、群众喜闻乐见的精品力作。

三是贯穿基层群众其他文娱活动。与广场舞、地方戏曲、山歌民歌等各种健康向上、群众喜闻乐见的文体活动结合起来，将廉洁文化元素融入其中，增加趣味性。搭建党员干部群众参与平台，组织开展群众演、演群众的公益文化活动，让廉洁文化植根寻常百姓家，不断增强清廉文化的感染力、影响力和渗透力。

第五，建立健全机制，持续释放廉洁文化引领效应。廉洁文化建设具有系统性，必须通盘谋划、统筹协调、久久为功。在这个过程中，要实现治标与治本的统一，还需要强化制度建设。

一是以廉政制度为基础加强规范约束。树立制度权威，把制度作为制约权力和廉政建设的基础载体，依靠制度改革走出规范治理的新路。严格执行制度，加强对制度执行情况的监督检查，确保制度规矩面前人人平等。树立改革思维，在实践中不断修订那些不适宜或者制约建设发展的制度，使之与现实发展需求要求相适应。

二是以制度为基石构筑廉洁文化长效机制。注重从文化和价值观层面推进反腐败斗争，做到思想认识与制度约束同向发力，形成浓厚的廉洁文化氛围。把加强廉洁文化建设建立在对历史发展规律的正确认识和科学把握上，深化标本兼治，不断提高党以自我革命引领社会革命的本领，确保党和国家长治久安。

三是借鉴传统廉洁文化完善反腐制度体系。深入挖掘中华优秀传统文化、革命文化、社会主义先进文化中蕴含的廉洁文化，从古圣先贤、清官廉吏的嘉言懿行中汲取持廉守正的文化养分，把握历史规律、掌握历史主动，引导党员干部自觉认同清正廉洁的价值理念，抵制腐朽思想侵袭，使廉洁成为广大党员领导干部的立身之基、安身之本。

第六，营造浓厚氛围，让廉洁文化于融合中深化。把廉政文化建设与习近平新时代中国特色社会主义思想教育、党史学习教育、党性党风党纪教育、法律法规教育结合起来，营造廉洁文化教育的浓厚社会氛围。

一是结合党性教育，通过学习育廉。将廉洁教育和党性教育相结合，通过集中上党课、组织生活会、主题党日活动以及节假日廉政提醒等形式，强化廉洁教育和党性教育有机融合。将廉洁文化内容作为党校培训、干部教育的重要内容，依靠集体学习与自我学习强化认识，提升觉悟。组织编辑印刷廉洁文化案例教材，做到用身边人的身边事教育身边人。

二是结合重点工作，利用媒体宣廉。充分发挥传统媒体优势与网络媒体优势，通过在主流纸媒开辟廉洁专栏常态化报道和宣传廉洁文化，利用电视广播常态化滚动播出廉洁短视频，在官方微信公众号、抖音号常态化推送廉洁短视频或图文并茂的宣传内容，在主要街道、路口悬挂巨幅廉洁宣传标语、广告等形式，让走出去都是廉洁、生活中都是廉洁、心里始终装着廉洁成为社会常态，引领社会新风尚。

三是结合文化活动，运用艺术颂廉。定期开展"清廉标兵""廉政楷模"等评选活动，深入挖掘和搜集群众身边的廉洁故事，选树和宣传群众身边的廉洁典型，让廉洁成为人们的崇高追求。定期举办以廉洁为主题的书画展和文艺晚会巡演活动，发动基层中乐于表演、具有群众基础的舞蹈队自导自演节目，深入农村、社区等开展廉政巡演活动，营造全社会崇廉尚洁的良好氛围。

四、把罗城打造成中华廉政文化和廉吏风采展示平台

习近平总书记在党的二十大报告中指出："深化标本兼治，推进反腐败国家立法，加强新时代廉洁文化建设，教育引导广大党员、干部增强不想腐的自觉，清清白白做人、干干净净做事，使严厉惩治、规范权力、教育引导紧密结合、协调联动，不断取得更多制度性成果和更大治理效能。"① 习近平总书记的这一重要论述，深刻阐明了廉洁文化建设的当代价值和时代意义，这对当前推进罗城廉政文化建设和廉吏风采展示平台的打造，推动新时代廉洁文化建设、文旅业高质量发展，以及实现农业农村现代化和基层治理现代化都有着极为重要的指导意义。

第一，深刻把握打造罗城中华廉政文化和廉吏风采展示平台的历史底蕴，增加工作主动性。中国特色社会主义进入新时代以来，以习近平同志为核心的党中央对廉洁文化建设提出了明确要求。罗城于成龙廉政文化作为我国古代廉政文化的一部分，既对当时经济社会发展起到了积极推动作用，又具有丰富的当代价值。要推动新时代罗城廉政文化建设和廉吏风采展示平台打造，就需要深入研究并充分挖掘罗城于成龙廉政文化资源，全面掌握罗城廉政文化和廉吏风采的历史底蕴，增强打造罗城中华廉政文化和廉吏风采展示平台的历史自信。

一是于成龙属大器晚成。据历史资料记载，于成龙出身于官宦之家，曾多次参加乡试，但由于当时社会的战乱不断，于成龙最终没能考过乡试。到了不惑之年的于成龙，才以副榜贡生的身份参加吏部考试，获得了"候补知县"的职位，但由于父亲病重没有上任，直到顺治十八年（1661

---

① 习近平：《高举中国特色社会主义伟大旗帜　为全面建设社会主义现代化国家而团结奋斗——在中国共产党第二十次全国代表大会上的报告》，人民出版社 2022 年版，第 69—70 页。

年），已 45 岁的于成龙才以"候补知县"的身份出任广西罗城县令，从此正式踏入仕途。

二是朝廷为于成龙提供了施展才华的政治环境。当时清朝的社会基本趋于平稳，但仍有局部地区战乱频繁，再加上劳动人民长期受地主阶级严重剥削，严重影响地方社会经济发展。于成龙就职的罗城，距离京城甚远，为少数民族集聚地，环境恶劣，匪患频发。康熙皇帝执政后，主张"民为邦本、必使家给人足，安生乐业"的太平之治[①]。这就为广大清正廉明的官吏提供了施展才华的政治环境。

三是于成龙治理之道深得人心。于成龙在罗城任职期间因坚持法德兼用，积极推行崇俭戒奢、严禁馈送、整饬吏治、移风易俗、爱民安民等一系列政策，同时他爱民如子，清正廉明，行事谨慎，政务勤勉，以高尚的人格、清廉的品质和出色的政治才能以及卓越的政绩，使得"南蛮"地区基本趋于稳定。于成龙以此在罗城施行保甲，安民剿匪，劝民赈贫，清廉爱民，于成龙也因政绩卓著被康熙皇帝大为赏识，被康熙赞誉为"天下廉吏第一"。

四是于成龙受儒家思想和佛学思想影响深刻。于成龙的政治哲学思想的形成，得益于其年少时受到儒家思想和佛学思想的深刻影响。于成龙少年时期受父亲于时煌的影响，学习了诸如四书五经等大量儒家典籍和诸子百家的书籍，这为他哲学思想的形成奠定了儒家思想根基。后来，于成龙曾在寺庙学习和生活了很长一段时间。据历史资料记载，于成龙在寺庙学习和生活期间吸收了大量佛学思想，这对他后期政治哲学思想的形成也产生了深远影响。由此可见，于成龙的政治哲学思想是尚廉爱民、德行合一的高度体现。

第二，深刻把握打造罗城中华廉政文化和廉吏风采展示平台的时代价

---

① 刘雪东：《于成龙政治哲学思想研究》，湘潭大学，2021 年硕士学位论文，第 18 页。

值，增强工作的能动性。中华优秀传统文化中蕴含着深邃的国家治理、治吏官事的思想理念，有丰富的礼法相依、重德崇礼、修身正心的历史文化智慧，将国家、社会、家庭和个人连成一个密不可分的整体，奠定了修齐治平的道德理想和行为准则。深入研究并充分挖掘罗城廉政文化对国家推进廉洁文化建设，推进全面从严治党，推动和加强新形势下基层治理体系和治理能力现代化建设，促进乡村振兴和推进文旅业发展有着重要的时代价值，为打造罗城中华廉政文化和廉吏风采展示平台凝聚共识。

一是有利于推进廉洁文化建设。罗城廉政文化作为中华优秀传统文化的一部分内容，一方面传承和发扬好罗城廉政文化，是贯彻落实党中央《关于加强新时代廉洁文化建设意见》的直接体现；另一方面，研究罗城廉政文化，有助于带动仫佬族等少数民族文化快速发展，同时，对推动提升新时代党员干部不敢腐、不能腐、不想腐的廉政思想意识，正确引导广大党员干部清白做人、干净做事、依法从政、规范权力等有重要意义。

二是有利于推动基层治理现代化。廉以养德，文以化人。新时代十年来，全面从严治党，不断向纵深化延伸。随着国家治理体系和治理能力现代化进程不断推进，基层廉政文化建设也需要适应时代需要不断与时俱进。于成龙廉政文化与基层治理相辅相成，推动于成龙罗城廉政文化建设和廉吏风采展示平台打造，是推动全面从严治党向纵深发展的有力保障，同时也是推动基层治理现代化的最好保障，对扎实推动乡村振兴和推进基层治理现代化有着重要作用。

三是有利于推进文化旅游业发展。打造罗城廉政文化和廉吏风采展示平台，将其与文化旅游业融合，一方面有助于通过文旅业的发展对各级党员领导干部的受教育主体进行正面激励，从而达到教育引导广大党员干部牢固树立正确的世界观、人生观和价值观，不断提升党员自身思想道德观念和廉政文化素养的目的；另一方面对地方文旅发展起到了推动作用，既使旅游产业增加了收益，也在一定程度上反哺了红色旅游业的快速发展。

第三，多举措把罗城打造成中华廉政文化和廉吏风采展示平台，展示罗城廉政文化建设新作为。习近平指出："中国传统文化博大精深，学习和掌握其中的各种思想精华，对树立正确的世界观、人生观、价值观很有益处。"① 罗城拥有极其丰富的廉政文化资源，把罗城打造成为廉政文化和廉吏风采平台，符合推进全面从严治党和深入推进党风廉政建设的时代要求。

一是充分挖掘罗城廉政文化资源，多元化推动廉政文化建设走活走深走实。于成龙廉政文化作为文化建设的重要组成部分，广泛而深刻地影响着后人。推动于成龙廉政文化建设走活走深走实，需要坚持以于成龙廉政文化等为依托，按照"挖掘有深度、成果有精品、活动有实效"的原则，在搜集整理研究、打造精品课程、传播创新等方面下足"绣花"功夫，以实际行动守护廉洁文化根脉，传承廉洁文化，为建设社会主义现代化强国营造良好廉洁氛围。

首先，深挖于成龙廉政文化特色资源。广泛搜集廉政素材，征集于成龙廉政文化实物，开展于成龙廉政思想研究，深挖于成龙"崇德教化、担当作为、立规明矩"文化内涵。继续开展于成龙廉政文化课题研究、举办廉政文化研讨论坛等，出版"于成龙廉政文化系列丛书"。积极借助党风廉政建设契机，结合地方实际，研究制定罗城廉政文化保护机制，统筹各类资源，加大资金投入和政策扶持，对于成龙在罗城时期的文化遗址等场所开展修缮保护工作，有条件的可以将修缮好的场所开发成文旅产业，让罗城廉政文化资源重现于世并得到长期保存。

其次，打造廉政精品课程。充分借助廉政文化学校建设，或与地方党校合作，重点针对党员干部开展廉政文化教育，通过"以案说法"、专题

① 习近平：《习近平谈治国理政》，外文出版社2014年版，第405页。

讲座、干部廉政座谈会、廉洁专题党课等形式，让广大党员干部在开展廉政教育学习中感受廉政文化内涵，自觉提升廉洁奉公的思想自觉和行动自觉，进一步筑牢拒腐防变思想防线。

再次，创新传播手段。加强于成龙罗城廉政文化宣传教育，对教育和提升党员干部廉洁从政、廉洁从业有着重要意义。坚持把廉洁文化建设作为反腐败斗争的基础性工程来抓，结合学习贯彻习近平新时代中国特色社会主义思想主题教育工作，把于成龙有特色的思想精髓编辑成剧本，借助影视手段把于成龙廉政文化拍摄成廉政教育短视频或电视剧，借助文化传媒平台载体推动构建党内集中的廉政教育体系。同时，充分抓住党风廉政教育主题契机，积极把于成龙罗城廉政文化编写成廉政教育读本，鼓励和引导广大党员干部在清廉阵地中用基层群众喜爱的讲故事形式或文学艺术、影视作品、书画展览和公益广告等形式全面展现于成龙罗城廉政文化丰富内涵，实现多元化发扬红色基因代代相传目的。

二是加强廉政文化品牌建设，推动提升于成龙罗城廉政文化影响力。坚持以廉洁文化建设为中心，围绕于成龙廉政文化建设和廉吏风采展示平台打造主题，以"深挖于成龙勤廉史迹，打造国家级廉政文化教育基地"为目标，下足"廉功"，打造一批以于成龙廉政文化为重点的廉洁文化品牌，增强廉洁文化的影响力、渗透力和感染力，营造出风清气正的廉洁文化"生态圈"，助力推动党中央廉洁文化建设历史进程。首先，深挖廉政特色文化项目。推动于成龙罗城廉政文化建设和弘扬好发展好于成龙罗城廉吏风采，倾力打造罗城廉政文化品牌，继续推进于公廉政文化园、廉政图书馆、于成龙古道、于成龙公园和于成龙廉政文化展示馆等项目建设，并将其串联组合，打造成为科学合理的"链网式"主题性景区和廉政文化教育基地，以增强于成龙廉政文化影响力。其次，筹建中华廉政文化教育基地。目前国内有两处著名的廉政教育基地，即河南省三门峡甘棠苑、山西省吕梁市的于成龙廉政文化园。于成龙廉政文化具有悠久的历史传承，可以依托于成龙罗城廉政文化资源，以"清官""廉吏"为特色，把于成龙廉政文化特色和廉吏风采推动形成以廉为贵的廉政思想，加快推进中华廉政文化园建设，全力打造别具一格的全国廉政教育基地。再次，打造中华廉政文化教育展示平台。加强罗城廉政教育学院建设力度，打造一批廉政文化研学体验基地，打造具有地方特色的廉政文化主题街区等，把中华廉政文化融入旅游文化中，推动中华廉政文化教育展示平台建设，打造合乎时代需求的廉洁文化"生态圈"，着力扩大中华廉政文化影响力。

三是用好红色文化资源和地域文化资源，展示于成龙罗城特色廉政教育风采。把廉政文化与本地红色资源、地域文化资源相结合，推动"清廉＋文旅"新模式，营造出以"红"育"廉"、以文化人、以文养廉、文旅融合的浓郁氛围。首先，推动廉政文化与红色文化融合。罗城有着丰富的红色文化资源。1930年，中共红七军在河池整编为十九、二十、二十一三个师，后在罗城四把村遭到了敌人阻击，经过多番战斗，红七军后经三江县渡过融江向古宜前进。红七军经过罗城时，军纪严明，秋毫无犯，并在罗城广泛传播革命思想，播下了无数革命火种。有当年邓小平、张云逸等老一辈革命家留下的红色足迹和红七军四把战斗遗址。罗城还是"黄花岗七十二烈士"之一的李德山和新四军高级将领韦一平的故乡。打造于成龙罗城廉政文化，应与罗城红七军等红色文化融合，筹建红七军四把之战纪念馆、罗城党史陈列馆等，打造一批集缅怀纪念、党性教育、研学培训、史料研究于一体的红色教育基地。通过以点带面的方式把于成龙罗城廉政文化和廉吏风采打造成教育平台，让红色文化资源以及罗城特色文化在人们的视野中活灵活现。其次，推动廉政文化与地域文化融合发展。罗城地域文化丰富，寺庙林立，古建筑群集，如建寺迄今八百余年仍弥久如新的开元古寺、古刹丰安寺、多吉寺、明清古建筑群、乐登桥及古人类文化遗址、旧城遗址和仫佬族文化浓郁的大勒洞古民居和石围古村等。罗城是全国唯一一个仫佬族县级聚集地，同时也是刘三姐第一故乡，形成"依饭节""走坡节""坐夜歌""打老庚"等特色民俗，诸如民族服饰文化、居民建筑文化、民间文学文化，等等。罗城还有仫佬族博物馆，内含地域文化的家风、牌甲治盗、村规民约等廉政文化元素。推动罗城廉政文化建设，需充分利用好地域特色文化，结合地域文化资源优势，打造"三尖"文化特色，把罗城廉政文化植入民族服饰文化和居民建筑文化、民间文学等地域特色文化中，使之与罗城节日庆典活动和民风民俗相衔接，与文旅休闲以及服饰文化相结合，把廉政文化编织成服饰装点元素，或者把廉政文化雕刻在居民建筑中，与居民建筑文化共同推广，借助地域文化的传播直接或间接传承和发展罗城廉政文化，从而实现廉政文化与地域文化融合发展。再次，推动廉政文化与文旅融合发展。通过旅游业的发展带动于成龙罗城廉政文化建设，通过开展廉政教育活动引导更多党员加入罗城廉政文化和廉吏风采的红色"打卡"风潮。例如可以将于成龙廉政文化建设和廉吏风采打造成展示平台，通过廉政文化景观艺术效应让于成龙廉政文化融入地方经济社会发展环境，潜移默化地教育广大党员干部。同时，结合罗城"一山一城带两江"文旅发展思路，合理借助地方景区景点，把于成龙罗城廉政文化元素设置在景观景点显眼位置，依托休闲旅游业的发展直接或间接对于成龙罗城廉政文化进行大众化普及，让广大党员干部在生活中也能接触廉政教育，推动提升广大党员干部提高思想自觉、行动自觉，促进不敢腐、不能腐、不想腐观念深入人心。

四是加强于成龙罗城廉政文化推广横向合作，形成新时代廉洁文化建设的合力。经济是一个国家的支撑，文化是一个民族的灵魂。推进于成龙罗城廉政文化建设需要构建横向合作格局，整合资源完善机制、建立联盟、形成合力、凝聚共识，推动形成新时代廉政文化建设蔚然成风、深入人心，使风清气正得到广泛弘扬。首先，建立于成龙罗城廉政文化长效机制。廉政文化建设是当前我国全面从严治党的重要举措，加强于成龙罗城廉政文化推广，需要建立健全于成龙罗城廉政文化长效机制。如通过颁布政令、出台于成龙罗城廉政文化建设保护条例、印发破坏于成龙罗城廉政文化建设惩罚规章等，进一步通过制度体系机制对具体的廉政文化建设作出指导和规范，同时与教育党员干部形成互补，最终推动于成龙廉政文化深入人心。其次，加强于成龙廉政文化异地联合。于成龙为官经历既是当时清朝社会的缩影，也是对当时错综复杂的社会环境的直接反映。于成龙一生先后在广西罗城、四川合州、湖北黄州和武昌、福建、直隶（河北）、两江（江苏）等六省七地任职，在每个地方任职期间，因其高尚的人格、清廉的品质、出色的政治才能和卓越的政绩，都深受老百姓的爱戴，也都留下了诸多廉政思想。因此，加强于成龙廉政文化建设，需要加强于成龙为官的六省七地异地合作，形成廉政文化建设联盟，共同推进于成龙廉政文化建设，使之成为中华廉政文化建设的典范。再次，加强与各单位机构合作。廉政文化贵在春风化雨，重在久久为功。强化于成龙廉政文化推广，需要加大于成龙罗城廉政文化建设力度，通过"线上 + 线下"的方式加强与纪律监察、党校、教育培训机构、文旅等单位合作，统筹社会各方面资源，在特色农庄、休闲广场、主题公园等场所开创廉政文化教育讲习所等，通过群众喜闻乐见的文艺展示形式，让于成龙罗城廉政文化遍布城乡。同时，借助全面推进农业农村现代化战略契机，加强"廉政文化 + 乡村旅游""廉政文化 + 电商"创新发展，让于成龙廉政文化以不同的形式流传于世，让广大人民群众实实在在感受到于成龙一身正气、两袖清风的清廉本色，不断促使党员干部树立廉洁从政、廉洁从业的价值观念。

第七章

我国古代廉政建设启示录

廉政问题是历朝历代的难点和焦点，纵观中华民族上下5000多年的历史进程，防治贪腐一直都是古代治国的重要内容。总结古代廉政建设的得与失，把握其中的治贪规律，从中获得启示，对镜鉴当代、启迪未来有重大意义。

第一节　我国古代廉政文化的起源与形成发展

廉政文化，是指人们关于廉政的价值、观念、知识、规范及其行为方式的总和，是以廉洁从政为理念和目标，以廉政理论、廉洁思想、廉政制度、廉政纪律和廉政行为等为表现形式的一种文化。我国古代廉政文化建设大体包括廉政制度文化建设、廉政思想文化建设和廉政社会文化建设三个方面，这三个方面并不是相互孤立的，它们彼此相互推动，相互影响，构成了我国古代廉政文化的丰富内涵。

一、我国古代廉政文化的起源

在古籍中的"廉政"一词最早出现在《晏子春秋·问下四》，"廉政而长久，其行何也"。"廉"字可见的最初含义是堂屋的侧边，出自《仪礼·乡饮酒礼》"设席于堂廉，东上"。用"廉"字表示政治行为出自《周礼·天官》中所记载的"以听官府之六计，弊群吏之治：一曰廉善，二曰廉能，三曰廉敬，四曰廉正，五曰廉法，六曰廉辨"[①]。汉代以后，"廉"成为官吏具备的一种职业道德，而"政"在《释名》中的解释是"正也，下所取正也"。

在《现代汉语词典》中，"廉政"的释义是"使政治廉洁"。按照现代政治实践理解，廉政是与贪腐直接对立的一种行为，此外还应当包含勤政务实、政府清廉和政治清明等方面。

我国古代廉政思想是随着公共权力的出现而发展起来的。原始社会末期私有制的出现为贪腐行为打下了物质基础。贪腐行为出现后，廉洁政治就成了人们的普遍诉求。在上古五帝时期先民们就有了朦胧的廉政意识，如部落联盟中的首领推举在五帝时期发展到了禅让制，使有德者居于首领之位，此时勤政、节俭、爱民、尚贤的公仆意识随之出现，成为中国古代廉政思想的源头。

在春秋战国时期，我国古代的廉政观念开始萌芽，最初表现为"重民""仁政""尚贤"等与廉政有关的政治思想，以及"君子""礼""义""信""忠""仁""正""俭""廉""勤"等政治规范和道德要求。在当时的诸子百家中，不同学派的廉政思想主张是不尽相同的。比如，墨家把"廉"看作人的德行要求之一，认为君子之德有廉、义、爱、哀"四行"。法家把廉、德与政治统治结合起来。管子认为，"礼义廉耻，国之四维，四维不张，国乃灭亡"，"廉者，政之本也"。儒家的廉政思想则表现在"三为"上：一是为政以德，提出慎欲、慎言、慎友、节俭、明察等理念，涵盖廉政、勤政、正义、忠诚、诚信、爱民、慎友等方面；二是为德以廉，廉洁是从政者必备的基本道德，即"一曰廉善，二曰廉能，三曰廉敬，四曰廉正，五曰廉法，六曰廉辨"；三是廉政为民，廉政的最高境界是要"爱民""仁民"。

---

① （清）阮元校刻：《十三经注疏》，中华书局 2009 年版，第 1408 页。

这一时期的廉政思想还具有释廉、劝廉之意。在释廉方面，如《周礼·天官》："以听官府之六计，弊群吏之治：一曰廉善，二曰廉能，三曰廉敬，四曰廉正，五曰廉法，六曰廉辨。"天无私覆，人有正廉。廉，清也。不苟取，不贪。廉者，即廉善者，清廉而政绩优异；即廉能者，清廉能干；即廉敬者，清廉而忠于职守；即廉正者，廉洁正直；即廉法者，清廉守法；即廉辨者，廉洁而明辨是非。在劝廉方面，如秦《为吏之道》："吏有五善：一曰忠信敬上，二曰清廉毋谤，三曰举事审当，四曰喜为善行，五曰恭敬多让。"

二、我国古代廉政文化的形成发展

与先秦时代的廉政思想源头以及释廉、劝廉相比较而言，我国古代廉政文化的形成发展主要体现在监察制度设立、肃贪制度与法令、倡廉制度以及清廉立人、廉以立国、廉政符号等方面。

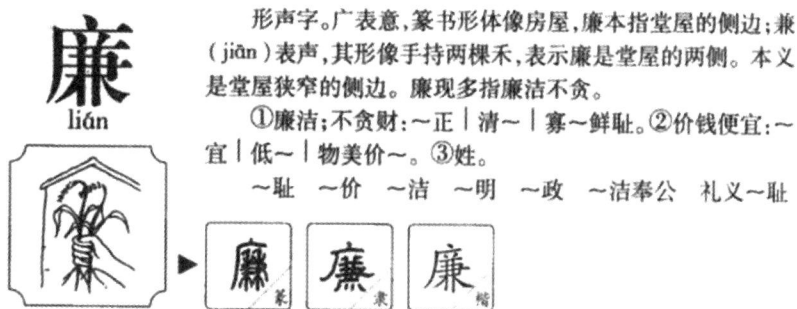

形声字。广表意，篆书形体像房屋，廉本指堂屋的侧边；兼（jiān）表声，其形像手持两棵禾，表示廉是堂屋的两侧。本义是堂屋狭窄的侧边。廉现多指廉洁不贪。
①廉洁；不贪财：~正｜清~｜寡~鲜耻。②价钱便宜：~宜｜低~｜物美价~。③姓。
~耻　~价　~洁　~明　~政　~洁奉公　礼义~耻

"廉"字形演变及释义

（图片源自罗城仫佬族自治县于成龙廉政文化展示馆）

我国古代监察制度起始于秦汉，发展于魏晋，日臻成熟于唐宋，高度完备于明清，形成了御史监察、谏官言谏两大系统，二者构成了封建社会完整的监察体制，在防范官员腐败方面起到了重要作用。秦朝开始正式在中央设立御史大夫监察中央百官，在地方设监御史监察郡县官吏。汉承秦制，在中央设御史府的同时，增设丞相司直和司隶校尉为中央监察官，在地方设立十三部刺史，并颁布了监察法规《监御史九条》《刺史六条》。魏晋南北朝时期，中央御史台脱离少府，直接受命于皇帝，御史台监察权扩大。唐朝在御史台下设台院、殿院、察院，分工明确，互相配合，地方则设分道监察区，形成比较严密的监察网。明朝时，改御史台为都察院，地方设巡按御史、提刑按察司、督抚，形成三重监察网络。至清朝基本沿用明制。至此，我国古代监察系统达到了高度的统一和严密。清朝还以皇帝的名义制定了我国古代最完整的一部监察法典《钦定台规》。综观我国古代监察制度，具有三个历史特征：第一，监察机构独立，直接听命于皇帝，且自上而下垂直监察。第二，监察官大多是位卑、权重、厚赏，直接向皇帝奏报，以小制大。第三，重视监察官的选任，在选任条件方面，要求德行显著、学识优长、明法律令、有地方工作经验；在选举制度方面，据法选任，实施监察官任职回避制度。从吏治实践看，我国古代监察组织和监察制度系统的确设计得十分精细严密，监察机构在纠举不洁、惩恶扬善、澄清吏治中发挥了重要作用。

在肃贪制度与法令方面，我国古代统治者注重立法和用法令治理官吏。一方面注重运用法律来规范官员行为。早在尧舜禹时期，司法官皋陶就制定了"昏、墨、贼"的罪名，其中"墨"就是指贪婪败坏官纪。西周时期规定了"五过之疵"，即惟官、惟反、惟内、惟货、惟亲，以惩罚审判官徇私舞弊。战国时期李悝主持制定的我国历史上第一部比较系统的封建法典《法经》，是总结春秋以来各诸侯国的立法经验编纂而成。其中"杂法"规定的"六禁"中的"金禁"，就是惩罚受贿行为的规定。秦朝的法律规定了"任人不善"、"玩忽职守"和"贪赃枉法"等罪名。西汉时期惩治贪污贿赂的法律体系更加完善，特别是制定了独立的监察法规，在处理贪污腐败案件时基本以监察法规为主要依据。《晋律》把官吏贪污受贿、枉法断事与不孝、谋杀等重罪并列，作为不能赦免的罪行之一。南北朝的法令多承魏、晋。隋唐的反贪立法主要体现在《开皇律》及《唐律疏议》中。《唐律疏议》以国家大法的形式，把惩治贪污犯罪的规定作为法律固定下来，为惩贪提供了基本的法律依据。宋朝的律法中对贪污罪有各种严格而具体的规定。明清是中国封建社会的后期，反贪立法多继承唐、宋，但比较系统一些。另一方面历朝历代也注重运用严刑酷法惩治贪官污吏。夏朝规定若犯贪婪败坏官纪的"墨"罪，要处以死刑。秦朝强调轻罪重罚，以刑去刑，对行贿一钱即刑，规定贪污与"盗"同罪。到了汉代，汉律规定"吏坐受赇枉法……皆弃市"，且子孙三世"皆禁锢不得为吏"。《晋律》开赃罪"遇赦不原"的先河。唐代虽然用刑轻缓，但对贪贿犯罪处罚却极为严厉。到宋代，"承五季之乱，太祖、太宗颇用重典，以绳奸匿"。明朝朱元璋时代反贪力度比较大，赃至60两以上者，枭首示众。清朝康熙告谕大臣："凡别项人犯尚可宽恕，贪官之罪，断不可宽。"综观我国历朝历代，采用重刑惩治贪官污吏，能在一定程度上起到杀一儆百的作用，使封建王朝在某一个时期内保持相对稳定的政治局面。

我国古代统治者在严惩贪官污吏的同时，还十分重视对廉政的倡导，采取学校教育、家庭教育、帝王教育等方式进行教化。"清正廉明""吏治清廉"一直被视作从政者的主要行为规范。封建王朝比较重视表彰和重用廉吏，把他们树立为实行廉政的典范，作为官员学习的榜样。不少帝王也常以"清廉"对官员进行诫勉，强调以"廉"为操守、为官德，鼓励官员以"廉"获取从政的声名。同时，在儒家的修身齐家治国平天下的政治理念中，"廉洁""廉平""廉正""廉直""廉谨"也是主要的道德准则。

与此同时，清廉立人、廉以立国、廉政符号等也成为我国廉政文化形成发展的重要体现。清廉立人就是在儒家主流思想的影响下，注重个人修养成为读书人的特性之一。在《礼记·大学》中将修身的要求，从君子扩大至全体民众，国家政权选官用人时顺应以德为先、德才兼备的用人导向。随着科举制的完备，封建社会中央政权依靠这一制度选拔出更多有德行、有能力的官员，激励更多的晚生后辈修身学习、为官以德。

廉以立国就是古代先贤对为官者的廉政教育情有独钟，儒家的"为政以德""以廉为本"思想、法家的"富民安邦""礼义廉耻"思想、墨家的"廉、义、爱、哀"、君子之道德"四行"思想，分别从不同角度为我国廉政思想奠定了基调。历代封建统治者在此基础上宣传发挥，以廉政导向作为自己统治方略的重要部分。比如，宋太祖赵匡胤指出："吏不廉则政治削，禄不充则饥寒迫，所以渔夺小利、蠹耗下民，徭兹而作矣。"明太祖朱元璋则常以"元亡于吏"的教训告诫臣下："民数扰必困，民因则乱生。"

在廉政符号方面主要有廉泉、廉石、廉池等。在安徽省合肥市包公祠旁边，有一井，名曰"廉泉"。据说这是包拯专为附近书院师生解决喝水困难问题而挖掘的，同时也告诫后人立世做人要像井水一般清澈明净。在苏州文庙碑刻博物馆，有块石头，名曰"廉石"。据史料记载，三国时期东吴人陆绩在任广西郁林太守时，清正廉洁，肃贪拒贿，深得百姓爱戴，任满回苏州老家时，因全部家当不满一船，船夫怕船太轻，抵挡不住海上的风浪，只好将一块大石头放进船舱。压船的巨石到苏州后，被人们收藏起来，称为"廉石"。到了明代弘治九年（1496 年），监察御史樊祉巡视苏州，把这块石头移到监察御史衙门的左侧，镌刻"廉石"二字，供百官和百姓瞻仰。在江苏省涟水县的五岛公园，有个砚形水池，岸边石上镌刻着"廉池"两个遒劲的大字，旁边是几行潇洒的行书："米公洗墨写清廉，佳话千年众口传。务实求真为百姓，要留清白在人间。"相传在北宋元祐年间，著名书画家米芾任职于涟水，"多惠政，任满归，囊橐萧然"。他在职时，不取百姓一厘一毫；卸任离去时，将笔端残墨置于池水——

洗尽，以示"来清去白"。当地百姓敬仰他，将他洗去残墨的水池称为"廉池"。

三、我国古代廉政文化建设的主要内容与积极成果

我国古代廉政文化建设大体包括廉政制度文化建设、廉政思想文化建设和廉政社会文化建设三个方面，这三个方面并不是相互孤立的，它们彼此相互推动，相互影响，构成了中国古代廉政文化的丰富内涵。

在廉政制度文化建设方面，从战国秦汉以来，廉政建设由原先的道德追求向制度层面的转化，使得国家围绕如何在政权体制中反腐倡廉作出了许多精密的设计，并在法律法规，监察、监督，行政管理上得以体现。由此，廉政设计和建设成为古代政治家的政治理念之一，同时也丰富和发展了廉政制度文化的内容。例如，在秦汉的政治制度设计中，监察制度是多层次、多方位的，既有各级行政长官的监察职责，又有专职的御史和刺史系统的监察，其中专职监察制度的形成并不是一种简单的官职设置，这体现了制度设计者深刻的思考。比如，对监察官选任有特殊要求，将监察官的隶属系统与行政官区别开来。在监察官的使用规则上，实行荐举中的连带责任制、任职中的地域回避制，以及道德与能力并重的考核制等，都体现了行政中的廉政意识。这些廉政措施所形成的政治理念上升为廉政文化，在整个中国古代廉政制度建设上始终发挥着潜移默化的作用。这种制度与制度文化呈现出相互交融、相辅相成的格局，构成了中国古代廉政文化的一个重要特色。

在廉政思想文化建设方面，我国古代思想家大都对现实问题高度关注，也在廉政问题上作出了许多理论思考与总结，其中既有通过设官分职来加强权力制约、权力监督的具体设想，也有通过理想教育来提升个人的道德情操实现其为政清廉的目的，还有对社会现实的批判，揭示腐败对政

孔子主张人要有正确的价值观

（图片源自罗城仫佬族自治县于成龙廉政文化展示馆）

权的危害。孔子主张人要有正确的价值观，孟子倡导清心寡欲的意义，荀子要求人们"志节高尚""不贪货利"，墨子把"贫则见廉"视为"君子"的标准之一，汉代大思想家董仲舒竭力反对武帝的纯任刑罚举措，认为"教化废而奸邪并出""教化行而习俗美也"。除了德教思想外，我国古代的思想家们的忧患意识也是廉政思想文化的一个重要组成部分，其中"生于忧患，死于安乐""先天下之忧而忧，后天下之乐而乐"是许多古代杰出思想家的共识。廉政思想与廉政制度的紧密结合构成了我国古代廉政文化的又一个特色。

在廉政社会文化建设方面，主要包括三个层次：第一，统治阶级通过政治宣扬在全社会倡导廉洁为政的社会风气。其中被统治阶级确立为正统思想的儒家思想，就对社会廉洁风气的形成有着重要意义。比如儒家经典中修身、齐家、治国、平天下的家国同构思想，由孝推及忠、廉的家庭伦理与政治伦理相结合的思想，使廉政文化中的若干因素普及社会中的个人和家庭。统治阶级对廉吏的旌表、对贪官的惩罚，使社会形成了廉洁光荣、腐败可耻的社会氛围。第二，社会大众形成的舆论监督。这种舆论表现在社会大众自发地对廉洁为政者的歌颂，对贪官污吏的鞭挞。比如，汉代的太学生奔走呼号，无情揭露东汉末年的腐败政治，振聋发聩；宋代的文人士大夫有良好的议政传统，当时的民间舆论力量也颇为强大，从普通百姓到士绅官员都有比较自由地议论朝政的环境。第三，各种旨在惩恶扬善的艺术表现形式。我国古代的民歌、民谣、诗赋、小说、绘画、雕塑、戏剧等多种艺术形式中，都有丰富的廉政文化内容，它们在社会中的传播有力推动着整个社会廉政氛围的形成。比如，周朝的采诗官通过观风问俗了解民风、民情、民俗、民意；明朝大臣于谦的《入京》《石灰吟》，晚清小说《彭公案正集》等都是我国古代廉政文化中的典范文艺作品，达到了教化心智、熏染心灵的良好效果。

关于传统廉政建设在我国历史发展进程中所发挥的积极作用，大致可以从以下三个方面来总结认识。第一，促进了我国传统物质文明的发展。正是通过我国传统廉政建设，调整和改善了封建统治政策，将统治集团的政治行为约束在"秩序"的范围之内，从而维系和优化了有利于经济文化发展的社会条件，推动了某些历史时段经济文化的快速增长和社会的繁荣发展。我国历史上西汉的"文景之治"、唐朝的"贞观之治"、清朝的"康乾盛世"等就是同当时的国家政权在廉政建设方面的作用分不开的。因此，我国传统廉政建设实际上就是从上层建筑和生产关系方面进行适度调整，在一定意义上为封建社会解放生产力、发展生产力创造了相对有利的社会条件，从而促进了我国传统物质文明的不断发展。第二，推动了我国传统政治文明的发展。廉政制度，无疑是我国传统政治文明发展中的积极成果。贯彻廉政制度、实行廉政建设，从具体制度形态、国家政权运行机制等方面推动了我国传统政治文明多方面的发展。比如，国家政权的约束机制，在廉政建设的实践中趋于明晰；国家政权的控制机制，有利于实现中央对地方的有效治理；国家政权的制衡机制，有利于实现权力的合理分布和相互制约；国家政权的调节机制，在政策调整中积累了历史经验；国家政权的改革机制，把一些已经提出的相关廉政主张付诸政治实践，推动了我国古代国家政权改革机制的形成与发展；国家政权的创新机制，比如科举制度其本身就有重要的价值，在一个相当长的历史时期内具有合理性和积极的意义。第三，深化中国传统精神文明的发展。廉政建设特别是廉政思想建设的成果，促进了我国传统精神文明的深入发展。其中"以民为本""居安思危""廉为政本"等思想，不断丰富了我国传统政治思想中具有进步意义的内容；正直无私、舍身求义、忠言直谏、奉法循理、公正执法、清廉节俭、勤政尽职等从政道德规范，不断深化了我国传统政治道德的规范内容，从而促成了我国历史上一大批清官廉吏出现，既改善了当时的道德环境，也为后世官吏树立了从政道德的榜样。同时，还不断充实了中华传统道德人文精神中的积极内涵，从而在更为广阔的社会意义和更为深远的历史意义上推进了我国传统精神文明建设。

第二节　我国古代主要清官廉吏与主要贪官污吏

纵观历史，能够成为一代伟人且美名流传于后世者凤毛麟角，而十恶不赦、千夫所指者却不乏其人，因为他们有一个共同的名字叫"贪官"。在封建社会中，民间将好官称为清官。在正式的典章史籍中，对好官一般不称清官，而叫"循吏""良吏""廉吏"等等。我国是世界上最早建立官僚机构的国家，从司马迁的《史记》开始，就出现了对官僚的类型化评价。好官的标准在不同的时期有不同的侧重点。必须指出的是，对我国古代十大清官廉吏和十大贪官污吏的表述，在不同史料中是大不相同的，既有选定的历史人物方面的不同，又有其排序上的差异。比如，贺清龙在《中国历史十大清官》一书中提出，十大清官是齐国的晏子、西汉的黄

霸、东汉的杨震、三国蜀国的诸葛亮、唐朝的魏徵和姚崇、宋朝的范仲淹
和司马光、明朝的于谦、清朝的于成龙[1]；期刊《向导》中的《古代十大清
官》则表述为：东周的西门豹、西汉的赵广汉和黄霸、唐朝的徐有功和狄
仁杰、北宋的陈希亮和包拯、明朝的况钟和海瑞、清朝的汤斌[2]；贺清龙在
《中国历史十大贪官》一书中提出，十大贪官是东汉的梁冀、西晋的石崇、
唐朝的李义府、北宋的朱勔、南宋的贾似道、元朝的阿合马、明朝的王
振、刘瑾和严嵩父子、清朝的和珅[3]；地方报纸《贺州晚报》中的《盘点中
国古代十大贪官》则表述为：秦朝的赵高、西汉的王温舒、东汉的梁冀、
西晋的石崇、唐朝的元载、北宋的蔡京、南宋的陈自强、明朝的刘瑾和严
嵩父子、清朝的和珅[4]。

　　与此同时，对个别贪官污吏的认定还存在极大的争议。比如李鸿章，
有人将之视为清末巨贪，说李鸿章病死时，"家资逾千万，其弟兄子侄私
财又千万余元"，并用"宰相合肥天下瘦"的诗句刻画李鸿章的贪婪相。
有人则认为无可厚非，李鸿章虽然是贪官，但也不应该被批判。李鸿章作
为直隶总督兼北洋大臣，他还要担负起大半个中国的通商贸易、海关税
收、开办工厂、开挖矿山、修筑铁路、对外交涉、兴办教育等事务，实际
上已经变成了一个小号的中央政府。好在李鸿章经办的产业众多，开矿、
建厂、修路、造炮台、买军舰，从哪里都能挤出这笔开销来。只不过这样
一来，这些财产都挂靠在了他的名下，按照今天的标准来看，这就是不折
不扣的贪腐了。

　　正是基于不同史料对我国古代十大清官廉吏和十大贪官污吏的表述大
不一样，我们在此综合整理相关史料，从中选出我国古代清官廉吏和贪官

---

① 　贺清龙：《中国历史十大清官》，云南人民出版社2014年版，第2页。
② 《古代十大清官》，载于《向导（感悟）》，2013年第5期，第39页。
③ 　贺清龙：《中国历史十大贪官》，云南人民出版社2014年版，第12页。
④ 《盘点中国古代十大贪官》，载于《贺州晚报》2013年2月5日，第10版。

污吏各 12 人，按历史朝代顺序排列进行表述一二。

一、我国古代主要清官廉吏

我国是一个有着深厚廉政文化基础的国家。清官廉吏是历史进步的推动者，历朝历代涌现出的许多清廉守正、严于执法的清官廉吏以及敢于惩腐纠贪、向邪恶势力叫板的反腐精英，传承"百行德为先，治政廉为首"的廉政思想，为社会主义廉政文化建设奠定了坚实基础。同时，对于好官的评判标准，在不同的时期有着不同的侧重点。我们在此根据相关史料综合整理出我国古代清官廉吏 12 人。

西门豹，战国时期魏国人，魏王派西门豹担任邺县县令，治理邺地。邺县境内有条漳河，因年久失修，一遇暴雨，便泛滥成灾。当时有种迷信传说，说主管漳河的水神叫河伯，他法力无边，却非常好色。若每年夏初人们挑选一位漂亮的姑娘送他为妻，他就会保佑当地风调雨顺，五谷丰登；不然，便兴风作浪，冲毁房屋，淹没庄稼。为此，巫婆在每年春天便开始挨家挨户地为河伯选美女。与此同时，三老、廷掾也借口为"河伯娶妇"而搜刮民财。也正因此，一般人家凡有美貌的女孩子，不得不带着女儿逃亡他乡；而更多的人承担不起乡绅摊派的"娶妇"钱，被迫离乡背井；即使还留在当地的老百姓，也总是提心吊胆地过日子。西门豹了解到这些情况后，十分气愤。他认为：要使邺县百姓安宁，生产发展，当务之急是解决"河伯娶妇"问题。他思来想去，很快就有了主意。到了河伯娶妇那天，西门豹亲临现场。当主持嫁娶仪式的老巫婆正要宣布仪式开始，西门豹突然提出要看看新娘长得怎么样。老巫婆将新娘带到他面前，他打量了一下，便说："河伯是贵神，给他找的夫人应当分外漂亮，这个女孩子看来还稍为逊色。请大巫前去报告河伯，请他暂缓数日，待找到更理想的再送去。"说罢，没等巫婆反应过来，已"使吏卒共抱大巫妪投之河中"。在场者顿时目瞪口呆，而西门豹却一本正经地注视着河水。等了一会儿，又对其随从说："看来大巫是上了岁数，办事不够利索，让她的弟子去催催。"说罢，随即令属下把巫婆的三个弟子相继投入河中。结果等了好长时间，老巫没回来，三个小巫也没动静，西门豹装作不耐烦的样子说道，可能因为大巫小巫都是女的，缺乏社会经验，遂将三老也投入河中。当然，这些人也都一去不复返。于是西门豹又显出忧愁的样子说："他们杳然无音，是不是因为他们上了年纪……"话未说完，在场的乡绅官吏、里长衙役，不约而同地战战兢兢跪在了地上求"饶命"。这时，西门豹才郑重地对众人讲："河伯本来是并不存在的，是一些坏人平白编造出来的。他们借以盘剥百姓，坑害民女，真是罪大恶极！"随后，又严肃警告道："今后，谁要是再提河伯娶妇，我就派他当媒人，先送他到河伯那儿去！"此后，西门豹派兵将三老、廷掾之流从百姓那儿盘剥来的财物全部追回，如数发还给了老百姓，又将巫婆剩下的女弟子一一配人，不许她们再装神弄鬼。

西门豹清楚地知道：若想恢复和发展农业生产，单靠破除迷信还不够，重要的是兴修水利，消除水患。所以，他又亲自带人察看地形，发动群众在漳河两岸凿修了 12 道水渠，以便洪来疏导，旱时灌溉。经过治理，当地农作物亩产比其他地区高出了 4 倍多。而这些水渠，直到 1000 多年后仍发挥着重大作用。同时，随着各种情势的迅速好转，当初逃荒避难的人家也都纷纷重返家园，过起了安居乐业的生活。对告别贫困的百姓，西门豹又实行起"蓄积于民"的办法，免除其沉重的赋敛，使"民人以给足富"。其间，魏文侯曾特地前去视察，并为那儿的欣欣向荣局面而大为赞赏。西门豹为官一生，清正廉明，造福百姓，死后，邺地百姓专门为他在漳水边建了祠堂，四季供奉。

司马迁，字子长，我国西汉时期伟大的史学家、文学家、思想家，西汉夏阳（今陕西韩城南）人，一说龙门（今山西河津）人。司马迁任太史令时，朝中最得势的将军李广利千方百计想拉拢他，派家人给他送来一对珍贵的玉璧。司马迁之女妹娟见这对晶莹透亮的玉璧非常喜欢，惊呼："太美了，真是稀世之宝啊！"司马迁亦抚摸着玉璧赞叹道："如此圆润光洁，真是白璧无瑕啊！"女儿见父亲赞赏玉璧，更是高兴得爱不释手。不料司马迁却语重心长地开导女儿说："玉璧贵在无瑕，人也应当如此。我是一个平庸而且地位低下的史官，从不敢以璧自喻。如果我收下这对玉璧，心灵上就会留下斑污，并要受制于人。"妹娟听了父亲的话，爽快地同意父亲将玉璧退了回去。司马迁为避免心灵上留下斑污和受制于人，坚决拒绝收受玉璧并言传身教教育女儿，这是我们党员干部尤其是领导干部开展家风教育弥足珍贵的历史素材。司马迁刚正不阿、幽而发愤、实事求是的精神也是中华民族传统美德的重要组成部分，成为千百年来中华儿女生生不息的脊梁。司马迁在太史令任上，曾因替李陵败降之事辩解而受官刑，后任中书令，发奋继续完成所著史籍《太史公书》（后世称《史记》，中国历史上第一部纪传体通史），被后世尊称为史迁、太史公、历史之父。

《史记》创作的直接驱动力量，就是家国忧思。为此，我们可从《史记》"本纪"中管窥司马迁廉洁的为政观。司马迁著《史记》，是将其国家治理理想借修史这种方式载录下来，以昭明后世。《史记》"本纪"中的为政思想，包括设立廉制、以法治吏、加强官吏的德行修养等，都是我国古代传统治理文化的重要组成部分。良史传文，史鉴后世，明者察焉。

诸葛亮（181—234），字孔明，号卧龙，三国时期琅玡阳都（今山东省沂南县）人，三国蜀汉丞相，我国古代杰出的政治家、军事家、发明家、文学家。

诸葛亮一生勤于政事，忠于蜀汉，爱护百姓，体恤士卒，廉洁奉公，严于律己。诸葛亮不仅大力提倡节俭，而且言行一致，以身垂范，长期过着节俭朴实的生活。诸葛亮的廉洁奉公思想和行动是很突出的。观其一生，以节俭为美德。他主张"静以修身，俭以养德"。诸葛亮在治理蜀汉时期，不仅勤于政事，而且不受、不污，廉洁自律。他除了对蜀汉政权功绩卓著之外，尚有人格、道德、品质等方面值得称道，其精髓就是勤政廉政，为当时的官员作出了表率。在他亲身率领下，蜀汉政权的行政作为收到了良好的效果，他也为后世所敬仰。诸葛亮还劝喻人民要丰歉互补，做到"丰年不奢，凶年不俭""秋有余粮，以给不足"，只有如此，才能达到"富国安家"的目的。诸葛亮的勤政廉政思想，其主旨是以"安民"为根本，以勤劳任职、廉洁爱民为要务，以法令为制衡，从而达到民富国强的目的。诸葛亮廉洁奉公，为古今所公认。他说自己在成都"有桑八百株，薄田十五顷，子弟衣食，自有余饶"。仅用刘备的赏赐购置这一点田产，按他的地位及权力，比之于三国时期的许多达官显宦以搜刮民脂民膏增加私产为能事，实属难能可贵。诸葛亮病危时，留下遗嘱，要求丧葬节俭简朴，依山造坟，墓穴切不可求大，只要能容纳下一口棺木即可。入殓时，只着平时便服，不放任何陪葬品。诸葛亮去世后，内无余帛，外无盈财。

诸葛亮被后人誉为"智慧之化身"，他一生为国，鞠躬尽瘁，为了蜀汉国家事业日夜操劳，顾不上亲自教育儿子，于是写下了《诫子书》家训。在这篇《诫子书》中，有宁静的力量——"静以修身"，有节俭的力量——"俭以养德"，有超脱的力量——"非淡泊无以明志"。静以修身，俭以养德，一语道破了"勤俭是一种美德"这个道理。诸葛亮后裔除了把《诫子书》作为家训世代相传之外，还专门制定了《诸葛氏家规》，对族中子孙为人处世严格规定，明确提倡什么、反对什么、禁止什么，并且定有罚则，便于执行。如："当官者，亲君子，远小人；治家者，去奢华，存淡泊"，子孙"须守礼法，循规矩"，以及"交有道之朋，绝无义之友，饮清泉之茶，戒乱性之酒"等警句。千百年来，诸葛亮后裔把这些警句家规奉为训诫，人人遵守，时时警示，营造出和谐、节俭、廉洁的良好家风，并世世代代地传承。

魏徵（580—643），字玄成，唐魏州曲城（今河北巨鹿）人，我国历史上有名的政治家、思想家和史学家，官至谏议大夫、左光禄大夫，封郑国公。他忠于职守，曾上疏谏唐太宗凡200多条。他直言不讳，曾提出"薄赋敛，轻租税""居安思危""兼听则明，偏信则暗"等思想，加上一生为人俭朴，所以一直深受人民的称道。魏徵的清廉事迹主要体现在三个方面：明德慎罚、秉公办事、犯颜直谏。魏徵主张明德慎罚，认为治理国家不能靠严刑峻法，而在于行仁由义。一方面法律或刑罚是不可少的，国家的权衡，时代的准绳，一定要使它起到"定轻重""正曲直"的作用；另一方面要做到在执法时的"志存公道，人有所犯，一一于法"，而决不可"或屈伸在乎好恶，或轻重由乎喜怒"。所以在进谏时，他总是特别要求唐太宗率先严格遵守法制以督责臣下。唐贞观十三年（639年），魏徵见唐太宗的思想行为，已不如执政当初那样励精图治，克己爱民，而是逐渐朝着相反的方向转变，便上了一道有名的"十渐疏"，痛切陈词，要唐太宗提高警惕，否则将后悔莫及。这就是《贞观政要》中的"十思"。它的大意是：要"居安思危，戒奢以俭"，"怨不在大，可畏唯人，载舟覆舟，所宜深慎"，以"十思"为自检。"十思"：思知足以自戒，思知止以安人，思谦冲而自牧，思江海下百川，思三驱以为度，思慎始而敬终，思虚心以纳下，思正身以黜恶，思无因喜以谬赏，思无以怒而滥刑。

特别值得一提的是，魏徵的夫人裴氏也是一名廉洁、俭朴的好女人，出名的贤内助。裴氏虽说是宰相的妻子，但嫁给丈夫之后依旧勤俭节约，并随丈夫住在旧屋里。唐太宗听说魏徵家的房子又窄又旧，十分破烂，便下令派人去为他调整。当官员和工匠等人来到魏家时，魏夫人对来人说："他（指魏徵）住惯了老房子，住不惯华丽大厦，请皇上原谅，不要给他调房了。"后来，魏徵于64岁那年去世了。唐太宗听到噩耗后非常伤心。

他想，这样一个好臣子理应受到表彰与敬重，于是下令举行盛大的葬礼。这时魏夫人说："魏徵一生俭朴，葬礼排场太大，与他平生志愿有违。"于是只得为魏徵举行了一个非常简单的葬礼。葬礼结束以后，魏徵夫人裴氏也没有去住皇上给盖的新房子，她依旧与儿子住在原先翻修过的老房子里，过着清贫、淡泊而宁静的生活。

狄仁杰（630—700），字怀英，号祁溪，唐代并州太原（今山西太原）人，唐代高宗、武后时期的著名官员。人们常常称狄仁杰为神探，是中国历史上的"福尔摩斯"。但狄仁杰并不仅仅是一个神探，他从低级官吏做起，在具体的地方工作中不断积累经验和才干，逐渐成为百姓信赖、同僚钦佩的为官榜样。他曾在监察系统担任官职，不畏权贵、勇于进言，为维护朝廷的清正之风作出了杰出的贡献。他任掌管刑法的大理丞，仅到任一年就处理了前任遗留下来的 17000 多件案子，其中没有一人再上诉申冤。后人据此编出了许多精彩的传奇故事，连荷兰也有人以此为题材，编了一本《大唐狄公案》。在地方任职时，狄仁杰曾多次担任刺史。他心系百姓疾苦，以百姓利益为先，敢于为百姓承担责任。在宁州（今甘肃省宁县）任职时，注意与周边少数民族建立友好关系，为当地百姓营造了安居乐业的良好环境。在转任豫州（今河南省汝南县）刺史时，越王李贞反抗武则天失败，牵连广泛，大批百姓被判入官府为奴。狄仁杰冒着风险密奏武则天，恳请为他们减刑，充分展现出狄仁杰为官的高洁品质。

在中央任职时，他做事公平高效，敢于对行事不正的官员进行弹劾。由于他在以往的工作中能力突出，高宗升迁他担任侍御史一职。这一官职是中央级别的监察官，主要职责就是弹劾不法官员，维护朝廷清正之风。唐上元二年（675 年），一个叫韦弘机的官员为了讨唐高宗的欢心，花了大量钱财将前代宫殿全部修缮，还新建了华美的宫殿建筑群、数处亭台楼阁和"观景长廊"，以便皇帝欣赏水边美景。为此唐高宗十分高兴，升了韦弘机的官。对韦氏的这种行为，朝中已有官员表示不满。大兴土木所花费的钱财，实际都是百姓缴纳的税收；这些供皇帝享乐的处所，背后都是对民脂民膏的剥削。狄仁杰也不认同这种助长奢靡风气的行为，但他考虑到韦氏毕竟是奉皇帝旨意进行营造工作，并非主动提议，不应凭空指责。于是，他便先派人暗地调查，发现韦氏的家人趁其经手大额钱款之时，借机盗取官府资财。狄仁杰于是才向高宗弹劾此人，最终使韦弘机被免职。在同一时期，唐高宗有个宠臣叫王本立。此人平时借着皇帝对他的信任肆意妄为，朝中官员对他的行为都感到十分害怕。而狄仁杰不能容忍这种扰乱朝堂秩序的官员胡作非为，便将王本立的种种违法行为整理成文，据此向高宗直言进谏。但高宗一开始并不愿意处罚自己的宠臣，反倒特意下旨免除对王氏的刑罚。狄仁杰便再次向高宗上奏说："国家现在缺乏人才，但像王本立这样的人却不在少数。陛下为什么要怜悯罪人而不顾王法呢？如果您一定要赦免王本立，就把我发配到无人之地去，给将来忠于国事的臣子们一个警告。"高宗被狄仁杰的大义凛然打动，最终处罚了王本立，朝中风气焕然一新。正是由于担任监察官员时，对贪赃枉法之事绝不姑息，狄仁杰才被高宗视为栋梁之材，后来得以官居宰相。他对律法的坚持和维护，体现了他秉公办事、不畏权贵的优秀品质。

除了自己做官时爱惜民力、清正不阿，狄仁杰还时刻心系国家，在工作中留意有真才实干的官员，常常为朝廷推荐有用之才。武则天让狄仁杰物色一个尚书郎人选，狄仁杰毫无顾忌地推荐了自己的长子狄光嗣，后武则天任命其为员外郎。狄光嗣到任后，勤政爱民，不贪不暴，得到多方面的赞扬。武则天得知后，赞赏狄仁杰不避嫌举亲，敢于举荐有真才实学的儿子，这是将相之德。狄仁杰的儿子狄景晖，初为官时比较谨慎，然而随着官位的不断晋升，就变得不能约束自己，甚至贪财好色、欺压百姓，激起当地群众的严重不满。身为宰相的狄仁杰察觉后，谢绝很多大臣的求情，断然罢免儿子的官职，并教育儿子"贤者当举，贪暴当罚。这是用人之道，兴邦之法"。狄仁杰身为高官，并不避嫌举亲，也不偏爱自己的孩子，实在是清正廉洁。

狄仁杰的一生，为人正直，疾恶如仇，把孝、忠、廉称为大义。每任一职，都心系民生，政绩卓著。身居宰相之位后，辅国安邦，对武则天弊政多所匡正；内举不避亲，外举不避仇是他为官清廉的真实写照。狄仁杰在上承贞观之治，下启开元盛世的武则天时代，作出了卓越的贡献。

包拯（999—1062），字希仁，北宋庐州合肥（今安徽合肥肥东）人，北宋名臣，以清廉公正闻名于世。包公执法如山，不畏权贵，无论皇亲国戚，还是宦官大员，如果犯法，他均严惩不贷。《宋史》中记载，张尧佐靠着侄女是贵妃这一裙带关系，官至三司使（主管全国财政）的要职，在任期间胡作非为，包公多次上疏弹劾，仁宗皇帝虽执意庇护，最后也不得不免去张的职务。江西路转运使王逵，巧立名目，盘剥百姓，逼得百姓逃入山洞，不敢归家。包公一连七次上奏弹劾王逵，迫使皇帝罢了王逵的官。张可久是淮南转运按察使，在任期间贩卖私盐一万多斤，经包公弹劾，将其免官发配。开封府内有一条惠民河，达官贵人占据两阜，大修私宅，致使河道不畅，洪水泛滥，市民深受其苦。包公令权贵交出地契，逐一检验，凡抢占者，不论什么背景，所建新房一律拆除，并报奏朝廷，罢去官职。此举震动京师，达官贵人无不惧怕包公。包拯被提拔为大理寺丞、知端州（今广东肇庆）时，端州特产端砚是宋朝士大夫最珍爱的时髦雅器，当地每年向朝廷进贡。凡在这里做"一把手"的官员，都在"贡砚"规定的数量外加征几十倍的数额以贿赂朝廷权贵，所谓"打点"中央的关系，此举加重了老百姓的负担。包拯一上任就高调破除这项运行多年的潜规则，下令只能按规定数量生产端砚，州县官员一律不准私自加码，违者重罚。包公还大胆改革诉讼制度，方便群众。按照旧制，凡诉讼不得直接到大堂下，而包公却打开正门，使当事人到其面前陈述曲直，革除了手下吏役欺上瞒下的弊端。包拯办案明察秋毫，侦破了大量疑难案件，世人称之为"包青天"。

包公秉公执法，不徇私情。他在任庐州知府时，其舅父胡作非为，横行不法，被包公判打七十大板，一点也不迁就。包公严于律己，非常廉洁，他从端州离任时，当地官员送他一方端砚，但不敢告诉包拯，偷偷放在他的行李中。包公在途中发现此物，十分愤怒，但又无法返回，就取出端砚，掷于河中，以示清白。包公平时生活清贫，虽身为高官，但衣服、用品、饮食和当布衣（百姓）时一样，临终前还留下遗训："不从吾志，非吾子孙。"

包拯廉洁公正、立朝刚毅，不附权贵、铁面无私，且英明决断，敢于替百姓鸣不平，故有"包青天"及"包公"之名，京师有"关节不到，有阎罗包老"之语。后世将他奉为神明崇拜，认为他是文曲星转世。由于民间传其黑面形象，亦被称为"包青天""包黑炭"。

余靖（1000—1064），北宋著名谏官，本名希古，字安道，北宋韶州曲江（今韶关地域）人。余靖坚持廉洁自律，淡泊名利，以"风采清华"称颂于世。余靖在京为官期间，"三年待诏处京邑，斗粟不足荣妻孥"。被贬离京后，他也没有什么财物可带，而是"炎陬此去数千里，橐中狼藉惟蠹书"。

根据《宋史·余靖传》，余靖初次展露出不避权贵、犯颜直谏的品质，是在宋仁宗景祐三年（1036年）。时任礼部员外郎的范仲淹将朝中官员升迁乱象绘制成一幅《百官图》上呈宋仁宗，揭发宰相吕夷简用人不当、以权谋私。吕氏深为震怒，反诉范仲淹勾结朋党、离间君臣，范仲淹因此被贬出京城。就在满朝谏官、御史因忌惮吕氏权势而噤言之际，唯独当时还不是谏官、与范仲淹也素无交情的余靖，不惧株连，冒着"越职言事"的风险，为范仲淹鸣不平。当时，宋仁宗并未采纳余靖的进言，反而将他一同贬官，但余靖刚直不屈、勇于进谏的名声，就此传扬开来。不久，宋仁宗迫于内忧外患、国困民穷、社会动荡的形势，不得不发起庆历新政，将余靖提拔为右正言，谏院供职。此时的余靖仍然不改当初冒死直谏、头上"生角"、"气虹万丈"的风骨，每有谏言，无所回避。庆历四年（1044 年）夏，宋仁宗不顾国库空虚、边防吃紧，要重修汴京（今开封）开宝寺内的寺塔。余靖为避免修塔劳民伤财，在朝堂上当着宋仁宗的面极力劝阻。因余靖、蔡襄等人的反对，修塔之事最终作罢。

　　与此同时，余靖坚持与不良风气作斗争，对于一些碌碌无为、不循正道、营私舞弊的庸官、贪官，他毫不留情地予以抨击和揭露，这对于辅佐朝廷整顿纲纪、扭转仁宗朝吏治的颓败局势，起到了重要的作用。然而，随着庆历新政的失败，加之奸臣的忌恨和报复，余靖于庆历五年（1045 年）再次被贬知吉州（今吉安）。外放吉州之后，余靖辗转于虔州（今赣州）、桂州（今桂林）、邕州（今南宁）、潭州（今长沙）、青州等地任职。在此期间，余靖依然高度重视吏治问题。在邕州，他以清正廉洁为标准严明纪律，果断起用了一批廉洁奉公且具有真才实干的官员，惩办、撤换了一批违法乱纪的贪吏和庸碌无为的冗员。嘉祐六年（1061 年），余靖以尚书左丞知广州，当时的广州因战事频繁，满目疮痍，治理混乱。余靖向朝廷呈上一系列关于减免流民田赋徭役以及外来商船"装船税"的奏章，以复苏经济、振兴外贸，并获得了批准。他还大力惩治了一批贪赃枉法的官吏，令官场风气重归清明。尽管余靖在广州统管职权甚广，他却从不搜刮民财、中饱私囊，甚至连朝廷因其平乱之功赐予的奖赏，他也分文不取，全部封存于广州的军资库内。他到端州（今肇庆）、高州（今茂名）视察时，当地官员分别送他一方名贵的端砚和两颗角雕圆章，他都明确拒绝馈赠，坚持自己购买。余靖在广州任满还朝之际，更是留下"不载南海一物"的佳话，堪与包拯"不持一砚归"相媲美。

　　余靖在晚年时，重新修订了青年时期撰写的《从政六箴》，以"清、公、勤、明、和、慎"六字箴言来约束自我。同时，将《从政六箴》作为行为规范，要求各级官员做到清廉、公正、勤勉、明断、和谐、慎重。他还告诫下属，在工作中，要兢兢业业、辨清正邪；生活中，要宽厚仁和、反对纵欲。在余氏后裔整理的《余氏族谱》中，同样含"八箴、四禁、十六宜"家规，"八箴"中专门列有一项"廉箴"，而"十六宜"中所含"宜勤职业""宜尚节俭"，又呼应了《从政六箴》中的"勤箴""慎箴"，由此可见《从政六箴》对其家族影响深远。

况钟（1383—1443），字伯律，明朝江西靖安人。为官清廉，三餐佐饭，仅一荤一素，身居简室，未铺设华靡之物；为官明察秋毫，秉公执法，铁面无私，严惩贪官污吏；孜孜爱民，裁减吏员 1400 余人，为百姓奏免赋税粮 70 余万石，是明代著名的清官，百姓对他奉之若神，称他"况青天"。

刚正不阿，严惩贪官。宣德五年（1430 年），况钟受命前往苏州担任知府。苏州历来繁华富庶，但这里税粮繁重，官吏奸贪，百姓困苦，逃民"接踵而去，不复再怀乡土"。所以做苏州的百姓苦，做苏州的知府难。况钟上任前，皇帝特别给予"敕书"，特许他直接向皇上选送奏章，规定他"凡公差官员人等，有违法害民者"，可立即"提人解京"法办。况钟一到任上，并没有立即拿出皇帝的"敕书"。因为他知道那些贪官污吏都十分狡猾。于是他故意装出一副愚蠢无知的庸碌官僚姿态。属官和府吏报来的材料，他一切照准。下属们暗中大喜，以为来了一个糊涂官，便继续胡作非为。有个时任苏州通判更是玩忽职守，甚至还要欺侮况钟，况钟不计较，照样装聋作哑。但这些人所干的坏事，况钟都看在眼里，记在心上。一个月后，况钟忽然下令，府衙属官和府吏全部到大堂听审。况钟仪表威严，憬然升堂，同时还亮出了皇帝的"敕书"。满堂官员大惊失色，这才知道中了况钟的欲擒故纵之计，但事已至此，也只好一一低头认罪。况钟当众处死了六个贪污不法的胥吏，随后又对苏州府管辖下的官吏进行考核，"出贪墨者五人，庸懦者十余人。郡中不寒而栗"。经过这番整治，属下的官吏再也不敢胡作非为了。

作诗拘礼，两袖清风。况钟在苏州的十三年内，恪守旨意，兢兢业业，呕心沥血，锐意改革，励精图治，竭力减轻百姓的赋税，使得积困已久的苏州"岁丰稔，家给人足"，社会安定，因此受到了苏州百姓深深的爱戴。按明朝官吏制度，知府三年一考，六年再考，九年通考，已经任满九年的况钟需要赴京朝见皇帝，然后根据通考结果再视升迁。前两次况钟离苏时，由于苏州市民屡次联名上书请奏其复任，最后况钟遵旨回到苏州复任。此次况钟第三次离任赴京，所有人都认为他将会高升，不会再回苏州了。许多官员出于尊重和祝贺送来了金银财礼，而百姓们更是牵羊担酒，依依送别。在明朝，官员的俸禄并不高，如官至正二品的六部尚书全年的俸银只有150多两，他们奢华生活的主要来源要靠地方官员的馈赠。因此明朝地方官进京朝见，一般都要带上名产土仪，遍送朝廷中的达官贵人，这成为明朝官场的一种惯例。面对礼物，况钟只能反复解释，一一婉拒，并写下一首《拒礼诗》，向大家表明自己的态度。由于苏州府士民张翰等一万三千人再次联名向直隶巡抚按察使上书，恳请转奏朝廷，乞求况钟连任。最后朝廷下旨升其为正三品，署知府事。况钟返苏时，百姓无不欢欣鼓舞，相迎者"不远数百里之遥"。

于谦（1398—1457），字廷益，号节庵，明代浙江钱塘（今杭州）人。于谦出生于一个世代为官的家族，从他爷爷辈起，家里就悬挂起著名将领文天祥的画像，要求后辈都以文天祥为榜样，忠肝义胆，报效国家。于谦十六岁时写下著名的清廉诗《石灰吟》："千锤万凿出深山，烈火焚烧若等闲。粉骨碎身浑不怕，要留清白在人间。"从中即能看出他的道德理想，历史更表明了他一生为官的原则：不与世俗同流合污，坚持自己的理想，清廉刚正，为国为民鞠躬尽瘁，死而后已。

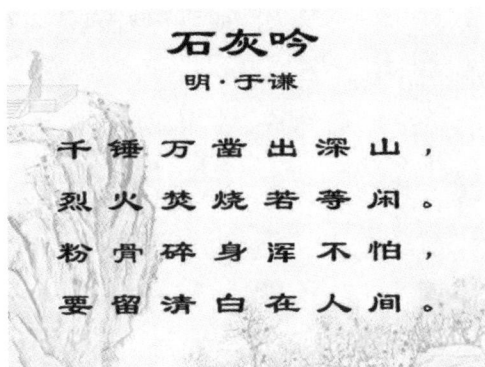

《石灰吟》

　　宣德初年，于谦受命巡按江西。他到任后，平反冤狱，打击富豪，为民请命，安抚流离，政绩卓著，很快便得到明宣宗的重视，被任命为兵部右侍郎，巡抚山西、河南。于谦居官三十五年，一直兢兢业业，不贪私利，将一世清白留在了人间，深为后人称颂。当时，官场腐败，贿赂公行。尤其是英宗即位后，太监王振把持朝政，勾结内外贪官污吏，擅作威福，大臣进京，必须馈送重金厚礼，否则后果难堪。然而于谦一身正气，决不随波逐流。他每次进京，只带随身行装。好心人怕他遭殃，劝说："你不带金银入京，也应带点土特产品送一送啊！"他举起袖子笑笑说："我带有两袖清风！"并作《入京诗》云："绢帕麻菇与线香，本资民用反为殃；清风两袖朝天去，免得闾阎话短长。"这便是"两袖清风"典故的来历。明景帝去世后，英宗复辟，他对于谦当年不顾他的生死拒绝议和并拥立景帝耿耿于怀，以谋逆罪逮捕并处死了于谦。在查抄于谦家产时，才发现于谦家徒四壁，连点值钱的家具或器物都没有，唯一的遗产，就是堆满床头案几的经史和兵书。查抄的官兵们无不当场热泪长流，人人痛哭。

海瑞（1514—1587）[1]，字汝贤，号刚峰，明代广东省琼州府琼山县（今海南海口）人，明朝著名清官。

刚直不阿。嘉靖三十七年（1558 年）六月，海瑞被提升到浙江淳安县任知县。海瑞在淳安任内，一方面穿布袍、吃粗粮糙米，让老仆人种菜自给；另一方面制定兴革条例，在整顿社会治安、兴修水利、发展生产方面做了许多工作，政绩为时人所称许。但最使百姓称快的有三件事：一是断案精细。淳安山多地少，农民没地或少地，却要负担虚数的土地的税役，而大地主有权有势，虽有土地几百亩，却无"分厘之税"。海瑞针对这种不合理现象，重新清丈土地，按实际土地征税、征役，从而减轻了无地少地农民的负担，为淳安县生产的恢复和发展创造了有利的条件。二是搏击权贵。与包公一样，海瑞不畏权贵，执法如山。浙江总督胡宗宪是奸臣权相严嵩的党羽，出巡时到处敲剥百姓，公开宣扬要节约驿费，减轻百姓负担，实为巧立名目敲诈勒索。他的儿子胡衙内依仗父亲的权势，横行霸道，无恶不作。有一次，胡衙内带领随从一行人路过海瑞任职的淳安县，因嫌驿站招待不周，就将驿使倒吊在树上毒打。海瑞得知后，立即带人到驿站逮捕胡宗宪的儿子，开堂问审，人犯申明其是总督大人的公子，海瑞下令用板子一阵痛打，并没收其携带的几千两银子，然后上报给胡宗宪说：有人竟敢冒充总督的公子，横行霸道，无法无天，败坏总督大人的名声。胡宗宪明知儿子受罚，但不得不强颜称赞海瑞做得正确。三是智斗御史。鄢懋卿（奸臣严嵩的党羽）奉命以都御史巡视盐政，所过之处，百姓就惨遭一次浩劫。海瑞就将鄢懋卿牌告中的"素性俭朴，不喜承迎"一语摘录出来，写了一封信给这个都御史，指出"你所到之处，并不像牌告

---

① 关于海瑞出生年份，有个别资料说是 1515 年 1 月 12 日（农历 1514 年 12 月 28 日），这一表述明显存在误述；多数资料说是 1514 年出生，其中海南大学李鸿然考析是 1513 年 12 月 27 日，公历 1514 年 1 月 22 日（详见李鸿然《海瑞年谱（公元 1514—1587）》，载于《海南大学学报（人文社会科学版）》1995 年第 3 期，第 67—75、79 页），这一表述是相对准确的。

中规定的这样俭朴，而是铺张供应，怕是地方官员瞎张罗。我如照牌告办事，怕有怠慢之罪，如铺张招待，又怕违背你体恤民力的指示。"他在信中还问鄢懋卿该怎样办才好。鄢懋卿知道海瑞这个人很难对付，就决计不到严州府，绕道到别地去了。

备棺上疏。当时，嘉靖皇帝明世宗朱厚熜在位时间长了，不去朝廷处理政务，深居在西苑，专心致志地设坛求福。总督、巡抚等边疆大吏争着向皇帝贡献有祥瑞征兆的物品，礼官总是上表致贺。自朝廷大臣杨最、杨爵获罪以后，没有人敢说时政。海瑞对此十分不满，在嘉靖四十五年（1566年）二月时单独上书，将嘉靖皇帝所犯的错误全部数了出来。嘉靖皇帝十分愤怒，把奏疏扔在地上，对左右说："快把他逮起来。"宦官黄锦在旁边说，听说他上书时，知道自己冒犯该死，便买了一口棺材，和妻子诀别，在朝廷听候治罪。皇帝听了默默无言，但数月后曾说："这个人可和比干相比，但朕不是商纣王。""海瑞所说的都对。朕现在病了很长时间，怎能临朝听政。"遂下令逮捕海瑞关进诏狱。

大赦出狱仍旧刚直不阿。过了两个月，嘉靖皇帝驾崩，明穆宗继位，海瑞被释放出狱，官复原职。三年后，海瑞升调右佥都御史（正四品），外放应天巡抚，辖区包括应天、苏州、常州、镇江、松江、徽州、天平、宁国、安庆、池州十府及广德州，多为江南富庶的鱼米之乡。属吏害怕海瑞的威严，很多贪官污吏主动辞职。宦官在江南监督织造，见海瑞来了，就减少车马随从。海瑞兴利除害，请求整修吴淞江、白茆河，通流入海，百姓得到了兴修水利的好处。海瑞早就憎恨大户兼并土地，便全力摧毁豪强势力，推行"一条鞭法"，安抚穷困百姓。贫苦百姓的土地有被富豪兼并的，大多被夺回来交还原主。海瑞一生居官清廉，刚直不阿，清廉正直，深得民众的尊敬与爱戴，被称为"海青天"。据说听到他去世的噩耗时，当地的百姓如失去亲人，悲痛万分。当他的灵柩从南京水路被运回故乡时，长江两岸站满了来送行的人。很多百姓甚至将他的画像供在家里。

关于他的传说故事，民间更广为流传，经演义加工后，成为许多戏曲节目的主要内容。海瑞和宋朝的包拯一样，是中国历史上清官的典范、正义的象征。

于成龙（1617—1684）[①]，字北溟，号于山，明清时期山西永宁州（今山西方山县）人。于成龙勤政爱民，又善于决狱，以执法严正、不徇私情、正直清廉著称，深受百姓爱戴。于成龙在二十余年的宦海生涯中，三次被举"卓异"，所到之处，皆有政声，成为清代循吏的代表人物，被康熙帝赞誉为"天下廉吏第一"，乾隆题御书"清风是式"。

于成龙画像（山西省吕梁市纪委监委供图）

一生清廉俭朴。于成龙在任罗城知县时的一年中秋，他的儿子从家乡山西来请于成龙告假回乡看望病重的祖母。于成龙高兴地把儿子从家乡带来的腊鸭分出来吃了一半过中秋节，另一半作为他和儿子回乡路上的食物，从此以后于成龙被称为"半鸭知县"。后来，他的官阶越升越高，生活却更加艰苦。于成龙带头实践"为民上者，务须躬先俭朴"。去直隶，

---

① 同一时期还有一个于成龙（1638—1700），汉军镶红旗人（辽东盖州人），字振甲，号如山。历任乐亭知县、通州知州、江宁知府、安徽按察使、直隶巡抚、都察院左都御史、汉军都统、兵部尚书、加总督衔直隶巡抚、河道总督等职。

他"屑糠杂米为粥，与奴仆共吃"，在江南是"日食粗粝一盂，粥糜一匙，佐以青菜，终年不知肉味"。江南民众因而亲切地称他作"于青菜"。总督衙门的官吏在严格的约束下，"无从得蔬茗，则日采衙后榆树叶啖之，树为之秃"。他天南地北，宦海二十余年，只身天涯，不带家眷，只一个结发妻阔别多年后才得一见。他的清操苦节享誉当时。

于成龙初仕之地的罗城百废待举，首要在于安定社会，恢复生产。于是他采取"治乱世，用重典"的方法，首先在全城乡建立保甲，严惩缉获案犯，大张声势地"严禁盗贼"。境内初安后，他又约会乡民练兵，甘冒"未奉邻而专征，功成也互不赦之条"的后果，抱着为民而死甚于瘴疠而死的决心，讨伐经常扰害的"柳城西乡贼"，接着又在全县搞联防。从此，"邻盗"再不敢犯境。在消除内忧外患的同时，于成龙十分注意招募流民以恢复生产，他常常深入田间访问农事，奖勤劝惰。在深得民心之后，他又以刚柔并用的斗争策略，解决了"数大姓负势不下"的问题，使这些一向桀骜不驯的地方豪强"皆奉法唯谨"。三年之间，就使罗城摆脱混乱，得到治理，出现了百姓安居乐业的新气象。

四川遭战乱最久，人口锐减幅度为全国之首。于成龙赴任的合州包括三属县，只有丁口百余人，正赋14两，而衙门的各种供役、需索使百姓繁重不支。目睹地方荒残，于成龙确定以招抚百姓为急务，他首先革除宿弊，严禁官吏勒索百姓，又免去规定的驱从，以家仆随身。合州土地极度荒芜，而流民不附的原因，在于原主认业。为此，于成龙严格规定了"凡一占即为己业，后亦不得争论"的原则。同时要求各县注意为新附百姓解决居与垦荒中的具体困难，并亲自为他们区划田舍、登记注册，借贷牛种，申明三年后起科。这样，"新集者既知田业可恃为己有，而无复征发仓卒之忧，远近悦赴，旬日之间户以千计"。不到两年，合州人口骤增，田地得以开辟。

由于在合州招民垦荒政绩显著，康熙八年（1669年），于成龙被擢升为湖广黄州府（今湖北省黄冈市黄州区）同知，后任知府。其中他在黄州府任同知四年中，在治盗省讼方面做出了显著成就。当时的"盗"成为清初一大社会问题，在黄州府歧亭镇一带，盗贼极为猖狂，严重影响了地方安定和居民正常生活。于成龙上任之初，即以郡丞身份坐镇歧亭治盗。为了摸清盗情和每一件重大盗窃案，他总是亲自访察。他多以"微行"的方式，扮作田夫、旅客或乞丐，到村落、田野调查疑情，从而对当地盗情了如指掌，为剿抚盗匪奠定了基础。他在湖北期间，无论地位和环境都有很大改善，但他仍保持了异于常人的艰苦的生活作风。康熙十七年（1678年），于成龙升任福建按察使离开湖北时，依然一捆行囊，两袖清风，沿途以萝卜为干粮。

于成龙上任福建按察使伊始，就做了一件为民称颂的好事。当时的清政府为对付台湾郑氏的抗清势力，实行了"海禁"政策。当地官员不顾连年兵祸，民不聊生，动辄以"通海"罪名兴起大狱，使许多沿海渔民罹难。于成龙在审阅案卷时，发现每案被处以极刑的就达数十人或上百人之多，甚至殃及妇女孺子。于是他坚决主张重审，对怕得罪朝廷劝阻他的人说："皇天在上，人命至重，吾誓不能咸阿从事！"在他的力争和主持下，千余名百姓免遭屠戮并获释，对于贫困不能归者，他还发放路费。于成龙在担任福建布政使时，经常有外国贡使赠送礼物，他悉数摒绝。后来有人送他名贵香料，他也只是闻一下就物归原主。

康熙二十年（1681年），于成龙升任两江总督。他一到江南，就严厉约束下属官吏，革除各种苛捐杂税，除去多年的积弊，工作常常通宵达旦。于成龙还喜欢微服私访，了解民间疾苦和属下官员的情况。当时，江南奢靡之风盛行，而他自己的生活却十分简单，衣食住行都很俭朴，每天只吃糙米和蔬菜。于成龙率先穿粗布衣，士大夫家也随之减少自己的车辆和随从，刮掉墙壁上的涂料，嫁娶时不用音乐，有些豪门贵族带领全家逃往他乡。几个月后，政令教化使江南民风大为改变。

康熙二十三年（1684 年），于成龙在两江总督的任上溘然长逝。将军、都统以及幕僚属吏到他屋里清点遗物，只看见竹箱内一身丝绸棉袍，床头几个装盐和豆豉的器皿。百姓听闻这个噩耗，为之罢市巷哭，家家都挂上于成龙的画像来祭奠他，还建造了"于清端公祠"以便四时祭祀。康熙帝赐祭葬礼，谥号为"清端"。雍正时期，可以在贤良祠中祭祀于成龙，乾隆数次遣官祭于成龙祠，并御书"清风是式"四字。翻开于成龙长孙于准编修的《于氏族规家训》，"勤耕读、尚节俭，循法礼、孝乡里，廉仕吏、存仁德"的家风要义便跃然纸上。涵盖"勤、俭、学、善、廉"等朴素道理的 22 条族规、41 条家训，既是对于氏先祖良好品行的总结与传承，更是对后人行为规范的谆谆教诲和殷殷期盼。

林则徐（1785—1850），清朝福建省侯官县（今福州）人，字元抚、少穆、石麟，是清朝时期的政治家、思想家和诗人。清嘉庆二十五年（1820 年），林则徐被任命为江南道监察御史，巡视江南各地。他到澎湖群岛寓所刚歇下，有个自称"花农"的人献上一盆玫瑰花，还说要请林大人换个大盆栽花。林则徐心知有异，一脚踢翻花盆，盆里现出一个红包。包里是一只足有半斤重的金老鼠和一纸信笺，笺上写着："林大人亲收，张保敬献。"林则徐当场将张保行贿的金老鼠没收，上缴国库。道光二年（1822 年）九月，林则徐由浙江盐运使升任江苏按察使。到任后，他即亲自断案，清理积压案件，并对地方上把持诉讼的豪强恶棍施以制裁和约束，对民刑司法上的一些弊端进行改良。这些举措受到了百姓的欢迎，人们称颂他是治狱严明的"林青天"。

《传牌》令规范清廉行为。清道光十年（1830 年）林则徐担任了湖北布政使，由襄阳发出《传牌》云："伙食一切，亦已自行买备，沿途无须致送下程酒食等物。所属官员，只在本境码头接见，毋庸远迎。"道光十八年（1838 年）12 月，林则徐以钦差大臣的身份赴粤（广东）查禁鸦片。他从良乡发出《传牌》：第一，此行未带官员任供事书吏，只有勤杂服务人员 10 人，更无前站后站之人，如果发现假冒，拘捕惩办；第二，为了不打扰地方，不增加百姓的负担，从北京到广州，沿途所经州县驿站，交通工具自行解决，自付费用，不许在各驿站索取分毫；第三，所有借宿公馆，只用家常饭菜，不必备办整桌酒席，尤不得用燕窝烧烤等高档食品，以节靡费；第四，严禁身边工作人员收受红包馈赠。最后，《传牌》强调"言出法随"，要求沿途各州县驿站官吏严格遵守，违者严惩。从以上两则《传牌》令可看出，林则徐升任出差途中，一不准下属远迎，二不准摆酒席，三不准索贿受贿。林则徐这种廉洁正派的作风，确实值得称道。

广州禁烟清廉行动。道光十九年（1839 年）正月二十五，林则徐抵达广州禁烟，与邓廷桢、怡良等，向暗中帮助外商走私鸦片、走漏白银的十三行洋商开刀。对林则徐的刚正廉洁，英国人也很佩服，说："林钦差的手没有被贿赂玷污过。""他以廉洁、睿智、行为正直和不敛财富著称。"同年 5 月，英国商务代表义律请林则徐到他的私邸参加宴会，并将一只精致方盒捧送给林则徐："请大人笑纳我们的小小见面礼。"林则徐接过来打开一看，大红软缎衬垫上放着一套鸦片烟具：白金烟管，秋鱼骨烟嘴，钻石烟斗，旁边是一盏巧雅孔明灯和一把金簪，光彩夺目，起码值 10 万英镑。林则徐道："义律先生，本部堂奉皇上旨意，到广州肃清烟毒。这套烟具属于违禁品，本当没收，但两国交往，友谊为重，请阁下将烟具带回贵国，存入皇家博物馆当展品吧！"义律被讽刺得无地自容，只好将礼品收回。

晚年《析产阄书》。道光二十七年（1847 年）正月，林则徐在陕西巡抚衙署为三个儿子写立分书，即《析产阄书》，对家产进行了分析和处理。林则徐说自己为官 30 余年，没有时间管理家业，房产只值 3 万两银子，每个儿子只能分到价值 1 万两银子的房产，现银则无可分。他在书中还嘱咐儿子："产微息薄，非俭难敷，各须慎守儒风，省啬用度。"

二、我国古代主要贪官污吏

贪官污吏是被人鄙夷憎恶的，是社会的蛀虫，也是历史上无法回避而代代迭出的"种类"。他们贪得无厌，鱼肉百姓。在他们掌权的部门或地区，总是乌烟瘴气、民不聊生。贪官的产生既有内在因素也有外在因素。内在因素就是个人的品德修养有高有低，外在因素则是对官员的外在约束。贪官的共同特点是：欲壑难填，巧取豪夺，贪婪变态，凶残暴虐，作威作福，横征暴敛，挥霍无度。贪官都没有好下场。我们在此根据相关史料综合整理出我国古代贪官污吏12人，按历史朝代顺序表述如下。

赵高（？—前207），战国时期秦国及秦朝丞相、奸臣，历仕秦始皇、秦二世和秦王子婴三代君主。说到贪官就不得不提这个指鹿为马、嚣张跋扈的赵高了。前210年，秦始皇在沙丘驾崩时，赵高与公子胡亥、丞相李斯合谋更改秦始皇遗诏，立胡亥为秦二世，并矫诏赐死公子扶苏，囚禁蒙恬兄弟二人，是为沙丘之变。秦二世登基后，赵高升任郎中令，怂恿秦二世整肃宗室及大臣，其中包括蒙恬、蒙毅兄弟和沙丘之变的主谋李斯。李斯死后，赵高出任中丞相，独揽朝政，因惧怕秦二世追究关东（函谷关以东）农民起义军之事，遂发动望夷宫之变，强迫秦二世自尽，改立秦王子婴。不久赵高便被子婴设计杀掉，诛夷三族。赵高利用手中的职权，对关系国计民生的各项经济事务横加干涉，侵夺民田，操纵赋税，控制国库。几年的时间，赵高就成了财富难以计数的富翁，其爪牙也大发横财，国家的财力却日趋薄弱。赵高入秦宫20多年，依靠弄虚作假，弄权不止，贪欲不足，终得报应。他通过发动两次宫廷政变，陷害了无数无辜，加速了秦朝的灭亡。

梁冀（？—159），东汉安定乌氏（今甘肃平凉西北）人，做过大将军。在朝廷横行二十几年，人称"跋扈将军"。在东汉时代外戚专权的历史中，尤以梁氏的专权为害最甚，特别是梁冀，他凶残无比，打击陷害贤臣。梁冀在其父死后，继为大将军。顺帝驾崩，他先后立冲、质、桓三帝，专断朝政近二十年。执政期间，仗着两妹为顺帝、桓帝皇后，在全国各地搜刮奇珍异宝，广敛财富。史书记载他为了从亿万富豪孙奋那里夺取财富，就先送他一乘车马，然后向他"借"五千万钱。孙奋知道这钱有去无回，就主动给出三千万。没想到梁冀大怒，马上派人告发孙奋私藏奴婢、盗窃公物，把孙奋一家人都关入大狱，拷掠至死，抄没家财一亿七千多万。更过分的是，东汉安帝的生母耿贵人病死，梁冀派人向耿贵人的侄子索求耿贵人留下的珍玩宝物，因为其侄子不买账，就族诛其一家。梁冀还建苑方圆近千里，强迫数千人为奴婢，称"自卖人"。骄奢横暴的梁冀，不仅杀害了正直大臣李固、杜乔等多人，还鸩杀了年幼的汉质帝。汉桓帝为夺回大权，在宦官单超、具瑗和司隶校尉张彪等人的帮助下先发制人，包围了梁冀的住宅，逼迫梁冀夫妇自杀，遭处置的梁冀党羽达300多人，一段时间里，朝廷几乎没人上朝了。梁冀被抄家后，桓帝把他的财产进行拍卖，得到30多亿银钱，相当于当时国家税收的一半。

石崇（249—300），西晋渤海南皮（今河北南皮县）人，西晋巨贪。元康初年，出任南中郎将、荆州刺史。任职荆州期间，"劫远使商客，致富不赀"，也就是说他靠当官时巧取豪夺沿途客商而致暴富，可以说是一个实实在在的大贪官。他生活奢侈，为了与人争豪，命令自家厨房用蜡烛当柴火烧，还在自家门前的大路两旁，用贵重的彩缎铺设夹道五十里的屏障。他最经典的故事是与晋武帝的舅舅王恺斗富大获全胜，可谓"富可敌国"。史传他与晋武帝的舅舅王恺斗富，晋武帝把宫里收藏的一株两尺多高的珊瑚树赐给王恺，石崇看了便用铁如意把珊瑚树打碎，王恺气极，石崇说："不足多恨，今还卿。"乃命左右悉取珊瑚树，有高三四尺者六七株，每株都大于王恺的珊瑚树。他还为解自己的宠妾梁绿珠的思乡之情，建"金谷园"，筑"百丈高楼"，可"极目南天"。可他也恰恰死在美女和财富上。赵王司马伦亲信孙秀垂涎绿珠美色，石崇不给。永康元年（300年）赵王司马伦专权，石崇因参与反对赵王司马伦，金谷园被孙秀大军包围，石崇见大势已去，对绿珠说："我因你获罪，奈何？"绿珠遂坠楼而亡。孙秀大怒，将石崇等人斩首。

李义府（614—666），唐朝瀛州饶阳（今河北饶阳县）人，唐太宗时担任监察御史，后为武后的亲信，晋升为中书令，是权力极大的奸臣。李义府一方面貌柔恭，与人言，嬉怡微笑；另一方面阴贼褊忌著于心。为此，时号义府"笑中刀"，称为"人猫"。李义府的劣迹主要体现在四个方面：第一，察言观色，投机钻营。李义府为窥测宫中信息，经常收买、安插某些人为眼线。第二，卖官鬻爵，贪财无厌。他与母、妻和儿子、女婿共同卖官鬻爵，送礼者每天都挤满门庭，他更以给祖父修陵墓为借口，大肆敛财。第三，拉帮结伙，广树朋党。李义府既掌握权要，就想让人人顺从于他，有胆敢不顺从者，一概加以陷害。第四，顺我者昌，逆我者亡。李义府入则谄言自媚，出则肆其奸宄，百官畏之，甚至谄事太子。由于李义府罪恶昭彰，龙朔三年（663年），皇帝终于下诏免去李义府官职，流放巂州。对李义府及其全家的惩处，人们听了奔走相告。乾封元年（666年），朝廷大赦，但不包括李义府，李义府在绝望中忧郁而死。

元载（？—777），唐朝凤翔府岐山县（今陕西岐山县）人，唐代宗时期的宰相。元载出身贫寒，但自幼聪颖好学，尤其潜心研究道术，因此颇受迷恋玄道之术的玄宗皇帝的赏识，入仕后一路升迁，历经玄、肃、代三朝数十载，权倾四海，聚敛的财富竟然达到"外方珍异，皆集其门，资货不可胜计"的地步。元载独揽朝政，专权跋扈，专营私产。元载一方面大搞卖官鬻爵，卖官鬻爵是古代官场的一种恶习，在元载这里，竟玩出了一个卖官打白条的"绝活儿"；另一方面热衷于大兴土木，建房盖屋，他建的房屋竟然占了大宁、安仁、长寿三坊。《唐书》载："膏腴别业，疹域相望"，"名殊异乐，内廷不及"。元载倒台后，被没收的宅舍足够分配给数百户有品级的官员居住使用，他在东都洛阳还专门营建一座园林式私宅，充公之后，竟能改成一座皇家花园。在他抄家的物品中，仅花椒就有八百石（64 吨），花椒进口自西域、南亚，卖得很贵。最后，元载全家坐罪被赐死。

蔡京（1047—1126），北宋福建仙游县人，北宋著名的奸相。在宋徽宗统治的二十多年间，蔡京虽然曾因遭到反对，前后三次短暂被罢相，但长时间里，与童贯等掌握着全部军政大权。他与童贯等结成小集团，以"绍述"（即"继承新法"）为名，把新法篡改为对广大民众的恣意搜刮。在宋徽宗、蔡京的统治下，宋王朝日益黑暗、腐朽。一是打击异己。蔡京执政后，定司马光、文彦博、苏轼等 120 人为元祐奸党，已死者削官，生者贬窜。对与自己意见不合的章惇等变法派，也以"为臣不忠"等罪名予以贬逐。二是尊儒崇道。宋徽宗、蔡京在极力倡导尊儒的同时，还迷信道士，在全国各地大建道观，每一道观给田地上千顷，纵令道士剥削农民，坐食百姓。三是搜刮勒索。蔡京当宰相后，变乱新法，将原来王安石推行的新法加以篡改，对广大民众恣意搜刮。王安石变法时，从大地主、大商人那里夺取的部分剥削利益，为宋朝增加了大批财富。而蔡京当政后，规定各地每年向朝廷的上贡额增加到原额的十几倍，结果把各地仓储钱粮全部搜空。蔡京通过恢复榷茶法和修改钞盐法，加大对茶农和盐商的盘剥；通过设立"括田所"在各地"括公田"，强占民间田地 3 万多顷。四是贪污受贿。蔡京搜刮的民财，除供给宋徽宗挥霍外，自己也乘机大肆贪污侵吞，中饱私囊。大小官员，都要向他行贿。蔡京生日时，全国各地官府还要"贡献"大宗礼物，称"生辰纲"。蔡京生活侈靡，例如，做一碗羹要杀鹑数百只；一次请人吃饭，单是蟹黄馒头一项，就用钱 1300多贯。蔡京"一人得道，鸡犬升天"，他的儿子蔡攸、蔡儵、蔡絛都官至大学士。蔡儵娶了宋徽宗的女儿茂德帝姬（公主），家人侍从也都做了大官。宋徽宗、蔡京的横征暴敛，激起各地民变。宣和二年（1120年）在两浙一带爆发了大规模的方腊农民起义，与此同时，京东地区也爆发了有名的梁山泊农民起义。后来在金兵再次南侵时，宋徽宗慌忙传位给太子赵桓（宋钦宗），自称太上皇。第二年（靖康元年，1126年）正月初三，宋徽宗、蔡京、童贯等人听说金兵已渡过黄河，便连夜向南逃窜。长期作恶多端的宋徽宗、蔡京、童贯集团，一旦溃逃，长久压抑在人们心中的愤怒和仇恨，一下子迸发，朝野官民纷纷揭露蔡京、童贯集团的罪恶，要求处死"六贼"（蔡京、王黼、童贯、梁师成、李彦、朱勔）。在此情况下，宋钦宗被迫罢免王黼（后被开封府尹派人斩首），赐死梁师成、李彦，贬官流放蔡京、童贯、朱勔。蔡京在被贬岭南途中，行至潭州（今湖南长沙）时死去。童贯、朱勔和蔡京的儿子蔡攸、蔡儵等也都在流放中被处斩。

贾似道（1213—1275），南宋浙江台州天台县人，是南宋最后一个权臣。此人自幼顽劣，酗酒赌博，品行不端。他的异母姐姐为宋理宗的贵妃，他凭着这层关系青云直上，不久就跻身于朝廷执政大臣之列。他有恃无恐，更加放浪形骸，经常混迹于酒楼妓馆，还经常泛舟于西湖彻夜宴游。贾似道做宰相前后达15年之久，权势显赫，过着糜烂的生活。他在葛岭依湖山之胜，建造楼台亭榭，作"半闲堂"，造花园称"养乐圃"。宋高宗在西湖苏堤享乐的"集芳园"也被他改作别墅。他还营建凉亭暖馆，改名"后乐园"，又建"多宝阁"。他强迫各地官员贡献各种奇器、珍宝、书画。有人说："朝中无宰相，湖上有平章（指贾似道）。""羽书莫报樊城急，新得蛾眉正少年。"这是贾似道不顾国家大事、奢侈腐化的极好写照。

公元1259年，忽必烈率军队包围鄂州久攻不下，正准备撤军，贾似道却背着宋理宗，私下对蒙古称臣议和，不但割让长江以北大片土地，每年还得进贡白银20万两、绢20万匹。事后他不准将官将议和一事报告皇帝，凡不满自己做法的人，不是被杀害就是被撤职。他还自刻《奇奇集》，把丧权辱国求和的事吹嘘成"鄂州退敌大捷"。他爱某公卿一条玉带，因其已殉葬，便下令掘墓攫为己有；他一小妾的哥哥到他王府前窥视，被他碰见，他竟下令把小妾的哥哥捆绑起来扔到火中烧死；他的爱妾李氏有一次观湖看到两位青年男子风度翩翩，脱口赞道："美哉，二少年！"他听后便把李氏头颅砍下来，装在盒子里让众姬妾观看。公元1274年，元世祖忽必烈下诏进攻南宋。第二年，贾似道率13万兵在丁家洲被元军打得大败，由此被朝廷免职。朝中群臣纷纷上书要求诛杀贾似道。因谢太后庇护，他被削职三级，贬为高州团练使。最后，贾似道被押送官郑虎臣杀死于漳州城南五里的木棉庵的厕所里。

阿合马（？—1282），元代费纳喀忒（今乌兹别克斯坦塔什干西南锡尔河右岸）人，元忽必烈朝权臣。史载元世祖中统三年（1262年），阿合马出任上都同知，三年领中书左右部，兼都转运使。阿合马官升得快，主意也越来越多，一会儿上奏改铸金银，一会儿出主意禁止太原当地人煮盐贩卖得利。为此，他很得忽必烈欢心。至元元年（1264年），阿合马升至中书平章政事，主政十多年。阿合马在位期间主要掌理财政，他以清理户口、推行专卖制度、发行交钞（钞票）等方式来增加收入。阿合马致怨满天下，竭力排毁汉法儒士，使得儒臣与太子真金对他恨之入骨。至元十九年（1282年）三月，武官王著联络僧人高和尚，假传太子之命召唤留守大都的阿合马，设计将他杀死。忽必烈下诏严审阿合马案，一定要把阿合马党人都从朝中清出。抄家之时，除了金山银山，还抄出了阿合马家里的小妻50人，侍妾400多人。忽必烈又下诏捕诛阿合马在朝中位列大官的子侄，没收全部财产。这还不解恨，忽必烈命人把阿合马尸体从坟墓中挖出，在通玄门外戮尸，然后放纵皇家猎狗群扑而上，把阿合马尸身吃得一块不剩。

王振（？—1449），明朝蔚州（今河北蔚县）人，明朝宦官、奸臣。王振本是一介失意文人，他从历史上众多的宦官发迹擅权事例中，找到了一条富甲天下的捷径。他置传统观念与社会议论于不顾，排斥辅政大臣；盗毁朱元璋严禁宦官干政的铁牌，使宦官公开地走上政治舞台；大权独揽后，疯狂敛财，打着皇权的旗号干预财政，贪赃受贿，把发财的主意打到了和尚尼姑头上；勾结内外官僚，擅作威福，剪除政敌的手段阴险毒辣，诛杀正直官员，特别是肢解残杀正直敢言的大臣刘球，为明英宗时期最为骇人听闻的惨案。正统十四年（1449 年），瓦剌大举入侵。王振想利用这次出兵机会，狐假虎威，炫耀自己的权势，就竭力鼓动皇帝亲征，但明英宗朱祁镇昏庸至极，不听忠言，王振专横跋扈，不懂战术，不体贴下情，明军士气低落，对战争失去信心。随军大臣、武将英国公张辅、驸马都尉井源等五十多人战死沙场。作恶多端的宦官王振被护卫将军樊忠一锤砸死，魂归黄泉。昏愚荒淫的朱祁镇被瓦剌军俘虏，这就是历史上的"土木堡之变"。

刘瑾（1451—1510），陕西兴平人，明朝宦官、巨贪。刘瑾本姓谈，六岁时被太监刘顺收养，改姓刘，净身入宫当了宦官。武宗朱厚照即位后，刘瑾为人狡猾狠毒，成为宫中太监"八虎"之首。他抓住少年天子喜好嬉戏的特点，每日进奉飞鹰、猎狗等，鼓动武宗游玩享乐，深得武宗的信任，被提升为内官监，掌握三千营，权倾朝野。刘瑾为聚敛财产，不惜公然索贿受贿，如下令天下巡抚入京受敕，这些来京的官员，向刘瑾送银，少则数千，多则万两。重贿者升官，不贿者得祸（或被贬官，或被下狱，或被勒令辞官）。刘瑾还大肆贪污国库金银，中饱私囊。正德五年（1510 年），宁夏安化王叛乱，起兵的名义就是清除刘瑾。武将张永讨伐叛军后觐见武宗，见时机成熟，从袖中取出弹劾刘瑾的奏章，奏明刘瑾违法乱纪十七事，指出安化王反叛皆因刘瑾，更说刘瑾有反叛之心，欲图谋不轨。此时，周围的马永成等人也都历数刘瑾的不法之事。武宗遂下定决心，当机立断派人前去刘宅，自己则紧随其后。刘瑾听见喧哗声，披青蟒衣出，随即被缚。抄没家产时，其家产有数亿两白银之巨，可抵明政府数年的财政收入，更有私刻玉玺一枚，穿宫牌五百，以及盔甲、弓箭等违禁物品，又发现他平时所用的折扇里面竟然藏有两把锋利的匕首。武宗当场吓出了一身冷汗，后怕不已。武宗亲自判刘瑾凌迟之刑。

严嵩（1480—1567），明朝江西分宜人，嘉靖时期专擅朝政达二十余年。严嵩受到嘉靖皇帝的青睐和重用，贪污腐败随之而来，收受贿赂成为常事。严嵩的儿子严世蕃更是敛财高手，父子二人通过对吏部、兵部的控制，为卖官鬻爵收取贿赂打开了方便之门。严嵩倚仗权势，贪污纳贿，侵占民产，作恶甚多。严嵩柄政期间，朝中官员的升迁贬谪，不是根据其人的贤愚廉耻和能力大小，而是凭他们对严嵩贿赂的多寡。因此，每天到严府行贿的人络绎不绝，相望于道；馈赠之物，鱼贯联珠，斗量车载。举人潘鸿业贿赂严嵩二千二百金得任山东临清知州，礼部员外郎项治元贿赂严嵩一万三千金而升任吏部主事。更有犯罪军官仇鸾，被革职后以重金贿赂严嵩父子，竟谋得了宣府、大同总兵要职。严嵩父子侵占的民间田产仅在京城附近就有庄田一百五十余处。另外，在南京、扬州等地豪夺、强买之良田、美宅也有数十处。这些田产每处价值均有数千金，但严嵩父子强买时，卖者往往只能得银十分之四五。严嵩父子在原籍侵占之民田更是惊人，袁州一府四县之田，竟有十分之七被严家侵占。严嵩父子的生活相当奢侈糜烂，特别其子严世蕃，美妻爱妾，列座骈居；衣皆龙凤之文；饰尽珠玉之宝；张象床，围金幄；朝歌夜弦，荒淫无度。对这种腐化生活，严世蕃自鸣得意地说："朝廷无如我乐！"由于严嵩父子大肆搜刮民财，鱼肉百姓，其家财可与皇帝比富。嘉靖四十四年（1565年），皇帝下诏将严世蕃逮捕入狱，判处斩刑，严嵩被勒令退休。抄家后，得黄金三万两千余两、白银二百零二万余两，其他珍珠宝玩价值数百万两，就连严嵩的家仆严年，家财也数量巨大。

和珅（1750—1799），钮祜禄氏，满洲镶黄旗人（一说满洲正红旗人），出生于福建福州府闽县，祖籍吉林长白山（一说祖籍奉天府开原县，今辽宁清原县）。和珅本是一个青年校尉官，一次偶然的机会得到乾隆皇帝的赏识，被提升为御前侍卫。和珅是个非常伶俐的人，乾隆皇帝要做的事情，他件件都办得让乾隆皇帝十分称心，又爱说乾隆皇帝爱听的话，深得乾隆皇帝信任而步步高升，10年间从一个侍卫升到了大学士。和珅还通过联姻跟乾隆皇帝攀上了亲家，这样朝政大权就自然落在了他手里。和珅掌握了大权，别的大事他没心思管，却一味搜刮财富。他不但接受贿赂，而且公开勒索；不但暗中贪污，而且明里掠夺。地方官员献给皇帝的贡品，都要经过和珅的手，和珅先挑最精致稀罕的留给自己，剩下来的再送到宫里去。乾隆皇帝不查问，别人也不敢告发，他的贪心就越来越大了。和珅利用他的地位权力，千方百计搜刮财富，一些朝臣和地方官员知道他性贪，就尽量搜刮珍贵的珠宝去讨好和珅。大官压小吏，小吏又向百姓层层压榨，百姓的日子自然越来越难过了。后来，乾隆皇帝驾崩，早知道和珅贪赃枉法情况的嘉庆皇帝马上下谕，定了和珅20条大罪，诏令和珅自尽，并且派官员查抄和珅的家产，其家产数量之巨，前所未有。和珅聚敛财富之多，在历代文武大臣中首屈一指，他的确是中国古代最大最富的贪官。于是，民间就有人编了顺口溜讽刺说："和珅跌倒，嘉庆吃饱。"

第三节　我国古代对贪官污吏的态度和处置措施

　　廉洁从政历来是中国对待官员的要求和希望，是中华民族所提倡的官员的最基本道德要求。官员廉政与否不仅关系到官员个人的形象，也关系到整个官场的风气，更重要的是它还会影响社稷安危和社会发展。因此，历代统治者为缓和社会矛盾，也会相应采取一些措施以遏制腐败的蔓延。

一、我国古代对贪官污吏的态度

从古至今，贪污腐败一直是长期存在的社会问题，它就像一颗毒瘤，不断地吞噬着人类的文明成果。同时，过于泛滥的腐败往往会引起民众的不满和抗争，从而危害统治阶级的统治基础，从这一视角看，我国古代反对贪官污吏的态度是非常明确的。

历史上贪官污吏所掌权的部门或地区，总是乌烟瘴气、民不聊生。爆发农民起义的根本原因是统治阶级腐败，剥削百姓，徭役繁重。因此，一方面，农民起义爆发快，声势大，一般会迅速地席卷爆发地，甚至影响全国各地；另一方面，起义军提出均田、免粮、减轻徭役赋税等保护农民阶级的纲领，攻占城池后会严厉惩治当地的贪官污吏、地主恶霸。从实例来看，北宋徽宗时期，政权操纵在蔡京、童贯、王黼、梁师成、朱勔、李彦六人手里。他们结党营私，百姓痛骂他们是"六贼"。当时，不仅北方人民遭受残酷的剥削，江南人民所受的剥削也很严重。在蔡京等人的唆使下，宋朝在江南搜刮奇花异石、金银财宝，用大批船只运往京都。这些运送花石的船队被称为"花石纲"。随着社会矛盾的发展，北方爆发了宋江农民起义，南方爆发了方腊领导的农民大起义。在此情况下，宋钦宗被迫对蔡京、童贯、王黼等"六贼"做出了处置，蔡京的儿子蔡攸、蔡僮等也都在流放中被处斩。元朝末年，官贪吏污，社会腐败，百姓痛苦。朱元璋出身布衣，祖祖辈辈都是面朝黄土背朝天的贫苦农民，遭受过残酷的压迫和剥削，与那些徇私枉法、横征暴敛、作威作福的贪官污吏势同水火，苦大仇深。他参加和领导元末农民起义建立明朝后，不仅亲自撰写了旨在整顿吏治的《明大诰》，更在当政的 31 年中，先后发起六次大规模肃贪，杀掉贪官污吏 15 万人左右，一时间再没有人敢轻易越过雷池。

　　我国古代的圣人贤哲早就着手这方面的工作，把思想教化放在反腐败的第一位。早在夏朝就有了"夙夜惟寅，直哉惟清"的说法。《尚书》中提出："任官惟贤才，官不必备，惟其人。"到春秋战国时期，在选任官员上已经将"廉"作为一个重要标准了。孔子言："道之以政，齐之以刑，民免而无耻；道之以德，齐之以礼，有耻且格。"管子认为作为官员，如果能够坚持清廉，就不会掩饰自己的过错，拥有正直的行为，就能够很好地治理地方。在清正廉洁乃为官之道思想的影响下，我国古代出现许多至今为人称颂的清官廉吏。《史记·循吏列传》与班固的《汉书·循吏传》记录了许多清官，例如鲁相公仪休、大司农朱邑等，还有人们所熟知的"包青天"包拯、"海青天"海瑞，他们是不畏权贵、刚正不阿、为民请命的"清官"代表，还有魏徵、狄仁杰、范仲淹、郭允礼、于成龙、林则徐等都是洁身自好、严于律己的好官，这些清官廉吏不仅受当时人们的爱戴，也成为当代人民称道的典型。他们的事迹之所以能够流传至今，正是因为廉洁奉公是历朝历代对为官者的最基本要求，也是中华传统廉政文化的重要内容，为后世留下了许多宝贵的反腐败斗争经验。

　　"得民心者得天下"，这是历朝历代任何一位英明的统治者都明白的道理。他们清醒地认识到，官场中的种种不良作风是诸恶之源，如果放任不管，早晚会招致人民的反抗和政权的覆灭。为此，我国古代社会中的历朝历代统治者都有惩治贪官的法律和措施，不少帝王为了巩固中央集权，把惩腐除贪当作头等大事。

　　早在奴隶社会的商朝，为了劝诫百官，制定了《官刑》。《官刑》的主要内容包括"三风十愆"，其中最耐人寻味的一条是"不有功于民"。可见在商朝做官，"不求有功但求无过"的懒政作风是行不通的，为官一方就要一心一意为百姓谋福祉。西周时也有一套惩恶锄奸的官场宝典《吕刑》，将官员的腐败乱象归总为惟官、惟反、惟内、惟货、惟来五个方面，合称为"五过"。其中"惟官"是指官员之间相互偏袒包庇、官官相护;"惟反"是指施政断案不顾公平公正,甚至滥用职权公报私仇;"惟内"就是搞裙带关系;"惟货"是徇私舞弊、收受贿赂;"惟来"则是纵容包庇和自己有交情的人。《吕刑》认为,"五过"的根源在于法官畏惧权势,不敢公正断案,才会酿成官场的诸多弊端。所以,一旦发现有量刑不当者,即与罪犯同罪。

在春秋战国时期,涌现出一批有理想有抱负的改革家,如魏国李悝、楚国吴起、秦国商鞅等人,他们都不约而同地制定了惩治贪污的法律。其中李悝的《法经》当中的《杂律》对贪官污吏收受贿赂有着严苛刑罚惩处,对秦汉至隋唐的惩贪制度产生了深远的影响。西汉文帝曾经颁布《惩贪律》,规定如果官吏贪赃枉法、监守自盗,一旦证据坐实,即剥夺所有官职贬为庶民,还要处以"笞刑",情节特别严重的甚至可判死刑。东汉沿袭西汉规制,并在原有基础上又加入了一些新的法条,规定但凡犯了贪污罪的官员,其子孙后代永远不得参与察举选拔。魏晋南北朝的《晋律》《北齐律》等把官吏贪污受贿枉法断事与不孝、谋杀等重罪并列,作为不能赦免的罪行之一。唐朝的《唐律疏议》以国家大法的形式,把有关惩治贪污犯罪的规定作为法律固定下来,划分了官吏罪与非罪、罪轻与罪重的界限,为惩贪提供了基本的法律依据。《唐律疏议·名例律·以赃入罪条》中首次在法律条文中出现了六种非法占有公私财物的犯罪,开创性地将官员非法获利定为"六赃":强盗、窃盗、枉法、不枉法、受所监临及坐赃。此后,宋、明、清沿袭"六赃"的提法,但增加了一些罪名,对监守自盗、枉法赃、不枉法赃、行贿、挪用官物、敲诈勒索以及介绍贿赂等罪,都作了明确的量刑规定。历朝历代确实用重刑惩治了一大批贪官,严酷的刑罚使贪官们胆战心惊,警示在职的官吏和继任者不可贪赃枉法,维护了政治秩序,在很大程度上促进了廉政建设。其中明清时期,轰轰烈烈的反贪运动更是达到了我国古代历朝之最。

　　一些封建帝王出于维护封建统治的目的，惩治贪官非常严厉。早在奴隶社会，帝王君主口头训诫，就是给贪官污吏敲响警钟。西汉文帝时的《惩贪律》把贪赃、枉法、受贿、自盗这些贪官的犯罪特征都包括进去了，而且治罪很严，可至死刑。北魏孝文帝也重治贪官。隋文帝杨坚反贪力度特别大，他一方面派遣自己的亲信在私下里监督官员，发现贪污之人严惩不贷；另一方面还命人将金银财宝偷偷送给朝中大臣和地方官员，以此来检测一个官员是否受贿。隋文帝发现贪官之后，会当着朝中大臣的面直接砍掉其头颅，血溅当场，给所有人警示，提醒他们胆敢贪污就是这样的下场。在杨坚的铁腕手段之下，隋朝初期的贪腐之风就此禁绝，社会迅速稳定了下来。武则天在位期间，也曾亲自编写《臣轨》，其中的《公正》和《廉洁》两篇则直指文武百官，敦促他们要奉公守法、克己爱民。后唐明宗李嗣源是一位惩贪不避亲、不讲情面的皇帝，其驸马石敬瑭的一个亲戚是汴州仓吏，犯赃当死。宋太祖赵匡胤吸取前朝灭亡的教训，也重治贪官。明太祖朱元璋是惩治贪官最严厉的皇帝之一。朱元璋对自己的亲属也执法极严，他的女婿都尉欧阳伦借出使之机走私，被他依法处死。由于铁腕肃贪，雷厉风行，朱元璋在位期间，明朝河清海晏，百姓乐业。清代康熙在晚年总结自己的治国之道时说："治国之要，莫过于惩贪；致治之道，首在惩戒贪蠹。"其子雍正一上台就大力"整纲饬纪，澄清吏治"，对贪官大开杀戒。主要采取三大举措惩处贪官污吏：一是派遣钦差大臣前往地方视察，并带上候补官员，一经发现有贪官，直接罢免职务押回京城，候补官员补上位子；二是贪官所有财产用来充公；三是株连，将贪官所有亲族全部抄家。同时，雍正跟朱元璋一样，即使是皇亲国戚，只要敢贪污，就必须受到严厉的惩罚。为此，史上也出现了"雍正一朝，无官不清"的说法。

二、我国古代对贪官污吏的处置措施

在我国历史上漫长的封建社会中，由于实行高度集权的专制体制，加之民主制度的缺失，腐败现象盛行。但过于泛滥的腐败往往会引起民众的不满和抗争，从而危害统治阶级的统治基础，因此，历代统治者为缓和社会矛盾，均采取措施以遏制腐败的蔓延。以史为鉴，可以知兴替。古代社会是如何防治腐败的呢？

第一，帝王君主口头训诫。早在奴隶社会的夏朝，统治者就认识到惩治贪污腐败的重要性，但主要以口头警告为主。《夏书》中说："己恶而掠美为昏，贪以败官为墨，杀人不忌为贼。"其中的"墨"指的就是"贪污不廉洁"，触法者将受到严厉的刑罚。商盘庚掌权期间，也曾屡次训诫臣下，不要总想着敛聚金银财宝，应当忠于职守、为民着想。西汉刘邦初入咸阳城，为奢华的阿房宫所震撼，意欲驻于宫内，手下将领亦大肆抢掠财宝。在将领樊哙、谋士张良的劝谏下，刘邦纳谏，于是还军霸上，并与咸阳百姓约法三章：杀人者死，伤人及盗抵罪。汉宣帝亲政后"励精为治"，凡任命刺史守相等地方高官，都一定亲自谈话诫勉。北魏孝文帝告诫即将出任相州刺史的皇弟高阳王雍："为牧之道，亦难亦易。其身正，不令而行，故便是易；其身不正，虽令不从，故便是难。又当爱贤士，存信约，无用人言而轻与夺也。""为主贪，必丧其国；为臣贪，必亡其身"是唐太宗在贞观二年对群臣不要贪赃纳贿的告诫和对自己的勉励。明朝太祖朱元璋每次向各地派任官员前，都要将他们带到皇宫的一口井旁训示说："做清官，靠俸禄过日子，就像守着一口井，井水虽不满，但可养活一家老小；如果从外面取水灌入井里，满了就要加高井台，一旦台被水溢，就会殃及你的乌纱帽。"清顺治帝亲政后多次颁布诏谕，强调群臣要"殚忠尽职，洁己爱人"。清康熙帝告诫官吏："尔等为官，以清廉为第一，为清官甚乐，不但一时百姓感仰，即离任之后，百姓追思，建祠尸祝，岂非盛事？"

第二，加强预防教育。预防教育是防治腐败的一剂"良药"。需要通过加强教育宣传和道德建设，倡导廉洁风尚，加强社会舆论监督，压缩腐败空间，形成全社会对腐败行为的共同声讨。

一是严格官员的选拔和任用。吏治的好坏直接取决于官员素质的高低，因而历代统治者都重视对官员的选拔和任用。在官吏的选拔上，诸子百家都主张举贤任能，把任用贤才看作国家治理的前提条件。例如，孔子主张"学而优则仕"，明确地把"学优"定为从政的条件；孟子认为"贤者在位，能者在职"；墨子强调"以尚贤使能为政"。同时，加强选拔时的监督。先秦时期，为了选到"有德"官员，出现了"察举"制度，面向社会公开选拔官员，在民间称为"举贤"。汉朝时期，察举已成为选拔官员的主要途径，但如果推荐的官员"不善"，推荐人也要受牵连。随后曹魏时期出现了九品中正制，以及隋唐开始的科举取士制，都是为了更好地选官。为了防止选举和任用官员过程中的营私舞弊行为，历代都采取了相应的制度措施。秦朝规定，官吏若犯罪，其举荐者要被以同样的罪名处置；汉代建立了官吏试用制度。为了防止官员以家族裙带关系假公济私，汉代还建立了籍贯及亲属回避制度。这种制度行之有效，为以后历代所借鉴。其中唐、宋、明的回避有所拓展，如唐朝将回避关系扩大到邻近州县、师生关系，宋朝扩大到五服以内的家族成员和所有姻亲，明朝将本籍回避范围扩大到一省。

二是官员自省自律。中国古代一心为民、两袖清风的好官比比皆是，如"一钱太守"刘宠、"铜镜"魏徵、铁面无私的包拯、正直清廉的于谦、秉公断案的海瑞、"清端"于成龙等，他们无一不是洁身自爱、勤于自省的代表人物。对于天子，他们是忠心不贰的肝胆忠臣；对于百姓，他们是万民敬仰的青天父母官。不论身边的同僚是黑是白，政治生态是明是暗，他们都能出淤泥而不染，与民秋毫无犯，最终赢得人民的爱戴，青史扬名。

三是利用民意舆情。群众监督是防治各种腐败行之有效的方法，这方面古人很早就进行了各种探索和尝试。早在尧舜时代，就有了考察民意、征集舆情的制度和设施："立进善之旌、诽谤之木，政有缺失，民得书于木。"西汉时朝廷设立专门访察民意舆情的"风俗使"。两晋时期的"风闻言事"也是利用舆情纠举官员不法行为的一种机制。西汉时期出现的"缿筒"是我国最早的"举报箱"。武则天统治时期，又发明了"铜匦"，类似于今天的意见箱。

第三，法律规范和惩治手段。贪官污吏的存在对社会造成了极大的伤害，除了重视对贪污贿赂等腐败行为的预防，还必须采取行之有效的法律规范和惩治措施。

一是法律约束。在我国古代史上，许多朝代都有惩治贪官的法律和举措，对官员职权加以规范。事实证明，这是最常用也是最有效的方式。从商朝的《官刑》，到西周的《吕刑》；从战国的《法经》，到汉朝的《惩贪律》；从唐朝的《唐律疏议》，到宋朝的《文武七条》，再到明朝的《大明律》，法网恢恢，疏而不漏，在这些白纸黑字的法律条文面前，心怀不轨的贪官们再也无机可乘。其中西汉文帝时，《惩贪律》规定："吏坐受赇枉法，守县官财物而即盗之，已论命复有笞罪者，皆弃市。"这条法律把贪赃、枉法、受贿、自盗这些贪官的犯罪特征都包括进去了，而且治罪很严，可至死刑。东汉沿袭西汉法律，并有一些新规定："赃吏子孙，不得察举"；"长吏赃满三十万而不纠举者，刺史、二千石以纵避为罪"。东汉时被惩办的贪官有中郎将任尚、大司徒欧阳歙。北魏太和三年定律："枉法十匹，义赃（徇私贿赂）二百匹大辟。"《宋史·刑法志》记载，宋初"尤严贪墨之罪"。惩治贪官最严厉的法律当数《明大诰》，它集中体现了朱元璋"重典治世"的思想，首开了如挑筋、断指、削膝盖、断手等酷刑。

二是遣散朋党。在任何时代，结党营私都是社会政治中的痼疾，也是滋生种种腐败、"微腐败"①现象的渊薮。遣散朋党无疑是处置贪官污吏的重要之举。《尚书·洪范》最早提出了朋党的危害："无偏无党，王道荡荡；无党无偏，王道平平。"孔子强调"君子矜而不争，群而不党"。韩非子把朋党之害提到了关乎国家存亡的高度，认为在统治集团内部一旦陷入朋党纷争，就会导致国家灭亡。韩非子还专门探讨了对付朋党的各种"潜御之术"，比如："设谏（间）以纲独为，举错以观奸动"；"宣闻以通未见，作斗以散朋党"；"罚比周而赏异，诛毋谒而罪同"等。我国古代统治者为巩固其统治地位，曾把"散朋党"作为治国的主要措施。比如，西汉赵广汉在担任颍川太守时，当地结党成风，黑恶势力横行，当年的灌夫家族就是本地人，赵广汉创造性地发明竹筒（缿筒）检举法，让大家相互检举揭发，揭发有奖，各个击破。同时，豪杰大姓相与为婚姻，官吏结为朋党，太守赵广汉诛原、褚两姓首恶，奸党散落，风俗大改。唐律没有对朋党作出明文规定，但到唐朝中后期，朋党之争非常严重，朝廷对朋党行为予以严令禁止。大明朝独创锦衣卫，时刻监控朝臣们的动向。很多为求自保的大臣别说结党营私了，下朝后连门都不敢出，赋闲在家避祸，从而彻底清除了朋党势力。《大清律例》把"结交近侍官员""上言大臣德政"这种看似合情合理的结纳行为列入严惩的律例。清朝雍正帝不允许官员结党，并作为惩治政敌的主要手段；清朝乾隆帝借文字狱之名，打压朝中鄂张两党势力，肃清朝中的朋党势力。

三是处罚惩治。秦朝对于经济犯罪的官员惩治很严，有"通一钱黥城旦罪"规定，即行贿一个钱，就要被惩罚在脸上刺字，再去修城。汉代

---

① "微腐败"是一种公权乱用的行为，其典型特点有三：乱用公权的行为很小，乱用公权行为比较普遍，社会公众对其态度暧昧。

的标准也很苛刻，"赃二百五十钱以上即免职"，二百五十钱在当时连一件像样的长衫也买不到。隋唐时期是"坐赃论加二等"，如果是重臣，则加重处罚。宋元时期规定"赃满五贯文者处死"，五贯钱还不到县令半月工资。明朝时期的惩罚最重，流放、杀头、剥皮、灭族等重刑都被用于贪官，贪污银子六十两就被"枭首示众，剥皮实草"。清雍正"整纲饬纪，澄清吏治"，对贪官大开杀戒：在登极恩诏中就删去了豁免官员亏空一条；对赃官采取抄家籍没和罢官并用的手段。以风流儒雅著称的乾隆皇帝，对惩治贪官也达到了严酷的程度。他在位期间，仅布政使以上的督抚封疆大吏就被杀了三十多人。其实在古代惩罚贪官最严重的手段就是：自发现后，其子女后辈都受牵连，失去了做官机会。尽管如此，古代法律总有漏洞，加之统治阶级的自身局限性，历史上仍不断涌现出许多贪官。

第四，建章立制和监督保障。建立切实有效的监察、考评和奖惩制度，是改善吏治、克服"微腐败"的重要举措。

一是建立监察制度。我国古代统治者为了惩贪防腐，建立并完善了一套富有成效的监察制度。秦朝在中央设立"御史大夫"（相当于副宰相级别），负责监察百官和管理天下典册图集。汉代在秦制的基础上，提升了御史大夫的地位（宰相级别），御史大夫下面还有御史中丞、侍御史、监郡御史，地方郡县都配备了监察官员，从中央到地方形成了较为完整的监察体制。唐代形成了具有独立司法权的监察机关——御史台，其职能主要是考察官员的政绩和操守，弹劾百官违法乱纪行为。从五代到宋元历代沿置御史台，明代改称都察院，"职责纠劾百官，辩明冤枉，提督各道"。清代的最高监察机构亦称都察院，但地位和职权相比于明代都有所提高。延续运行两千多年、贯穿封建社会始终的监察制度，对于惩治贪官污吏、纠正社会风气特别是官场风气、稳定皇权统治起到了重要作用。此外，汉武帝时期，还正式设立"刺史"，成为古代一种新型的"反腐办"，以后各朝代都有借鉴。除了官方机构外，还动员民间参与"举报"。

二是建立考核制度。我国古代官吏考核制度渊源深远，历代沿袭形成了一个极为严密细致的体系。上计制度是我国古代最早的考绩制度之一。所谓上计，就是由地方行政长官定期向上级呈上计文书，报告地方治理状况。其中《秦律》中的《仓律》就提到有关县里上计的情况。上计制度萌芽于西周，始于春秋战国，兴于秦汉时期，两汉时期的上计考课制度主要有常课、大课、会课三种形式。隋唐时代有大考、小考，明清时代有京察、大计。官员廉政与否是考核的主要内容和决定升迁或降职、罢免的主要依据。《秦律》规定考核官员有"五善五失"①，前者中有"清廉毋谤"，后者中有"贱士而贵货贝"，都是针对官员"微腐败"问题的。汉代考核制度进一步完善，建立了对各级官吏实行全面考核的政绩考核制度，考核的内容和标准，除清正、治行、廉能、勤谨等基本条件之外，还根据不同的职务提出不同的要求，如对县级官吏考核内容主要是户口与垦田增减、钱谷出入、社会治安好坏等。唐朝考核制度在我国历代最为完善，形成了包括考核机构、考核方法、考核内容和奖惩标准在内的比较完备的制度体系，所有官员的考核由吏部考功司负责，将考核标准细化为"四善""二十七最"②，考核结果分为三级九等，按等级定奖惩，如背公向私、贪浊有状、居官谄诈等被列为下下等，执行罢免，甚至终身禁锢。因此，唐朝考核制度具有制度严密公正、执行标准明确客观、操作性较强等特点。清朝的"京察""大计"考核标准为"四格八法"。"四格"是通过守清、政勤、才长、年壮四项内容考察官员的优劣，每格分为三等考评：守分廉、平、贪，政分勤、平、怠，才分长、平、短，年分青、中、老；"八

---

① "五善"即忠信敬上、清廉毋谤、举事审当、喜为善行、恭敬多让；"五失"即夸以迣、资以大、擅裴割、犯上弗知害、贱士而贵货贝。
② "四善"即德义有闻、清慎明著、公平可称、恪勤匪懈等四项入仕为官的基本职业道德准则；"二十七最"指的是针对不同领域的官员提出的二十七种最优表现，如考课官员"褒贬必当"，铨选官员"擢尽才良"，谏官、言官"献可替否"，等等。

法"主要是针对贪、酷、浮躁、才力不及、年老、有疾、疲软无为、不谨八种罪过的处罚规定。如规定为官疲软、不谨者，执行革职，回籍闲居；规定为官贪、酷者，则执行革职拿问，禁锢本人及子孙三代。

三是晋升与福利制度。建立公平而有效的晋升迁转制度，对培育官场正气、增强官员的职业道德感和工作主动性具有积极作用，进而减少腐败和"微腐败"现象的发生。我国古代大致在秦汉时期就建立了比较完备的官员迁转管理制度。其中在秦、西汉初期以军功升迁为主，汉武帝以后，则以"事功""积劳"（即政绩突出或年资积累）为官员升迁的主要条件。此后历代都把政绩和年资作为升迁管理的主要依据。官员的福利得到应有的保障，是防止腐败最正大光明的途径。因此，我国先贤很早就提出了厚禄养廉思想，自战国末年我国官俸制度萌芽兴起到秦汉逐步确立，厚禄养廉思想就此起彼伏地贯穿于中国两千多年的封建社会。从现有的史料看，厚禄养廉思想最先提出是在西汉初年，汉惠帝诏说："吏所以治民也，能尽其治则民赖之，故重其禄，所以为民也。"[1] 重禄的目的，在于吏治，在于益民。西汉官员张敞、萧望之指出："夫仓廪实而知礼节，衣食足而知荣辱。今小吏俸率不足，常有忧父母妻子之心，虽欲洁身为廉，其实不能，请以会率增天下吏俸。"[2] 唐朝曾多次提高政府官员的薪俸，唐玄宗下诏说："衣食既足，廉耻乃知。"故对京师"文武九品以上正员品，今后每用给俸食、杂用、防阁、庶仆等，宜十分率加二分，其同正员官加一分，仍为常式"[3]。北宋范仲淹提出，养廉之方，必先厚禄。王安石认为要使职业不弛，治道而兴，就应提高官吏的俸禄。清朝雍正皇帝为了改变官员俸禄过低的状况，采纳山西巡抚诺岷建议，推行"耗羡归公"和"养廉银"制度。

---

① 《汉书·惠帝纪》。
② 《通典》卷 35《禄秩》。
③ 《全唐文》卷 25。

四是表彰清官廉臣。通过廉政教育强化官员的自律意识，防微杜渐，这是治理"微腐败"最有效的途径之一。我国古代著名的政治思想家都强调廉政教育对建立美政良俗的根本意义。自秦以后的历代统治者和思想家融合儒、道，就官员廉政教育的内容和途径进行了系统探讨，其中最基本的共识有三点：一是清心寡欲，戒奢以俭。古代统治者和思想家都把节欲俭身看作仕者廉政的充分必要条件。二是敬惧修省，防微杜渐。时刻敬惧修省，过一种敬畏的、负责任的生活，是古代士大夫基本的人生姿态，更是他们治国平天下的看家功夫。三是尊贤重德，表清褒廉。在严惩贪贿的同时，历代统治者还重视扶植和表彰清官廉臣。汉文帝在一封诏书中第一次道出了廉吏的政治品牌价值。表彰清官廉吏，为百官立楷模，成为历代统治者整肃官场风气所采用的最有成效的手段之一。汉宣帝亲政后"励精为治"，对政绩卓著的官员，以玺书勉励，增加他们的俸禄和赏金，甚至给他们关内侯的封爵。由于宣帝采取这些措施，他当国的年代是汉代产生循吏最多的时期。南朝梁第一代皇帝萧衍，除齐朝弊政，自奉俭约，注意选拔清官廉吏。在他当国时期，良吏大部分也出现在他的麾下。隋文帝先后下诏表彰了岐州刺史梁彦光和77岁的良吏公孙景茂。唐太宗等皇帝比较注重吏治，奖励清官廉吏，因而唐朝出现一批循吏。北宋仁宗皇帝下诏褒奖廉吏赵尚宽，"勤于农政，治有异等之效"。明朝初期，几代皇帝重视吏治，从洪武至正统一百多年间，"民淳俗富，吏易为治"，出现了孙浩、薛慎、吴原、陈哲、孔公朝、徐士宗等一大批以循良见称的州县官吏。清朝康熙皇帝这方面的做法最有代表性，他将选拔、优遇清官作为朝廷用人行政的核心工作，他在位期间特别重视对清官的提携和褒扬，"屡诏群臣荐举天下廉能官"，对于成龙、彭鹏、陈璸、郭琇、赵申乔、陈鹏年等清官进行表彰和激励，并赐于成龙"天下廉吏第一"、张伯行"江南第一清官"称号。经过康熙多年的努力经营，清朝一时出现了正气盈朝、清官贤臣辈出的盛世景象。

　　我国古代王朝对清官廉吏的表彰和奖励，主要体现在诏书表彰、物质鼓励、死后优恤、赏及后代子孙四个方面[①]。

　　诏书表彰。这是最主要的一种表彰和奖励方式，主要是对成绩突显的清官廉吏在一定范围内下诏书表彰，使他们获得荣誉感，同时加官晋爵。西汉的黄霸，由一个百石小吏起家，因为治绩优异，职务不断提升，从郡守、京兆尹、太子太傅、御史大夫一路走高，最后做了丞相。东汉任延在建武初年为九真（今越南）太守，武威太守，颍川、河内等郡太守，都做出显著成绩，受到光武、明帝父子的重视和嘉奖。隋朝的梁彦光任岐州刺史时因"甚有惠政"，隋文帝下诏称赞他，号召全国官员向他学习，赐粟米 500 斛，物 300 段，御伞一把[②]，作为奖励。北宋的邵晔，由县主簿起始，因治狱有方，历升光禄寺丞、荆南通判、知忠州、太常丞、江南转运副使、监察御史、知朗州、工部员外郎、淮南转运使。北宋廉吏赵尚宽"勤于农政，治有异等之效"，宋仁宗皇帝下诏褒奖，"进秩赐金"。清朝的于成龙，从广西罗城知县起家，因多次被评为全国地方官中的"卓异"，晋升很快，从知县升知州、同知、知府、按察使、布政使、直隶巡抚、江南江西总督。于成龙任直隶巡抚时，康熙皇帝亲自召见，褒奖他为"清官第一"，并赐帑金千、亲乘良马一，制诗褒宠[③]。于成龙去世后又被康熙帝赞誉为"天下廉吏第一"，加赠太子太保，又制诗褒奖。

---

① 　四个方面表彰和奖励资料综合整理于孟祥才：《中国古代对清官廉吏的表彰和奖励》（一），《山东高等教育》2014 年第 9 期，第 80—95 页；孟祥才：《中国古代对清官廉吏的表彰和奖励》（二），《山东高等教育》2014 年第 10 期，第 84—96 页。

② 　孟祥才：《中国古代对清官廉吏的表彰和奖励》（一），《山东高等教育》2014 年第 9 期，第 81 页。

③ 　孟祥才：《中国古代对清官廉吏的表彰和奖励》（二），《山东高等教育》2014 年第 10 期，第 88 页。

天下廉吏第一匾

物质鼓励。东汉的卫飒任当时还算边郡的桂阳太守，因为改善了那里的生产和生活条件，受到光武帝一次赐钱十万的奖赏。东晋的吴隐之，因为官清廉，受到晋安帝赐钱50万、谷千斛的奖励。隋朝的樊叔略任相州刺史时，"政为当时第一"，文帝降玺书褒美，赐物300段，500斛粟米①。隋吏部尚书牛弘被评为"清名天下第一"，炀帝赐帛200匹②，以资奖励。

死后优恤。西汉大司农朱邑病逝后，汉宣帝十分痛惜，下诏表彰说："大司农邑，廉洁守节，退食自公，亡疆外之交，束脩之馈，可谓淑人君子。遭离凶灾，朕甚怜之。其赐邑子黄金百斤，以奉其祭祀。"③魏晋易代之际的鲁芝，一生虽为高官但"清忠履正"，连私人住宅都没有。去世时，"帝为举哀，赙赠有加，谥曰贞，赐茔田百亩"④。南朝良吏始兴太守徐豁去世，宋文帝又下诏赠钱10万，布百匹，以营葬事⑤。唐代清官魏徵病逝后，李世民非常伤心，废朝五天以表达思念之情，追赠魏徵为司空、相州都

---

① 孟祥才：《中国古代对清官廉吏的表彰和奖励》（一），《山东高等教育》2014年第9期，第82页。

② 孟祥才：《中国古代对清官廉吏的表彰和奖励》（一），《山东高等教育》2014年第9期，第90页。

③ 孟祥才：《中国古代对清官廉吏的表彰和奖励》（一），《山东高等教育》2014年第9期，第84页。

④ 孟祥才：《中国古代对清官廉吏的表彰和奖励》（一），《山东高等教育》2014年第9期，第82页。

⑤ 孟祥才：《中国古代对清官廉吏的表彰和奖励》（一），《山东高等教育》2014年第9期，第87页。

督，谥"文贞"。北宋廉吏赵尚宽去世时，皇帝下诏赐钱50万①。元朝的田滋，官至陕西行省参知政事，死时朝廷赠他通奉大夫、河南省参知政事，追封"开封郡公"。清朝的赵申乔由知县逐步升至工部尚书，以廉能屡屡得到康熙皇帝的奖赏，死时"赐祭葬"，雍正元年（1723年）还追赠其太子太保衔。

赏及后代子孙。楚庄王感念孙叔敖的功绩，就封给他沦落到以打柴为生的儿子400户，使之从此衣食无虞②。东汉王涣曾任温县令、迁兖州刺史、洛阳令，用法平正，深得百姓爱戴。汉安帝永初二年（108年），邓太后下诏表彰王涣"秉清修之节，蹈羔羊之义，尽心奉公，务在惠民"，王涣受到百姓的拥戴和追思。朝廷特任命他的儿子王石为郎中，"以劝劳勤"③。又如清朝的著名清官陈璸，从知县做起，最后升至闽浙总督。雍正皇帝赞誉他"操守极清，朕所罕见，恐古人中亦不多得"。死后被追授礼部尚书，荫一子入监读书。乾隆初，又赐其孙一人为举人④。清朝又一著名清官陈鹏年，由浙江西安知县升至布政使，于雍正元年病逝。雍正皇帝赞扬他为官清廉，"赐帑金二千，锡其母封诰，视一品例荫子"⑤。

---

① 孟祥才：《中国古代对清官廉吏的表彰和奖励》（一），《山东高等教育》2014年第9期，第92页。
② 孟祥才：《中国古代对清官廉吏的表彰和奖励》（一），《山东高等教育》2014年第9期，第82页。
③ 孟祥才：《中国古代对清官廉吏的表彰和奖励》（一），《山东高等教育》2014年第9期，第85页。
④ 孟祥才：《中国古代对清官廉吏的表彰和奖励》（二），《山东高等教育》2014年第10期，第89页。
⑤ 孟祥才：《中国古代对清官廉吏的表彰和奖励》（二），《山东高等教育》2014年第10期，第89页。

第四节　我国古代对贪官污吏处置的当代启示

在我国古代历史上，腐败是一种多发社会现象，贪官污吏更是层出不穷，危害至深。新建的王朝和开明君主往往会鉴于前代人亡政息的历史教训和本王朝长治久安的需要，与腐败进行斗争，甚至运用严刑酷法惩贪，腐败在一定程度上得到缓解或遏制，甚至出现过短暂的太平盛世。而历史上那些反腐倡廉的成功经验也为新时代反腐倡廉提供了丰富的思想源泉。

一、牢记腐败导致人亡政息的深刻历史教训

我国古代历史表明腐败导致人亡政息是一条规律。《周易·既济》爻辞说："君子以思患而豫（预）防之。"说的是君子总是想着可能要发生的祸害，要在事先做出有效的防范。就治国安邦而言，腐败就是危害国家的大患，应当时常预防和治理。我国古代每个王朝的灭亡有着多方面的因素，但大多与腐败相关，腐败导致人亡政息成为一条亘古不变的历史规律。

尧、舜、禹时期的大禹对于日益滋长的贪赃腐败感到忧虑，命令狱官长皋陶制定刑法，将贪赃行为定为墨罪，加以惩处。周朝在对夏、商因腐败而亡国的历史教训进行总结的基础上，对贪腐进行有效防治，官吏仗势为恶、行贿受贿、接受他人财物并为他人谋取不正当利益都要"阅实其罪"。禹、汤、文王、武王对贪腐防治结合，一时官风清明，河清海晏，被后世颂称为名王圣主。唐太宗李世民开门纳谏，在一定程度上将权力置于阳光下，成就了贞观盛世。明太祖朱元璋认为，任官吏贪墨蔓延，足以毁灭政权，必须采取非常手段予以遏制。他高调反腐，铁腕治贪，虽

然有律外用刑和违反人道之举，但对官吏贪腐起到了极大威慑作用，出现了洪武之治。与此相反，有些王朝统治者奢靡无度，君昏臣贪，以致人亡政息。夏桀因昏淫，把夏王朝推到历史终点；商纣王荒淫暴虐，最终身死国灭；南朝萧梁的吏治腐败不堪，结果王朝易姓、江山易色；元朝末期的腐败得不到有效治理，世事混浊，人民埋葬了腐败的元王朝。我国先贤很早就认识到吏治成败会影响国家盛衰兴亡。《左传·桓公二年》记载，鲁国大夫臧哀伯在进言鲁桓公中提出了"国家之败，由官邪也"的总结性认识，这成为中国历史上吏治思想的经典表述。历代史学家、思想家对"国家之败，由官邪也"不断进行阐释。如南朝刘宋史家裴子野从魏晋吏治腐败世风盛行、南宋史家胡寅从北魏贵族大臣肆意贪污败坏吏治、清代史家赵翼则从明清的监察体制弊端与吏治腐败的关系来阐释了"国家之败，由官邪也"这一论断。这一深刻历史教训警醒我们要补强我国古代在反腐败斗争中没有解决的系列问题的短板，以走出腐败亡国、再腐败再亡国的历史怪圈。

我国古代廉政教育也在常抓，反腐利剑也时时高悬，腐败亡国的警钟更是长鸣，但历朝历代的清官廉吏寥若晨星，贪官污吏如蚁，因腐败而人亡政息的历史悲剧不断上演，陷入腐败—亡国—再腐败—再亡国的历史怪圈。这一历史教训表明在封建君主专制制度下，反腐败过程中至少存在三大层面的短板问题需要解决。

一是对权力约束和监督的疲软问题。我国古代虽然有许多约束权力和监督权力运行的制度，但在君主专制制度下，这些制度对权力的约束属于软约束，不是法律和制度的刚性约束，导致其约束力有限。在封建王朝中各级官吏的权力受命于君，君明则臣直，君昏则臣奸，对官吏权力的约束系于明君圣主，缺乏民众、社会的约束和监督，腐败就自然成为一种多发的社会现象。

二是潜规则对于法律制度的异化和效率消解问题。在我国古代文化重血缘关系和亲情友情的背景下，法律观念、契约精神和规则意识就显现出薄弱的一面。在潜规则盛行，以及亲情、友情和利益的驱使下，大行上有政策、下有对策，把反腐倡廉的相关法律规定以及制度执行效率悄然消解得无影无踪。比如，汉代察举孝子廉吏是强调以德举人，但在社会现实中竟然成了一些投机分子获得功名利禄的工具，出现了"举秀才不知书""举孝廉父别居"的怪象。基于察举中的弊端，曹魏政权实行九品中正制，以德才举人，把好官吏入口关，这的确是善制善政。但负责选举人才的中正官选人唯亲，就造成了我国历史上"上品无寒门，下品无庶族"的又一社会怪象。

三是官吏知行背离却行不由衷的问题。儒家创始人孔子治国之道的核心理念是仁、德、礼、人四治合一，这一理念可以用仁治、德治、礼治、人治这八个字来概括。儒家思想是我国古代社会的主流思想，大多数官吏都饱读经书，口称圣贤之士，对于儒家"仁义礼智，仁民爱物"的基本思想并不陌生，甚至熟记于心。北宋廉吏范仲淹"先天下之忧而忧，后天下之乐而乐"的名言张贴在许多官吏厅堂的显要位置。但回望历史，一些贪官污吏恰恰就是这些满腹经纶的儒生。

面对我国古代反腐败过程中所存在的三大层面的短板问题，当下我们需要强化重视以下方面：首先，要加大惩贪治腐的法治力度。只有管住权力人及其手中的权力，才能有效抑制贪腐。在中国历史上，法律是惩贪治腐的有力武器，每一个政治清明的盛世出现，背后必有一整套严明的法令作保障。其次，要注重制度建设，扎紧制度笼子。重要的是推进监察体制改革，完善反腐败制度安排：健全完善德才兼备、以德为先的干部选用制度，给优秀干部提供施展才华的舞台，让腐败分子无所遁形；强化干部监督制度，把权力置于阳光之下，接受人民监督、接受社会监督；优化干部考核制度，给为政以德、忠诚干净担当的干部保驾护航，使德不配位、消极怠惰、贪婪腐败的人无机可乘。再次，要加强思想建设，筑牢廉洁从政的底线。一方面要以修身促自律强廉洁。修身是为官者自律的前提，我国传统文化历来强调"为政之道，以修身为本"，强调"修其心，治其身，而后可以为政于天下"，始终把修身放在第一位。要倡导"居天下之广居，立天下之正位，行天下之大道"的以天下为己任的思想，提升广大党员干部的思想境界，涵养民本思想、厚植为民情怀。另一方面要注重家风建设。良好家风是为官者廉洁奉公的重要组成部分，大量事实证明，"家风好，就能家道兴盛、和顺美满；家风差，难免殃及子孙、贻害社会"。从近年来查处的腐败案件看，家风败坏往往是领导干部严重违纪违法的重要原因。唯有廉洁育家、廉洁持家、廉洁兴家，千千万万个家庭才能真正成为社会风清气正的重要基点。

二、深刻把握古代吏治历史经验的当代启示意义

吏治是指国家对官吏的选拔、管理、考核和监督，是国家治理的重要内容。我国古代吏治思想和制度，是中华民族在上下5000多年的历史文化进程中积淀的宝贵财富，对我国新时代国家治理体系和治理能力现代化建设有着重要的借鉴意义。

一是以法为纲，强调官吏的法律责任和法治意识。法家思想是中国古代吏治思想的另一支流，它主张以法治吏，要求官吏遵守法令，依法行政，依法赏罚，不赦不宥，以法维护国家的统一和秩序。对此，历代王朝的专制君主们也多以法治官，制定严明的法律法规，规范官吏的职责和权力，监督官吏的行为和业绩，以法保障民众的基本权益和利益，从而维护其统治地位。从秦汉开始，经后继的各个王朝不断发展，至明清时期相对完善的御史监察制度，就以其发展脉络清晰、制度设施完善、结构体系完备而备受瞩目，并因此形成了吏治中可资借鉴的珍贵传统。这一珍贵传统要求我们坚持以法治官，强化各级各地干部特别是领导干部的法律责任和

法治意识。在当代社会，党员、干部的法律责任和法治意识，直接影响党和国家的权威和效率、民众的权利和利益、社会的公平与正义。因此，我们要坚持依法治国、依法执政，把党章作为根本遵循，把法律作为行为底线，规范权力运行和行为规范，加强党员、干部的法律教育和法律监督，构建一支高效率的法治化党员、干部队伍。

二是以才为用，强调官吏的综合能力素质。吏治的清明与否，直接影响社会风尚的好坏，在某种意义上，吏治对社会治理的成败起着关键性的作用。为此，历代封建王朝的专制君主们也比较重视人才在治国理政中的重要作用，不断探索和完善官吏的选拔、培养、考核、使用等方面的制度和方法。从西周至清朝的人才选拔大致有九大选拔制度，即西周时期的"世卿世禄制"，春秋中后期的军功爵制，春秋战国的乡举里选、养士，秦汉的察举制度、征辟制度、郎官郎吏制度，三国魏晋南北朝的九品中正制，隋朝至清朝沿用1300多年的科举制。以上九大选拔制度的出现，就是为了广纳人才、选拔贤能、量才而用，使吏治更加科学合理。任人唯贤、广纳人才、与时俱进，是扩大政权基础、促进社会公平、保障政治清明的亘古法则。这就要求我们坚持广纳人才，知人善任，用人所长；委任责成，优胜劣汰，使人在竞争中不断成长。

三是以民为本，建立民意反馈机制。我国古代吏治思想和制度强调以民为本，以民为鉴，把民意和民生作为衡量官吏的重要标准。我国古代的开明君主和清廉官吏都注重听民声、察民情、问民需、解民忧，为民造福，以民心为政治的根本。同时，也建立了各种形式的民意反馈机制，如巡视、察访等，以便及时了解和解决民众的困难和不满。这一吏治历史经验启示我们，要坚持以德治官，提高党员、干部的道德水平和服务意识，培养党员、干部的为民情怀、为民能力、为民作风，构建一支高素质专业化的党员、干部队伍。要坚持以民治官，增强党员、干部的民意反馈和民生关注。民意是党员、干部的方向，民生是党员、干部的目标，要把民意作为评价党员、干部的重要依据，把民生作为党员、干部的重要任务，建立党员、干部听民声、察民情、问民需、解民忧、为民造福等机制和方式，构建一支高亲和力的服务型党员、干部队伍。

三、深刻把握古代反腐倡廉措施的当代启示意义

反腐倡廉，亦称"惩腐倡廉"，即反对腐败，倡导廉政。要廉政就必须反腐，而反腐才能廉政，古今中外皆是如此。中华文明五千多年的历史进程，既是一部文明进步史，也是一部反腐倡廉史。习近平总书记指出："研究我国反腐倡廉历史，了解我国古代廉政文化，考察我国历史上反腐倡廉的成败得失，可以给人以深刻启迪，有利于我们运用历史智慧推进反腐倡廉建设。"历代王朝在与腐败作斗争的过程中，逐渐形成了惩于事后、防于事前、防惩并举的反腐思路。这是祖先留给后人的弥足珍贵的反腐智慧和经验，对新时代反腐倡廉建设有较强的启示意义。

一是正人先正己，养廉先养心。在私有观念还存在的社会中，人人都有欲求，都有人性的弱点和阴暗面。当人的欲求得不到有效约束而超过合理的界限时，就容易滋生腐败问题。在某种意义上，治腐必先治心，公共权力的掌握者只有扎好心灵篱笆，树立正确的人生观，才能淡泊名利，才能保持廉洁奉公和勤政为民的执政心态。我国古代先哲和清官廉吏提出了许多治腐心、养廉心的思想认识，也摸索出了一些行之有效的方法。比如，孔子教导成仁，孟子教导取义，把人生目标定位于"成仁""成圣"，主张官吏要正身修己，仁民爱物。这些人生观、价值观通过学校教育和相关考试制度浸润人心，起到了很好的防贪拒腐的作用。中国古代一些清官廉吏，如西汉的司马迁、东汉的杨震、唐代的魏徵、北宋的范仲淹、明朝的海瑞、清朝的于成龙等都是儒家文化的忠实信奉者和践行者。还有周公把商纣王作为反面教材，规劝周武王、周成王要敬畏天命，要立君王

之德，不可贪图安逸，弃德任刑，这些教育内容都保留在《尚书》中。包拯以遗训的方式为子孙立下规矩："后世子孙仕宦，有犯赃滥者，不得放归本家，亡殁之后，不得葬于大茔之中。不从吾志，非吾子孙。"于成龙长孙于准编修的《于氏族规家训》中"勤耕读、尚节俭，循法礼、孝乡里，廉仕吏、存仁德"的家风要义，涵盖"勤、俭、学、善、廉"等朴素道理的 22 条族规、41 条家训，都是对后人行为规范的谆谆教诲和殷殷期盼。

二是表彰廉吏，贬斥贪官。在潜规则盛行的古代社会，要做一名清官廉吏很不容易。一方面要排除大大小小权力的干预，要摆脱复杂人情世故的羁绊；另一方面还要抵御各种利益诱惑，甚至失去亲情朋友。为此，表彰清官廉吏就成为我国古代倡廉行廉的有效办法。司马迁在《史记》中设立《循吏列传》以后，历代正史大多设有《循吏传》《良吏传》，让"以不贪为宝"的春秋廉吏子罕、"一钱太守"东汉廉吏刘宠、"二不尚书"明代廉吏范景文等彪炳史册。历代开明君主也都注意褒扬"廉吏""循吏"，通过增秩、升迁和死后追赠追谥等方式，树立廉吏的形象，通过廉吏的表率作用给予社会正能量，弘扬正气，荡涤官场歪风邪气。汉宣帝对政绩卓著的廉吏，以玺书勉励；隋文帝先后下诏表彰了岐州刺史梁彦光和 77 岁的良吏公孙景茂；唐太宗比较注重吏治，奖励清官廉吏，因而唐朝出现了一批循吏；清康熙在位期间特别重视对清官的提携和褒扬，对于成龙、彭鹏、陈瑸、郭琇、赵申乔、陈鹏年等清官进行表彰和激励，康熙年间出现了正气盈朝的景象。

与表彰廉吏相对应的，是对贪官污吏进行谴责和惩罚。我国历史上早期称贪污为墨罪，也称赃罪，"贪以败官为墨"，贪腐在人们的心目中就是污黑不净。《诗经》对那些居官行贪，或凭借政治地位和权势攫取各种非法利益的贪人用"败类"予以贬斥，表明人们对于贪腐的憎恨和厌恶。明清时期文学家更是把百姓对贪腐的憎恨融入小说、戏曲、笔记之中，嬉笑怒骂。清廉光荣，贪腐可耻，表清官廉吏，斥贪官污吏，一褒一贬，让清廉者名垂史册，将贪腐者钉上历史耻辱柱，善恶彰显，是非明辨，引导人心向善。

三是立律反腐，巡察地方。官吏的道德诚然在一定程度上能预防腐败，但其软性的约束弹性大，效率更是因人因时而异。只有依靠较完备的法制，方能保障行政机构的有效运行，有效遏制腐败和处置腐败。我国古代商朝的《官刑》、西周的《吕刑》、战国的《法经》、汉朝的《惩贪律》、唐朝的《唐律疏议》《文武七条》、明朝的《大明律》都对贪腐有明确的惩罚规定。在防治腐败的制度中，最有创新意义的就是察举、考试任官制度、刺史巡察郡县制度。与此同时，防治腐败一方面要把好官吏的入口，选出有"德"、尚"清"的贤能好官，建立一套良好的官场准入制度。为了选到高素质官员，先秦时出现了察举制度，面向社会公开推荐官员。两汉时期的察举贤良成为官员的重要来源。为了防止察举中的违规行为，秦国规定，如果所推荐的官员不善，推荐人也要被治罪，汉代则采取"连坐"追究举贤中不良的连带责任。曹魏时期的九品中正制、隋唐时期的科举取士制，都是古代选拔良吏的有力之举。另一方面要对官吏进行有效监督，形成权力的制衡。秦汉的御史大夫、唐宋的御史台、明清的都察院，都有纠劾百官的职责，对于惩治贪官污吏起到了重要作用。此外，汉武帝设立十三部（州）刺史，巡察地方二千石等高官的腐败行为，以后各朝代都有借鉴，这对于整肃吏治也起到了很大作用。

四是铁腕治贪，形成威慑。用重典反腐是我国古代遏制腐败的重要手段，在古代甚至运用严刑酷法惩贪。夏朝制定的"昏、墨、贼、杀"之刑，其中贪墨之官是要被判处死刑的。商朝将收受贿赂的贪官定为"货"罪，处以墨刑（即在额上或脸上刺字），以示羞辱。西周把营私枉法、贪污受贿的官吏等列为"五过之疵"。汉代重用一批铁面无私的酷吏，对贪腐者进行严惩。北魏法律有具体条款规定："枉法十匹，罪之以死。"明太祖更是用重典甚至酷刑治贪，除了《大明律》《大诰》，朱元璋还组织人员编写了《醒贪简要录》，其规定："官吏贪赃银 60 两以上者，枭首示众，再处以剥皮之刑。"我国古代铁腕治贪的力度强、措施有力，对贪官污吏确实起到了强烈的震慑作用。

五是强化自我革命，注入廉政廉洁时代活力。传统廉政话语秉持天命和民本的政治价值理念，一方面通过宣扬敬天畏命、善恶有报来震慑官员的贪污腐败行为，另一方面通过宣扬君舟民水、民贵君轻等民本思想对官员行使权力进行价值引导。党的自我革命话语继承了传统的民本话语，将人民话语转化为天命民本话语，强调权为民所赋、权为民所用，真正落实并彰显出人民在国家中的主体地位。传统廉政话语通过社会道德风气的塑造来反腐倡廉，宣扬道德伦理规范和社会风气，并以相关制度设计与之匹配，重视个人名节操守。党的自我革命话语不仅是一套法治话语，也积极运用传统廉政话语构筑党风廉政话语。一方面借鉴传统家风话语，并注入新的元素，克服其中的封建纲常伦理，赋予其社会主义属性；另一方面整合重塑传统话语，注入革命文化话语和社会主义先进文化话语，实现传统廉政话语的创造性转化和创新性发展。与此同时，新时代廉洁文化建设，所追求的根本目标不仅仅是"不敢腐"和"不能腐"意义上的被动防守，更是"不想腐"意义上的主动坚守。只有廉洁自律成为党员、干部精神世界中的普遍信念，党的自我革命才能取得重大突破，干部清正、政府清廉、政治清明、社会清朗也才能真正实现。党的二十大报告指出，全党必须牢记，全面从严治党永远在路上，党的自我革命永远在路上。勇于自我革命，是中国共产党区别于其他政党的显著标志，是党历经百年沧桑更加充满活力的制胜法宝。准确把握新时代廉洁文化建设的自我革命精神意蕴，对于营造风清气正的良好政治生态，推动全面从严治党走向深入，坚持不懈自我革命具有重要现实意义。

还必须指出的是，我国古代官吏考核与监督蕴含着严以治吏的思想。

对有功、廉洁的官吏给予奖赏，对无功、贪利的官吏给予处罚，这是中国传统吏治思想的重要内涵，也是严以治吏的重要体现，如《墨子·尚同》言"善人赏而暴人罚，则国必治"。管子的"六柄"论、韩非子的"二柄"都强调君主可利用"赏"与"罚"两种手段。司马光更是指出，"治乱之机，在于赏罚，二者不可不察也"。这一历史经验启示我们，小智治事，中智治人，大智立法。"要建立健全相关制度，用制度管权管事管人"，"加强党内法规制度建设是全面从严治党的长远之策、根本之策"。

后 记

　　习近平总书记强调，研究我国反腐倡廉历史，了解我国古代廉政文化，考察我国历史上反腐倡廉的成败得失，可以给人以深刻启迪，有利于我们运用历史智慧推进反腐倡廉建设。于成龙廉政文化有着悠久的历史沉淀，是中华廉政文化的重要组成部分。罗城作为"天下廉吏第一"于成龙的初仕之地，是于成龙廉政文化的发源地，也是于成龙仕途生涯的"第一粒扣子"，可以作为独一无二的品牌加以推广和打造。因此，2021年11月，在贯彻落实党的十九届六中全会精神和广西壮族自治区第十二次党代会精神的基础上，为推进罗城仫佬族自治县成立40周年庆典"罗城于成龙廉政文化项目"的落地落实，我们受时任中共罗城仫佬族自治县委员会书记（现任中共河池市常委、秘书长）张联松同志的委托，特制定了"罗城于成龙廉政文化研究方案"（后根据2022年1月中共中央办公厅印发《关于加强新时代廉洁文化建设的意见》、自治区党委印发《关于大力推进清廉广西建设的意见》、2022年10月党的二十大关于加强新时代廉洁文化建设的精神要求，先后三次修改完善了研究方案），挖掘整理于成龙历史资料，研究撰写《"天下廉吏第一"于成龙廉政文化的发源地：广西罗城》书稿（后修改为《探源廉政文化：于成龙在罗城》）；成立由何成学、尹红英、张弓、刘绍卫、王继高、林庆才、银兰娟组成的研究写作团队，研究团队成员来自自治区党委党校、自治区纪委监委、自治区党委党史研究室，以及中共罗城仫佬族自治县委员会党校、中共罗城仫佬族自治县纪委监委等单位。

　　本书稿由何成学草拟框架结构并统稿；张弓博士研究写作第一、二、三章，并参与了书稿草拟框架结构工作；尹红英博士研究写作第四、五章；何成学研究员研究写作第六、七章（其中第六章写作中吸纳了何成学、张弓、尹红英、刘绍卫共同写作的《于成龙罗城廉政文化的特点与当代价值》一文研究成果；吸纳了何成学、尹红英、张弓、刘绍卫共同写作的决策咨询研究成果；参考吸纳了张弓提供的廉政文化内涵相关资料）。

在著书过程中，课题写作组参考并吸收了许多专家学者的一些精辟观点、科学方法和相关资料，书中的照片是写作人员从相关场馆、报刊资料中搜集整理的，在此，向他们表示诚挚的敬意和由衷的谢意！感谢中共中央党校（国家行政学院）马克思主义学院专职副书记薛伟江教授，中共中央党校（国家行政学院）党史教研部毛泽东教研室主任祝彦教授，中国社会科学院当代中国研究所副所长宋月红研究员，中国社会科学院报刊社李山峰副主任，广西社会科学院党组书记、院长陈立生研究员，广西社会科学院原党组书记、院长吕余生研究员，广西民族大学原校长何龙群教授，百色干部学院原常务副院长唐秀玲教授，中共广西区委党校陈学璞教授、甘安顺教授，南宁学院副校长陈雄章教授，当代广西杂志社副社长、副总编辑李庭华编审，广西壮族自治区党委党史研究室处长刘绍卫研究员，广西民族大学民社学院郑维宽教授等专家学者对研究团队在研究写作过程中提出指导意见和建议。感谢中共罗城仫佬族自治县委员会党校常务副校长林庆才同志对书稿第二稿的审校以及提出的宝贵修改意见和建议。感谢时任中共罗城仫佬族自治县委员会党校常务副校长蓝周龙同志参与"罗城于成龙廉政文化研究方案"的初期制定工作。

本书是 2024 年罗城仫佬族自治县成立 40 周年的献礼之作，写作本书稿得到了中共罗城仫佬族自治县委员会、罗城仫佬族自治县人民政府和全县各族干部群众的大力帮助，得到课题研究团队成员所在的自治区纪委监委、自治区党委党史研究室以及罗城县委党校、纪委监委等单位的帮助，得到课题研究监管单位广西中国－东盟文化研究会的帮助，得到东方出版社的帮助，在此表示由衷的谢意！

在罗城仫佬族自治县成立 40 周年之际，数易其稿的本书终于得以出版，也算是我们研究团队对中共罗城仫佬族自治县委员会、罗城仫佬族自治县人民政府和全县各族干部群众有了一个交代。同时，本书也是我们研究团队对罗城仫佬族自治县成立 40 周年奉献的一份小礼物，希望本书的出版发行能对罗城推动廉政文化建设和经济社会发展提供一定的帮助和指导。受研究团队的研究水平和资料的局限，加之出版时间仓促，书中错漏之处在所难免，敬请各位领导、专家学者和广大读者批评指正，以期进一步提高。

罗城仫佬族自治县成立 40 周年庆典"罗城于成龙廉政文化项目"写作组

2024 年 7 月于南宁